Hendrika Hollenbach

Leben - Werk
Gründung der Toneurythmie

Eric Hurner

Impressum

Eric Hurner
CH-4143

erichurner@gmail.com
ISBN 978-0-9933169-7-5

Einband Eric Hurner

Inhaltsverzeichnis

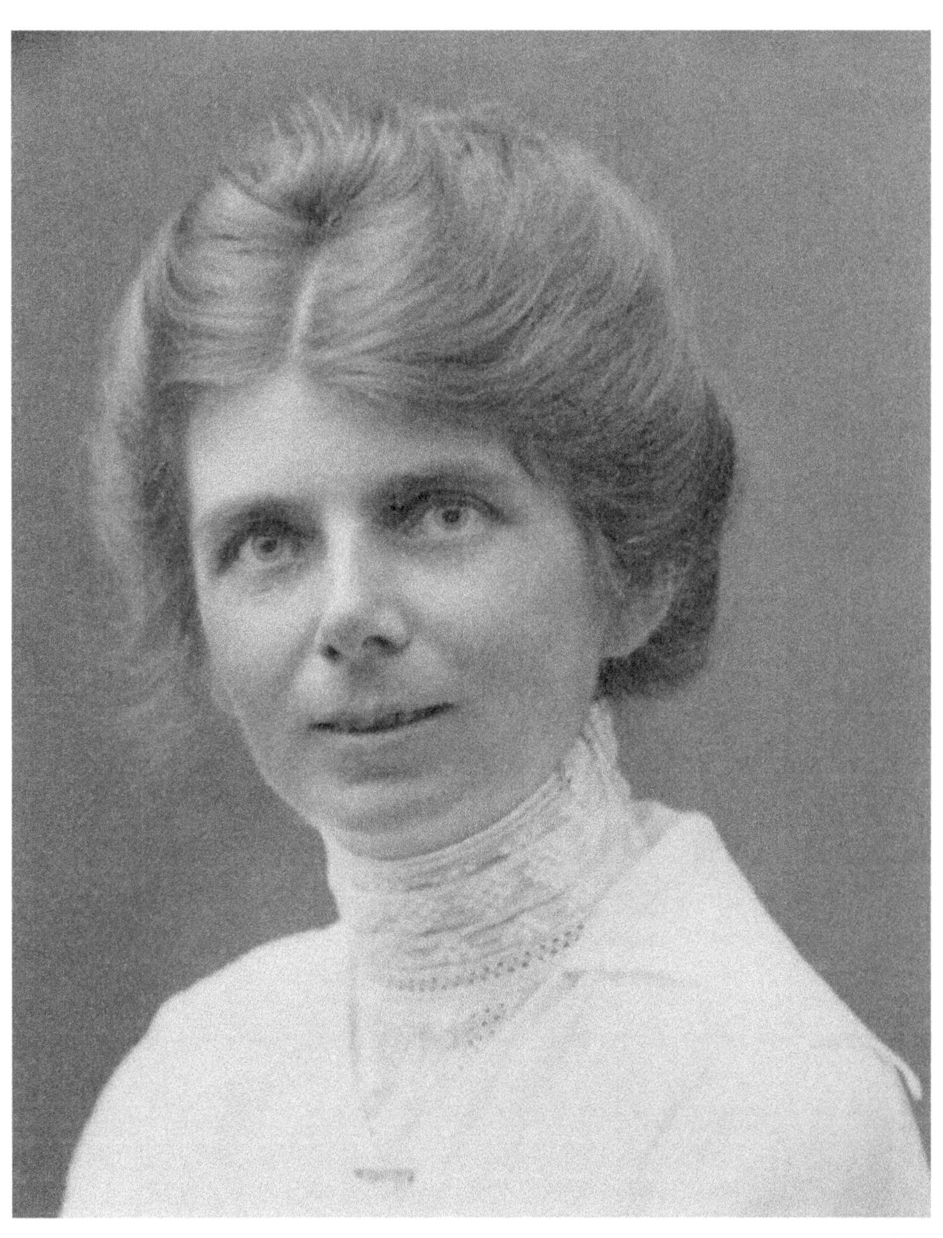

Johanna Hendrika Hollenbach

Einführung

Eines Nachmittags im Jahre 2014 hielt mich eine Bekannte an und fragte, was ich über die südafrikanische Eurythmistin Hendrika Hollenbach wisse. Noch nie gehört. Mehr konnte ich dazu nicht sagen. Wir würden ihr die Entwicklung der Toneurythmie verdanken, erzählte sie und auch, dass ein gemeinsamer Bekannter in Südafrika eine aus ihrer Familie ausfindig zu machen versuchte. Perfekt! Ich freute mich für sie. Aber was hatte das mit mir zu tun?

Doch es war mir um diese Zeit auch klar geworden, dass es in der Tat nur wenige Aufzeichnungen über die anthroposophische Arbeit in Südafrika gab. Zum Glück lebten aber noch viele der Pioniere dieser Arbeit. Wollten wir etwas darüber herausfinden, musste dringend jemand sie ausfragen. So begab ich mich auf die erste von zwei viermonatigen Reisen nach Südafrika, interviewte über fünfzig Menschen, sortierte und kopierte alte Aufzeichnungen und Zeitschriften. In einer dieser Zeitschriften, noch bevor es eine Anthroposophische Gesellschaft in Südafrika gab, fand ich über Hendrika Hollenbach den ersten Hinweis. In einem Artikel eines Dr. Schütte stand die Geschichte der Anthroposophischen Gruppe in Pretoria, deren Gründerin sie gewesen war.

Es war nämlich im Jahr 1959, als zum ersten Mal sich einen Kreis von Menschen aus dem ganzen südlichen Afrika – Kapstadt, Johannesburg, Pretoria, Port Elizabeth und Salisbury und Bulawayo, in Port Elizabeth traf und ihre Gespräche zur Gründung der Anthroposophical Fellowship of Southern Africa führten. Im ersten Rundbrief hat also dieser Artikel von Dr. H.G. Schütte gestanden. Dr. Schütte, ein Mitglied aus Deutschland, das viele Jahre in Südafrika gearbeitet hatte und zur Pretoria-Gruppe gehörte, bemerkte, dass die anderen Mitglieder in Südafrika nichts von diesem Hintergrund wussten. Da er Hendrika nie persönlich gekannt hat, sondern nur ihre Schwester und ein oder zwei sonst überlebende Mitglieder der Gruppe, gibt es grosse Lücken in seinem Wissen und auch Fehler, darunter die Eindeutschung ihres Namens.

Anthroposophische Studiengruppe Pretoria

Mitteilung Nr. 1. März 1959 Ostern

Liebe Freunde:

Mit dieser ersten Mitteilung der Anthroposophischen Studiengruppe Pretoria möchten wir die Gründerin der Gruppe, das verstorbene Fräulein Henriette Hollenbach, und ihre ersten Schüler ehren und einen kurzen Rückblick auf die Geschichte der Gruppe geben.

Die Anfänge der Anthroposophischen Studiengruppe in Pretoria gehen auf das Jahr 1933 zurück, als Fräulein Hollenbach, die aus Dornach zurückgekehrt war, nachdem sie etwa vierzehn Jahre lang unter Dr. Steiner in Berlin und am Goetheanum gearbeitet und studiert hatte, einen Eurythmiekurs einrichtete und eine Klavierbegleiterin für den Kurs suchte. Fräulein J. du Toit, die zu der Zeit Musikstudentin bei Professor Bonn an der damaligen Fakultät für Musik der Universität Pretoria war, antwortete auf die Anzeige und interviewte Fräulein Hollenbach.

Die ungewöhnliche Form der Bewegungen dieser Kunst, die sich sowohl dem gesprochenen Wort – der Poesie – als auch der Musik anpasste, weckte das Interesse, und als Lehrerin und Begleiterin sich besser kennenlernten, drehte sich das Gespräch um den Erfinder Rudolf Steiner und führte schliesslich zur Anthroposophie.

Die Schwester von Frau du Toit, inzwischen Frau F. du Plessis, die später bei Frau Hollenbach Gesang studierte, interessierte sich ebenfalls für die Anthroposophie, und so kam es, dass eine kleine Gruppe von zunächst nur vier Personen begann, regelmässig einmal in der Woche mit Frau Hollenbach die Vorträge von Dr. Steiner über Anthroposophie zu lesen und zu studieren.

Frau van Maarseveen, die heute mit ihrer Tochter in Holland wohnt, die zu den fortgeschrittenen Schülern dieser Klasse in Eurythmie gehörte und später ihr Studium am Goetheanum abschloss, gehörte zu den Mitgliedern der ersten Gruppe. Fräulein Hester Wessels, damals Mitglied des Transvaal Education Department, wurde 1937 ebenfalls Mitglied der Gruppe. Diese ersten Mitglieder der Gruppe wurden alle auch Mitglieder der Allgemeinen Anthroposophischen Gesellschaft.

Ungefähr in den Jahren 1937/38 nahmen Anthroposophen, die nach Südafrika ausgewandert waren und sich in Johannesburg niedergelassen hatten, Kontakt zu Frau Hollenbach auf. In der Folgezeit fuhr Frau Hollenbach – manchmal in Begleitung der Gruppe in Pretoria – regelmässig nach Johannesburg, um den dort ansässigen Anthroposophen vorzulesen und sie anzuleiten. Gelegentlich kamen auch mehrere Mitglieder aus Johannesburg nach Pretoria, um an den Treffen der Gruppe teilzunehmen. Herr Tallo, der eine Zeit lang seinen Beruf in Pretoria ausübte, nahm auch an den Treffen der Gruppe in Pretoria teil. Unter der Leitung von Frau Hollenbach traf sich die Gruppe in Pretoria, wie bereits erwähnt, mehr als zehn Jahre lang regelmässig ohne Unterbrechung.

Die Zahl der Personen, die an den Treffen der Studiengruppe teilnahmen, schwankte immer erheblich. Zeitweise waren es zehn bis fünfzehn und mehr Mitglieder, die sich der Gruppe über einen Zeitraum von bis zu einem Jahr oder mehr anschlossen.

Allerdings sind die Bürger Pretorias – die meisten von ihnen gehören dem Lehrerberuf oder dem öffentlichen Dienst an – versetzungsgefährdet, was zweifellos dazu beigetragen hat, dass der Kreis nicht anhaltend so stark wachsen konnte, wie es zeitweise der Fall war.

Zu denjenigen, die sich in der Vergangenheit für das Studium der Anthroposophie interessierten, gehörten auch Angehörige des diplomatischen Dienstes – die von Natur Zugvögel sind und nicht zur Stabilisierung der Zahlen beitragen können.

Frau Hollenbach, deren Ideal es immer war, sich in Dornach zur Ruhe zu setzen, starb dort 1948,[1] *nachdem sie weiterhin mit den Mitgliedern der Studiengruppe in Pretoria, die sie so hingebungsvoll geleitet hatte, engen Kontakt gehalten hatte. Sie leistete in Pretoria und überhaupt in Südafrika Pionierarbeit auf dem Gebiet der Anthroposophie, abgesehen von ihrem Beitrag zum Studium der Musik und des Gesangs in der Hauptstadt.*

Pretoria ist zutiefst dankbar für das Privileg, einen so engen Kontakt mit jemandem gehabt zu haben, die Dr. Steiner persönlich gekannt hat, und für die Möglichkeit, unter der Leitung von jemandem

---

[1] Tatsächlich 1950

zu studieren, die das einzigartige Privileg hatte, so viele Jahre unter seiner Anleitung zu studieren. Frau Hollenbach hatte zusammen mit anderen die Erfahrung machen dürfen, Dr. Steiner auf den meisten seiner Europareisen und in einige der skandinavischen Länder sowie nach England zu begleiten.

Sie war auch verantwortlich für die praktische Entwicklung der Toneurythmie unter der Leitung von Dr. Steiner und Marie Steiner. Also war sie in der Tat bestens gerüstet für die Arbeit, die sie so tüchtig und selbstlos ausführte.

Nach der Abreise von Frau Hollenbach nach Dornach im November 1946 setzte die Gruppe in Pretoria ihre Arbeit mit schwankender Beteiligung fort. Herr und Frau Gorski, die im Dezember 1946 aus Tanganjika nach Südafrika gekommen waren, nahmen während ihres vorübergehenden Aufenthalts in Johannesburg und Pretoria in den Jahren 1947 und 1949 an den Lesungen der Gruppe teil.

Einzelne Personen nahmen während bestimmter Zeiträume ihres Aufenthalts in Pretoria an den Sitzungen teil. Frau H. Wessels verliess Pretoria 1951 und liess sich auf ihrer Farm im Oranje-Freistaat nieder, ohne den Kontakt zu ihren anthroposophischen Freunden in Pretoria zu verlieren.

Dr. und Frau Schütte, die 1950 ins Land kamen und sich danach in Pretoria niederliessen, wurden 1954 zunächst nach Potchefstroom und dann an den Witwatersrand versetzt. Sie wurden jedoch 1957 nach Pretoria zurückversetzt.

Frau E. Hollenbach, die Schwester der verstorbenen Frau H. Hollenbach, liess sich 1955 in Pretoria nieder und beteiligte sich an der Arbeit der Gruppe.

Herr und Frau Gorski kamen 1957 erneut von Durban nach Pretoria und haben sich dort dauerhaft niedergelassen.

Die Pretoria-Gruppe hatte persönlichen Kontakt zu anthroposophischen Besuchern in Südafrika oder arrangierte öffentliche oder private Vorträge in Pretoria: Dr. Zeylmans van Emmichoven, Dr. M. v. Deventer, Mr. Renwick Sheen, Miss G. Meyer, Mrs. E. Mulder und Mr. Staudiegel, einst Rektor der Hermanus-Schule.»

Gezeichnet, H. Schütte.

Der Artikel liess mehr Fragen offen, als er beantwortete. Wie sollte man denn bloss, nach all den verflossenen Jahren, Informationen über jemanden finden, an die niemand sich mehr erinnern konnte? Ausserdem hatte ich noch eine Menge anderer Eisen im Feuer, die mir zunächst viel wichtiger erschienen. Und dann griff das Schicksal ein.

Zurück in Dornach wollte ich mir die Korrespondenz über die erste Waldorfschule in Kapstadt ansehen und ging ins Archiv am Goetheanum[2], wo man mir den Südafrika-Ordner mit allen Dokumenten bis etwa Ende der 70er Jahre brachte – ein zwei oder drei Zentimeter dicker Stoss von Papieren. Bei der Durchsicht entdeckte ich, dass die frühsten Briefe aus der Zeit um 1933 stammten und die Korrespondenz zwischen Hendrika Hollenbach, Günther Wachsmuth und dem Sekretariat am Goetheanum enthielten – ein Stapel von etwa dreissig Briefen. Mit einem Satz Fotokopien, von denen ich viele erst entziffern konnte, nachdem ich sie eingescannt hatte und die Ergebnisse soweit vergrössert und bearbeitet hatte, bis ich alle Wörter erkannte. Auf diese Weise wurde ich in eine bemerkenswerte Geschichte hineingezogen über eine kleine Gruppe von Anthroposophen in Pretoria und Johannesburg, die ihre Beziehung zum Goetheanum während den schwierigsten Jahren der nationalsozialistischen Besatzung Deutschlands ununterbrochen pflegte. Dann ist die Zweigleiterin nach Dornach zurückgekehrt, doch die Gruppe blieb bestehen.

Ermutigt machte ich mich auf den Weg zum Rudolf-Steiner-Archiv[3], ebenfalls auf dem Dornacher Hügel, und kehrte mit einem weiteren Bündel Briefen zurück, diesmal an Marie Steiner. Es waren nicht so viele, aber sie umspannten einen Zeitraum von 37 Jahren, von 1911 bis 1948. Wie hatte bloss eine junge Frau in Pretoria vor 1911 etwas von Rudolf Steiner gehört? Das war eine Geschichte, die es wert war, dass man sie weiterverfolgt!

Durch einen südafrikanischen Freund bekam ich den Kontakt mit Frau Greta Hollenbach in Kapstadt, die mir freundlicherweise die fotokopierten und gebundenen Unterlagen der Familie Hollenbach[4] in Südafrika schickte. Sie reichten bis ins Jahr 1889 zurück. Schliesslich, bei einem

---

[2] Archiv am Goetheanum Postfach 4143 Dornach. Enthält die Korrespondenz mit Günther Wachsmuth und dem Sekretariat

[3] Rudolf Steiner Archiv, Haus Duldeck, Rüttiweg 15 CH-4143 Dornach. Enthalt Korrespondenz mit Marie Steiner, Bilder, Artikel und Schriften Hendrika Hollenbachs.

[4] *Jan Hendrik Hollenbach van Arnhem en sy Nakomelinge in Suid-Afrika* opgestel deur C.A. Hollenbach 31 Desember 1984. Privates Familienalbum. Falls nicht anders bezeichnet, entstammen alle Informationen über die Familie diesem Text.

weiteren Besuch im Rudolf Steiner Archiv, wurde mir ein kleines Fotoalbum gezeigt. Hendrika Hollenbach hatte gelegentlich Fotos ihrer Schüler an Marie Steiner geschickt, die diese alle in das kleine ledergebundene Bändchen klebte – visueller Beweis dafür, dass, neben dem Zweig der Anthroposophischen Gesellschaft, den Frau Hollenbach begründet hatte, etwa 18 Jahre lang eine Eurythmieschule in Pretoria bestand.

Trotz der spärlichen Informationen und grossen Zeitlücken offenbarte sich allmählich das aussergewöhnliche Leben einer aussergewöhnlichen Individualität. Ein paar eigene Schriften, ein Nachruf eines Freundes – alles dies habe stellte ich vor den Hintergrund der aufgezeichneten Geschichte des Jahrhunderts: die Gründung der südafrikanischen Republik, von den Briten Transvaal genannt; der Burenkrieg, das Wachstum der Anthroposophie und der Bau des Goetheanums, der Zweite Weltkrieg und die traurigen Nachwirkungen des Krieges am Goetheanum.

Es ist der Bericht einer wahren Pionierin und eines Freigeistes – unabhängig, engagiert, unbeirrbar dem Licht ihrer inneren Intuition folgend – und so bescheiden, dass man sie beinahe vergessen hätte. Es ist angemessen, dass ihre Geschichte als erster Band eines geplanten historischen Berichts über die Ausbreitung der Anthroposophie in Südafrika erscheint, so wie sie sich entwickelt hat und wie es ihr weiter ergangen ist.

Als Pionierin geboren

Anfang 1881 endete im fernen Südafrika der zehnwöchige Erste Burenkrieg mit Sieg der Buren. Die unabhängige South African Republic oder Transvaal, wie sie von den Briten genannt wurde, entstand nördlich des Vaal Flusses. Sechs Jahre später wurde auf dem Witwatersrand Gold entdeckt. Ein mächtiger Zustrom Ausländer drohte bald die weitläufig auf Farmen in diesem riesigen Gebiet verstreut lebende Bevölkerung zahlenmässig zu übertreffen. Die Notwendigkeit einer organisierten Regierung und internationaler Diplomatie wurde akut und dazu gehörte der Aufbau einer würdigen Hauptstadt, in der sich eine Landesverwaltung beherbergen liess. Die weit verteilten Bauern lieferten nur spärlich Techniker und Gelehrte, also wandte sich Präsident Paul Kruger an Europa. Vor allem in den Niederlanden, Belgien und Deutschland warb er für Spitzenjobs in der Regierung – Personen mit der richtigen Erfahrung und Qualifikation stand eine aussichtsreiche Karriere bevor.

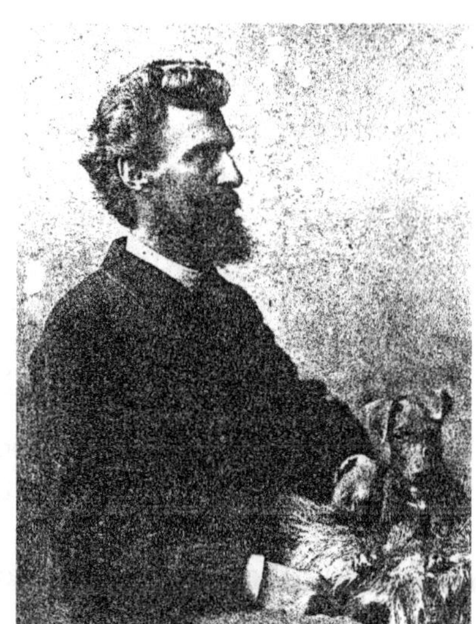

Der Vater

Auch bei der in Arnheim ansässigen Familie Hollenbach in den Niederlanden löste die Nachricht ein lebhaftes Gespräch aus. Jan Hendrik Hollenbach war praktizierender Architekt, ein Mann von Kultur und Bildung, wie auch die Familie seiner Frau, Hermina Johanna Breijer. Das Paar hatte 1879 geheiratet und ein Jahr später, am 26. Mai 1880, sah die erste Tochter das Tageslicht. Sie nannten sie Johanna Hendrika nach ihren Eltern – kurz Riek. Am 5. September 1881 wurde der erste Sohn, Herman Johan, geboren. Die beiden Geburtsdaten liegen gleichmässig verteilt auf beiden Seiten des Ersten Burenkrieges (16. Dezember 1880 - 23. März 1881), wie eine Vorahnung auf die spätere Beziehung der beiden Personen zum Land Südafrika selbst – die eine distanziert, der andere völlig involviert. In den folgenden Jahren wurden drei weitere Kinder geboren, Hans Georg (23. November 1882) und Elise Sophie, genannt Lies (23. Januar 1884), und im Jahr 1886, dem Jahr der Goldentdeckung, wurde am 20. Januar der jüngste, Carel Arnold, geboren. Als sie die Nachricht bekamen, dass den Pionieren des neuen Landes eine glänzende Zukunft bevorstand, waren die Weichen für das Schicksal gestellt und die Familie bereitete sich auf eine neue Welt vor – eine voller Abenteuer und Innovation.

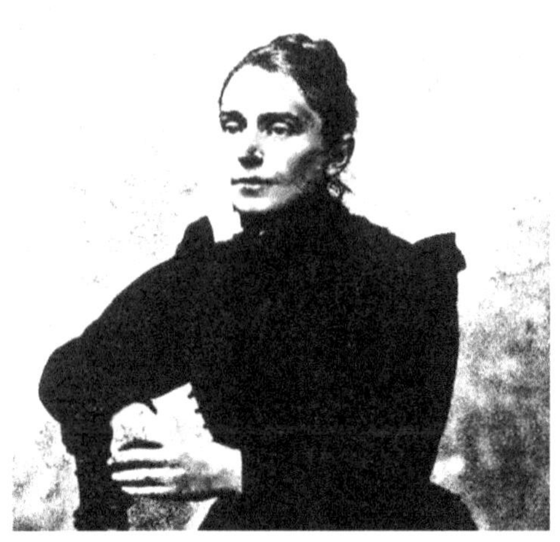

Die Mutter

Kunst, Bildung und Kultur genossen bei Rieks Familie in Arnheim einen hohen Stellenwert. Die Hollenbachs lebten dort seit Jahrhunderten, nachdem ihre Vorfahren aus einer ursprünglich hessischen Heimat in Deutschland eingewandert waren. Jan Hendrik, genannt Henri, sorgte dafür, dass die Musik im Familienleben eine zentrale Rolle spielte, wie die Dokumente und Erinnerungen der nachfolgenden Generationen von Hollenbachs bestätigen. Ansonsten ist über diese frühe Phase im Leben der Familie fast nichts aufzufinden.

Von den Diskussionen zwischen Rieks Eltern und ihren verschiedenen Tanten und Onkeln über eine mögliche Auswanderung in das Transvaal waren gewiss alle sehr betroffen. Pretoria sollte sich zu einer richtigen Hauptstadt entwickeln, mit einer nationalen Regierung, fortschrittlichen Bildungseinrichtungen, Gesundheitsdiensten und öffentlichen Bauten. Letztlich waren es Henri und seine jüngste Schwester Marie Katharina, eine Lehrerin, die zusammen mit ihrem Mann beschlossen, die Niederlande zu verlassen und sich in Afrika niederzulassen

Ehe er Vlissingen zum Überqueren der Weiten des Atlantiks verliess, schrieb Henri noch ein paar letzte Zeilen an seine Frau. Offenbar war er nicht allein, sondern in Begleitung einiger Verwandten und vielleicht anderer Freunde, die warteten, die Hollenbachs zu verabschieden.

Vlissingen 5. Sept. 1889

Vor meiner Abreise ein herzliches «Lebewohl». Wir waren gerade auf dem Schiff und haben die Kabine gesehen – es ist ein winziger Raum, aber es wird reichen. Zum Glück sind alle gesund und munter – das Wetter ist gut, das Gepäck ist verstaut und in Ordnung, also ist vorläufig

alles gut. Möge Gott es zulassen, Liebste, dass es auch bei Dir so ist und dass Du Dich auf die Zukunft freust – sei guten Mutes mit viel Vertrauen.

Ich bin jetzt im Gouden Lam, um zu bezahlen, und dann gehen wir an Bord – danach wird es vorläufig keine Gelegenheit mehr geben, zu schreiben, aber seid versichert, dass ich wieder schreiben werde, wann immer es möglich ist.

Gib den Kindern noch einmal einen Kuss und schreibe mir ihre Geburtstage so bald wie möglich auf. Grüsst alle herzlich, sobald Ihr könnt, auch Jan Breijer – ich hoffe, es geht ihm gut.

Und nun, lieber Moe, Gott segne und beschütze Dich. Bete oft für mich, ich werde es auch für dich tun.

Adieu, Liebste,
Dein Henri[5]

Henri war der erste Architekt des neu gegründeten Pretoria Departement Publieke Werken (Ministerium für öffentliche Arbeiten) und wurde 1893 zusammen mit einiger seiner niederländischen Landsleute Gründungsprofessor des Staatsgymnasiums, einer Ausbildungsstätte für Ingenieure, Architekten und verwandte Berufe, wo er die Vorlesungen in geradliniger Zeichnung hielt.[6] Er erwarb ein grosses Stück Land im neu eingemeindeten Pretoria-Vorort Sunnyside, auf dem er ein Haus für Frau und Kinder baute. Mit einundvierzig Jahren, vier Jahre nach seiner Einwanderung, hatte er eine vielversprechende, anständig bezahlte Karriere und war bereit, seine Familie nachkommen zu lassen.

Es ist nicht überliefert, ob Henri sie per Brief benachrichtigte oder selbst die Reise nach Holland zurücklegte, um sie abzuholen und um sich gleichzeitig von seiner Grossfamilie zu verabschieden, die er vielleicht nie wieder sehen würde. Das Schicksal wollte es, dass in jenem Jahr 1893 die Eisenbahnlinie von Kapstadt bis nach dem nagelneuen Bahnhof Pretoria fertiggestellt wurde. So konnten die Hollenbachs alles, einschliesslich das Familienklavier, auf ein Schiff und anschliessend auf den Zug verladen auf eine Reise, die sicherlich mehr als drei Wochen dauerte.

---

5 Alle in diesem Buch zitierten Unterlagen wurden vom Autor vom Afrikaans, Niederländisch oder English jeweils ins Deutsche übersetzt.

6 Boukin, *Journal for Architecture* November 1915, University of Pretoria.

In der Zwischenzeit war Hendrika dreizehn Jahre alt geworden, hatte die Grundschule abgeschlossen, hatte eine grosse Liebe zur Musik entwickelt und beherrschte einigermassen das Klavierspiel. Sie hatte wohl auch Grundkenntnisse in Englisch und Deutsch erworben, zusammen mit einer dauerhaften Liebe zur Literatur und Sprache. In Pretoria wurde Anfang 1894 die staatliche Mädchenschule eröffnet, wo sie ihre Ausbildung in der Muttersprache Niederländisch abschliessen konnte.

Die Stadt Pretoria wurde in aller Breite ausgebaut und für ihre Rolle als Landeshauptstadt ausgeschmückt. Die Ästhetik stand dabei im Vordergrund, wie man noch heute erkennt an dem Plan der Innenstadt, den grosszügigen Alleen und Parks und den unzähligen Jacaranda-Bäumen, die die Strassen säumen. Diese waren einige Jahre zuvor aus Brasilien importiert worden und boten jedes Jahr von September bis November einen überwältigenden Anblick, sodass Touristen aus Johannesburg und anderen Teilen des Landes Jahr für Jahr die Reise auf sich nahmen, um sie in ihrer violettfarbenen Blütenpracht zu sehen. Das Leben war einfach. Wenn man hart arbeitete, stand der Verwirklichung seiner Träume und Ambitionen nichts im Wege. Die Minen von Johannesburg brachten den Menschen ein Vermögen ein, und die Regierung konnte sich durch die von ihr erhobenen Steuern eine üppige Infrastruktur für die stetig wachsende Bevölkerung in Pretoria leisten.

Das einzige erhaltene Bild der Familie als Ganzes zeigt sie etwa vier Jahre später vor ihrem Haus stehend. Ganz links, der kleine Bruder Carel Arnold, dann sitzend, Elise, gefolgt von den beiden Brüder Herman und Hans und zuletzt Hendrika zwischen Mutter und Vater. Keine Nachbarn in Sicht, der Garten üppig bewachsen. Das Haus selbst ist einfach, aber geräumig, mit einer überdachten Veranda, die in ganz Südafrika gängig war. Es wäre selbstverständlich gewesen, dass sie eine Reihe von Tieren hielten, vorwiegend Pferde, die alle zu reiten und zu fahren lernten.

Jeder männliche Bürger war dazu verpflichtet, ein Pferd und ein Jagdgewehr zu besitzen, was bei der Einberufung in die verschiedenen Kommandos der Miliz unerlässlich war. Selbst die Aufstellung ist vielsagend – Hendrika zwischen Vater und Mutter rechts, die Geschwister eine Gruppe für sich. So hat es sich auch im Leben ergeben.

Für die von den Hollenbach-Kindern besuchten Schulen waren viele Lehrer in den Niederlanden angeworben worden und der Unterricht wurde auf Niederländisch abgehalten, da die lokale Sprache, Afrikaans, als Unterrichtssprache bislang nicht anerkannt war. Auch Englisch muss eine grosse

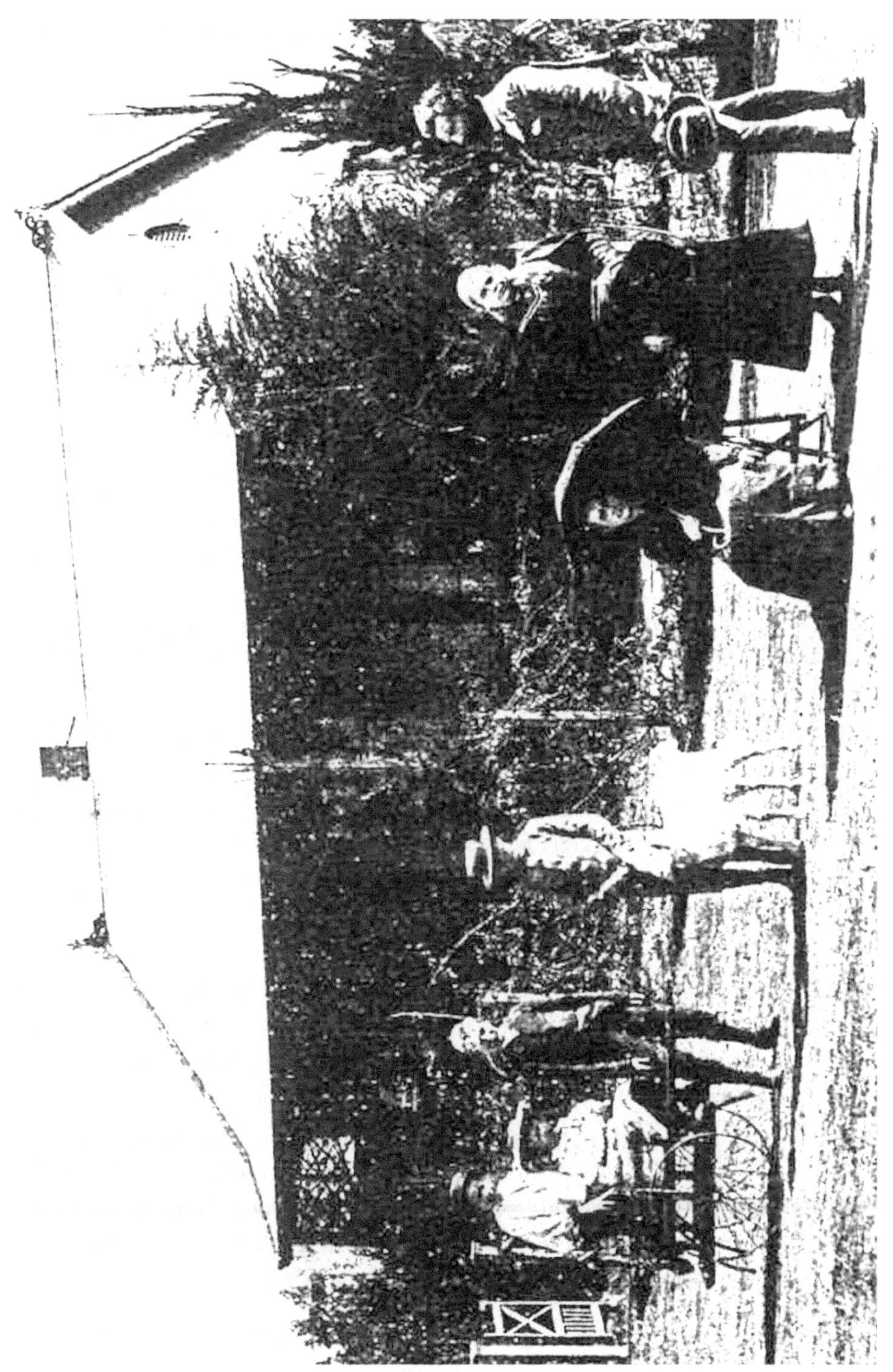

Rolle gespielt haben, denn Hendrika beherrschte diese Sprache ausserordentlich gut und las Romane und

Gedichte mit Vergnügen und Verständnis, wie sie später in ihren Briefen bezeugt.

Für die beiden älteren Jungen muss es ein Paradies gewesen sein, verglichen mit ihrem früheren Zuhause in Arnheim. Um sie herum erstreckte sich eine endlose Weite zum Reiten und Spielen. In der Schule wurde grossen Wert auf Sport und Leibeserziehung gelegt, und Herman gehörte bald zu einer kleinen Kadettenkompanie, die an ein oder zwei Nachmittagen in der Woche gemeinsam trainierte. Diese Praxis sollte bald praktische Ausmasse annehmen.

1895 nahmen die Spannungen mit den britischen Gebieten an der Transvaal-Grenze zu, und die Informationen drangen bis zu den Jugendlichen durch. Die Miliz wurde in Kommandotruppen organisiert, schwere Waffen wurden angekauft und das Land war bereit, den immer bedrohlicher werdenden britischen Streitkräften einen Schlag zu versetzen. Als sie von einer wahrscheinlichen Invasion der Jameson Raiders hörten, versammelten sich die Truppen, und der junge Herman verschwand kurz vor dem 29. Dezember 1895, um sich zum Einzug zu melden. Er gab an, sechzehn Jahre alt zu sein, obgleich er nur vierzehn war.

Wie sich herausstellte, waren kaum militärische Massnahmen nötig, denn die Räuber wurden bald umzingelt und am 2. Januar 1896 gefangen genommen, noch bevor viele Schüsse gefallen waren. Herman kehrte unverletzt nach Hause zurück mit dem festen Entschluss, sich mit den Buren zu identifizieren, komme was wolle.

In den folgenden drei Jahren spitzten sich die Spannungen zu und wurden zu einem internationalen Skandal, bis am 11. Oktober 1899 der Zweite Burenkrieg erklärt werden musste. Das Leben der Hollenbachs, die sich mit den Buren gegen die eindringenden Briten verbündeten, war dauerhaft verändert.

Dieses Mal wollten die Briten um keinen Preis wieder besiegt werden, wie im Ersten Burenkrieg von 1880, und setzten grosszügig Geld und Soldaten ein, um die Burenrepubliken in die Knie zu zwingen. Hans und Herman verloren keine Zeit und meldeten sich zusammen mit anderen niederländischen Einwanderern gleich für das Holländerkorps.

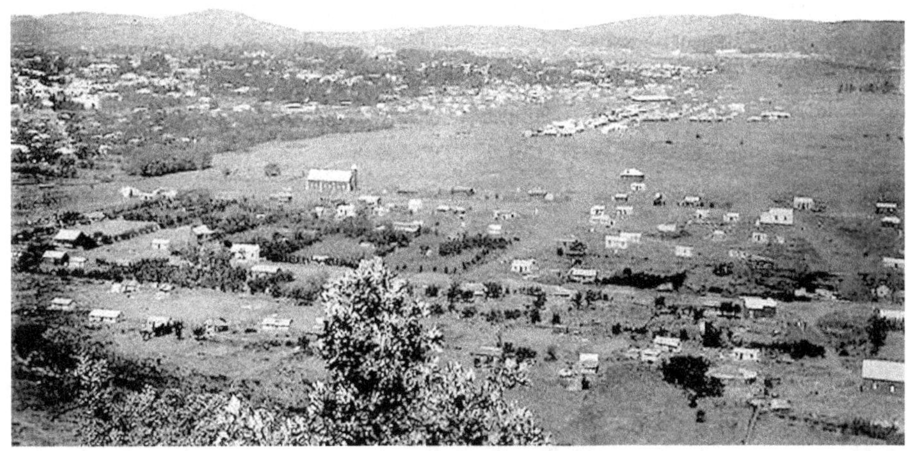

Blick auf Pretoria von Meintjieskop circa 1900

Die Kompanie wurde von einem anderen niederländischen Architekten, Klaas van Rijsse, geleitet, und die Jungen traten sofort in den aktiven Dienst ein, während Henri hinter den Kulissen in der Planung und Verwaltung arbeitete, wie es seinem Alter und seiner Erfahrung entsprach. Beide Jungens, Herman und Hans, befanden sich anderswo im Lande, als die Buren im Jahr 1900 ihre grossen Niederlagen erlitten. Als Bittereinders,[7] kämpften sie für den Rest des Krieges in Guerillabanden weiter, lange nachdem das Holländerkorps aufgelöst worden war. Als Pretoria im Juni 1900 kapitulierte, übernahmen die Royal Military Engineers das Public Works Department und richteten es als Ausbildungszentrum für Architekten und Ingenieure ein. Der Name Hendrik Hollenbach war nur noch ein Schatten der Vergangenheit. Er spielte in dem neuen System keine Rolle mehr. Glücklicherweise konnte er, seine Frau und seine beiden jüngeren Kinder bis zum Ende des Krieges in ihrem Haus bleiben und wurden nicht inhaftiert.

Der älteste Sohn, Herman, hatte sich nach seiner Eskapade mit den Kommandotruppen, die den Jameson Raid niederschlugen, als Transvaaler

---

7 Ein Bittereinder war ein Bure, der sich weigerte, sich zu ergeben, d. h. ein "Hands-upper" zu werden, oder den Briten zu helfen, d. h. ein "Joiner" zu werden. Als im Mai 1902 der Frieden geschlossen wurde, befanden sich noch etwa 20.000 Männer, d. h. ein Drittel der Buren, die am gesamten Krieg beteiligt waren, im Einsatz. Die Beweggründe dafür waren unterschiedlich. Ein Hauptgrund war der trotzige Wunsch, ihre Unabhängigkeit zu verteidigen. Weitere Faktoren waren die religiöse Überzeugung, dass Gott auf ihrer Seite stand, die Abscheu vor der britischen Taktik, Farmen zu verbrennen und Frauen und Kinder in Lager zu schicken, und schliesslich als Reaktion auf die Ermahnungen ihrer Führer.

einbürgern lassen. Der Krieg hat ihn unauslöschlich verändert. Die Kameradschaft und die Zielstrebigkeit, die er im Kampf mit seinen afrikanischen Waffenbrüdern erlebte, hinterliessen in ihm eine tiefe Verbundenheit mit dieser Nation und mit ihrer Sprache Afrikaans, einem Dialekt seiner niederländischen Muttersprache. Sein Wagemut und sein Engagement wurden von mindestens einem Reporter festgehalten, der der Nachwelt schriftliche Aufzeichnungen hinterlassen hat.

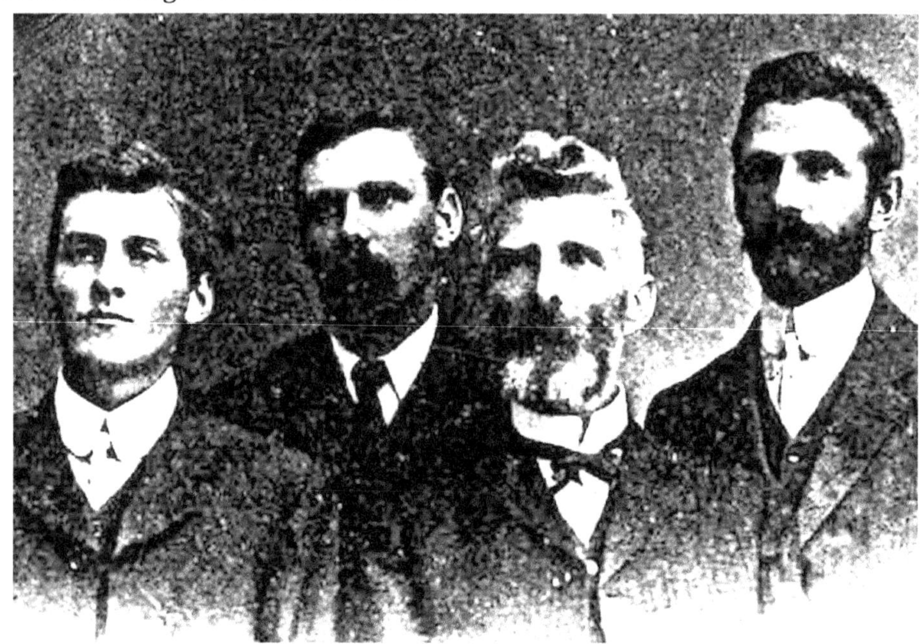

Carel Arnold, Hans Georg, Jan Hendrik, der Vater, Herman Johan

Hendrik Ver Loren van Themaat, ein niederländischer Rechtsanwalt, Freiwilliger und Korrespondent von De Rotterdammer, war über Lourenço Marques nach Pretoria gekommen. In seinem 1903 veröffentlichten Bericht *Twee Jaren in den Boerenoorlog*, erzählt er aus seiner Zeit im Kommando von Kommandant Herzog. Nach dem Fall von Bloemfontein zog sich das Kommando nach Smaldeel (heute Theunissen) zurück, und Ende März schloss sich Ver Loren van Themaat den Heidelbergern unter Kommandant J. D. Weilbach bei Brandfort an. Er war Teil der sich zurückziehenden Buren, die Ende Mai 1900 in Pretoria eintrafen.

In seinen Memoiren schreibt er, wie in der ersten Maiwoche die Brüder Hans und Herman Hollenbach sich ihnen anschlossen, die zu diesem Zeitpunkt dem Auslandskorps von General Maximov angehörten. Herman und Ver Loren van Themaat hatten zusammen in einem früheren

Kommando gedient, und Themaat erinnerte sich an folgenden waghalsigen Pfadfindereinsatz am *Jagersfonteinweg*:

> *«Einer von uns, ein wackerer junger Holländer, Herman Hollenbach, ist bereit, in der Nähe der Bahnlinie auszukundschaften; Gewehr, Bandolier und Papiere lässt er bei uns; so können die Engländer, wenn sie ihn gefangen nehmen, nicht vermuten, dass er nichts anderes ist als ein Bauernsohn, der nach seinem Vieh sucht; er reitet nun bis auf 400 Meter an die Linie heran und versteckt sich hinter einer Anhöhe. So sieht er sechzig Engländer mit zwei Kanonen vorbeiziehen und meldet sich wieder bei uns.»*[8]

Bis zu seinem 20. Lebensjahr wurde Herman Hollenbach dreimal verwundet und kehrte jedes Mal unmittelbar nach seiner Genesung in den Kampf zurück, wofür er mit der *Lint vir Verwonding* (Medaille für Verwundungen) ausgezeichnet wurde.

Während seiner Jahre als Guerillakämpfer, die ihn zwangen, regelmässig von einem Lager zum nächsten zu ziehen, hatte er viel vom Transvaal und den verschiedenen Kleinstädten und Bauerngemeinden gesehen, die über weite Gebiete verstreut waren. Wie alle seine afrikanischen Landsleute war er entsetzt über die zahllosen Kadaver von geschlachtetem Vieh und die verbrannten Ernten, die ausgebrannten Gehöfte, die von den britischen Soldaten im Rahmen ihrer Politik der verbrannten Erde zerstört worden waren, um jegliche Hilfeleistung für die Buren-Kommandos zu verhindern. Das schürte nur den Hass auf die englischen Imperialisten, der in ihm immer mehr aufbrannte. Als der Krieg endete, gehörte er zum Ermelo-Kommando, das im östlichen Transvaal stationiert war. Da er wusste, dass Pretoria von den verhassten *Uitlanders* (Ausländern) besetzt und verwaltet werden würde, nahm er eine Stelle an einer Schule in der Nähe von Ermelo an, denn er wusste, dass die Zukunft «seines» Volkes in einer guten Ausbildung lag.

Als er nach dem Friedensvertrag von Vereeneging 1902 nach Pretoria zurückkehrte, fand er die Strassen voller gut gekleideter, arroganter englischer Eroberer vor, die seine abgetragene Kleidung und sein abgehärtetes Aussehen mit Verachtung betrachteten. Sie leiteten die Verwaltung und die öffentlichen Gebäude, die Schulen und kulturellen Einrichtungen. Hier war kein Platz für ihn. Zweifellos war er es, der seine Familie davon überzeugte,

---

[8] Chris Schoeman *Brothers in Arms – Hollanders in the Anglo-Boer War*, Zebra Press, Cape Town 2011, 978 1 77022 343 1 (PDF)

einen Neuanfang zu wagen in der Afrikaans-Gemeinde rund um das zerstörte Städtchen Ermelo, etwa 200 Meilen (ca. 322 km) gen Osten.

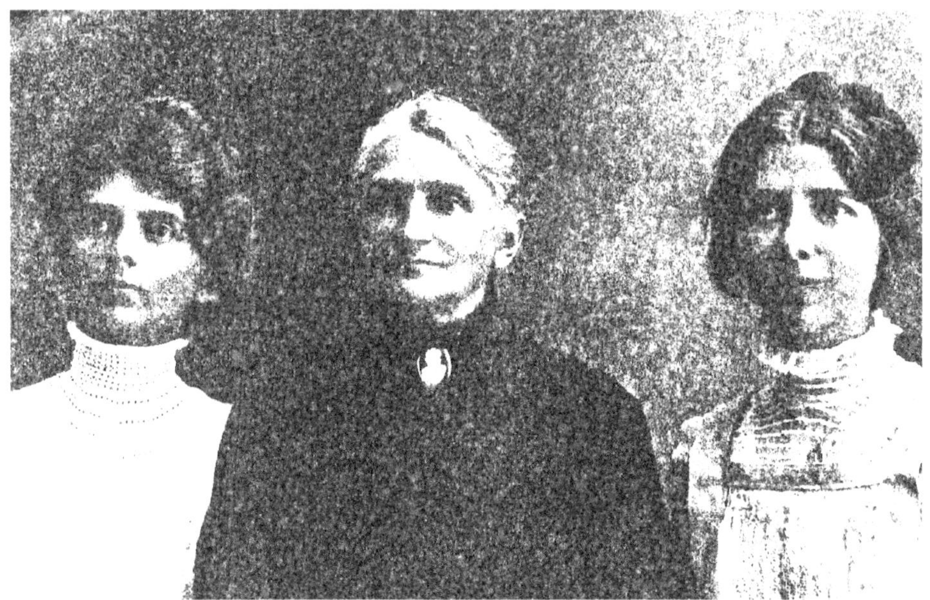

Hendrika, die Mutter und Elies

Ermelo lag im Zentrum der von den Briten während der Phase des Guerillakrieges eroberten Gebiete, die abwechselnd von Afrikanern und Briten besetzt waren. Anfang 1901 zog Generalkommandant Louis Botha in die Stadt ein und machte sie zur vorläufigen Hauptstadt der Republik und zum Sitz der Regierung des amtierenden Präsidenten Schalk Burger. Im September 1901 wurde die Stadt von Generalmajor Kitcheners Truppen angegriffen. Kitcheners Truppen liessen dabei ein einziges Haus stehen. Hier gab es für einen Architekten und seine hart arbeitende Familie viel zu tun, eine Chance, inmitten anderer niederländischer Einwanderer und Überlebender des katastrophalen Krieges eine Gemeinschaft wieder aufzubauen.

Zweifellos brauchten sie wenig Überzeugung. Henris Enkel, C. A. Hollenbach, der Sohn von Carel Hollenbach, berichtet, dass die Familie die Farm Rietvlei[9] im Bezirk Ermelo kaufte und irgendwann 1903 oder 1904 dorthin zog.

Während Herman als Lehrer arbeitete, gründeten Hans Georg und Carel gemeinsam mit ihrem Vater ein Planungs- und Baugeschäft. Auch die

---

9 C A Hollenbach *Briewe uit die Boereoorlog – Persoonlike en Seldsame Dokumente rondom die Vryheidstryd 1899 – 1902* Driefontein Publikasies 1999 ISBN0620224320

Schwester Elise entschied sich für den Lehrerberuf und verbrachte ihr Berufsleben am neuen Gymnasium in Ermelo.

Und Hendrika? Sie verbrachte die gesamte Zeit im fernen Amsterdam, wo sie ihr Musikstudium mit einem Diplom abschloss. So blieben ihr die ganzen traumatischen und blutigen Ereignisse erspart. Im Alter von siebzehn oder achtzehn Jahren, also um 1898, verliess sie das Transvaal und ging in die Niederlande, zweifellos einem langgehegten Traum folgend. Erst als alles vorbei war, konnte sie nach Südafrika zurückkehren.

Pretoria 1911

Es ist sehr wahrscheinlich, dass Hendrika schon in ihrer Jugend in einer etwas anderen Welt lebte als der Rest ihrer Familie. Wohl war sie die Älteste, aber lebte als Mädchen in einer Zeit, in der man gezwungen war, eine bestimmte vorgeschriebene Rolle zu übernehmen. Dreizehn Jahre lang hatte sie enge Beziehungen zu ihren Cousins und Cousinen, Onkeln und Tanten in Holland gepflegt und eine starke Bindung zur europäischen Kultur entwickelt sich. Sicher sehnte sie sich seit Jahren nach einem Musikstudium, nach fachkundigem Klavier- und Gesangsunterricht, nach begabten, engagierten Gleichaltrigen und hauptsächlich nach den Konzertsälen und Opern Europas. Das war alles weit entfernt vom Leben im Transvaal. Sie

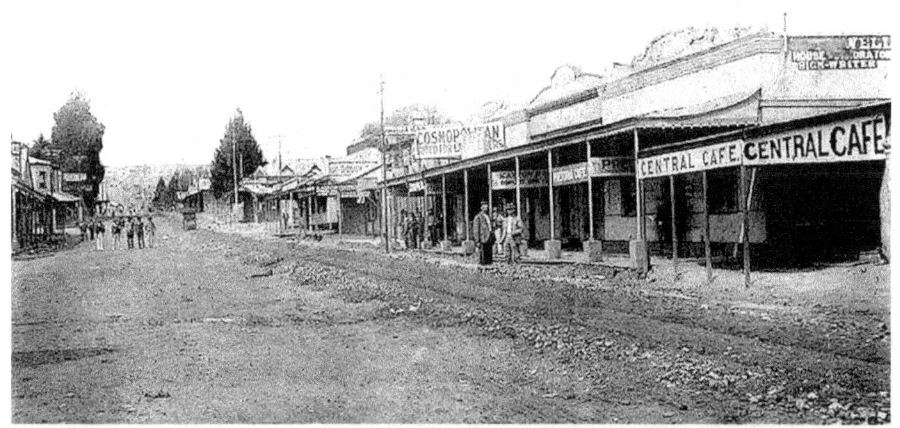

Paul Kruger Street 1890

hatte ungewöhnliches Glück, dass ihre Eltern ihre Ambitionen unterstützten und ihr Vater bereit war, Geld für Reise und Studiengebühren zurückzulegen. Die Verwandten, die sie seit ihrem Aufenthalt in Südafrika nicht mehr gesehen hatten, wären wahrscheinlich mehr als bereit gewesen, ihr ein unterstützendes Umfeld zu bieten. Tatsächlich wissen wir, dass sie mit mindestens einer Tante bis kurz vor ihrer Abreise aus Europa im Jahr 1926 in Kontakt blieb. Als sie Pretoria verliess, ahnte sie nicht, dass mehrere Jahre vergehen würden, bis sie ihre Familie wiedersah.

Sie muss die Ereignisse in Südafrika genau verfolgt haben. Ihr Neffe, Carel Arnold Hollenbach II, schreibt:

> *«Ungefähr sechs Wochen vor Ausbruch des Kriegs schrieb sie eine Postkarte an ihre Mutter (meine Grossmutter), in der sie ihre Besorgnis über die Situation in Transvaal zum Ausdruck brachte:*
>
> *Arnheim, 31. August 1899*
> *...Gott gebe, dass die Gefahr des Krieges sich wendet und dass alles ein gutes Ende im Frieden finden kann ...»*

Danach führte der Heimweg durch feindliches Gebiet, und obwohl sie vielleicht ein gewisses Schuldgefühl wegen ihres relativ sicheren und sorgenfreien Lebens als Studentin in den Niederlanden erlebte, muss sie erleichtert gewesen sein, dass ihr die Hoffnungslosigkeit und das Elend erspart geblieben waren. In mancher Hinsicht waren dies ihre prägendsten Jahre. Aber das Eintauchen in die Kultur und das Studium im intellektuellen Milieu ihrer Zeit brachten ganz andere Ergebnisse als jene, die sie sich wohl vorstellte, als sie Südafrika verliess. Ihre Kommilitonen und Jugendfreunde in Amsterdam hinterfragten mit strengem intellektuellem Blick den Glauben, den man zuvor für selbstverständlich angenommen hatte. Das calvinistische Christentum war an feste Traditionen verhaftet und hatte wenig Hoffnung, mit den kulturellen Veränderungen der Zeit Schritt zu halten – schon gar nicht in Südafrika. Prinzipiell schien der Calvinismus in seinen puritanischen Lehren ebenso materialistisch wie die fortschrittliche Gesellschaft, gegen die er seine Predigten richtete.

Es ist gut möglich, dass irgendwann während der vier bis sechs Jahre, die sie dort verbrachte, sie auf die Theosophische Gesellschaft und deren Loge in Amsterdam aufmerksam wurde. Da hätte sie Zugang zu ihrer Literatur gehabt und möglicherweise Vorträge und Veranstaltungen besuchen können. Dennoch kann sie kaum von Rudolf Steiner gehört haben, bevor sie nach Südafrika zurückkehrte. Es gibt heute auch keine Aufzeichnungen darüber, dass jemand aus der Familie Hollenbach jemals der Theosophischen Gesellschaft angehörte, was aber nicht ausschliesst, dass sie an einem anderen Ort lokal eingetragen war.

Aber wie auch immer es dazu gekommen sein mag, es wurde ein Keim gelegt, der ihre Suche nach einem Pfad spiritueller Entwicklung inspirierte, und im Laufe der nächsten zehn Jahre gewann dieser an Intensität, bis er zur treibenden Kraft ihres Lebens wurde. Sie schreibt, wie sie in diesen Jahren eine beträchtliche innere Zerrissenheit erlebte, die sie dazu brachte, ihr ganzes Leben neu zu erwägen. Auch wenn sie nur wenige Details darüber verrät, ist das, was das Mädchen, das Südafrika verliess, zu werden gedachte, ganz anders als die Person, die tatsächlich aus ihr geworden ist. Schon in den ersten Jahren ihres Gesangs- und Klavierstudiums müssen sowohl sie als auch ihre Lehrer zum Schluss gekommen sein, dass keine Konzertpianistin oder klassische Sängerin aus ihr würde, was auch immer ihre Ambitionen gewesen wären. Abgesehen von ihrem Talent und ihrer Veranlagung wäre sie in den fünf Jahren, die sie ohne fachkundigen Unterricht und Anleitung in Südafrika verbrachte, weit hinter den fortgeschrittensten ihrer Altersgenossen zurückgeblieben. So entschied sie sich für eine Karriere als Musikpädagogin, spezialisiert auf das Unterrichten von Klavier und Gesang und in Chorleitung. War das eine grosse Enttäuschung? Wie hat sie sich damit abgefunden? Wir können darüber nur spekulieren. Gewonnen hat sie jedoch ein Beruf, der für den Rest ihres Lebens ihren Lebensunterhalt versorgte und der ihre Unabhängigkeit und Eigenständigkeit garantierte. Das war zu jener Zeit kaum die Norm. Aber es fehlte zweifellos der Glamour und die Erfüllung, die der Weg einer darstellenden Musikerin geboten hätte.

Dazu kam die ständige Sorge um das Wohlergehen ihrer Familie, deren Korrespondenz eine Zeit lang zum Erliegen gekommen war. Ihr Vater, ihre Mutter und ihre beiden jüngsten Geschwister hatten kein regelmässiges Einkommen mehr; ihre beiden Brüder Hans und Hermann waren entweder tot oder kämpften unter harten Bedingungen im Busch.

Da keine Aufzeichnungen über ihre Anwesenheit in den Niederlanden um die Jahrhundertwende vorhanden sind, lassen sich heute die Einzelheiten über ihr Studium, ihren Abschluss oder die Orte, an denen sie gelebt haben könnte, nicht mehr finden. Das bedeutet, dass sie höchstwahrscheinlich nie ihre Adresse bei einer städtischen Behörde angemeldet hat.

Als sie wahrscheinlich 1903 oder 1904 nach Südafrika zurückkehrte, hatte ihre Familie Pretoria bereits verlassen oder war gerade dabei, in eine kleine Stadt zu ziehen, von der sie wahrscheinlich noch nie gehört hatte. Ermelo war das Gegenteil einer modernen Stadt. Das Familienhaus in Sunnyside war verkauft, ihr Vater war seit der britischen Besatzung ohne Arbeit. Sie hatte keine andere Wahl, als mit ihnen umzuziehen und zu versuchen, in Ermelo eine Karriere als private Musiklehrerin zu beginnen.

Ihr Bruder Herman hatte bereits eine Stelle als Lehrer an der Grundschule in Rooiwal, einer noch kleineren Stadt in der Nähe von Ermelo, und da viele Afrikaner Pretoria und Johannesburg verliessen, um sich so weit wie möglich von der englischen Besatzungsmacht zu entfernen, versprach dies eine aufstrebende Metropole zu werden. Ihr zweiter Bruder, Hans Georg, und ihr jüngster Bruder, Carel Arnold, arbeiteten zusammen mit ihrem Vater in der Landwirtschaft, leiteten ein kleines Postamt und ein Bauunternehmen, das Bauprojekte in den verwüsteten Gebieten der Region entwarf und durchführte. Ihre Schwester Elise oder Lies, zu der sie immer eine enge Beziehung hatte, bereitete sich ebenfalls vor, Lehrerin zu werden.

Aber Europa hatte Hendrika verändert. Und noch viel mehr hatte der Krieg ihre Familie gänzlich verwandelt, vor allem die Männer. Die ganze Welt war entsetzt über das verräterische Vorgehen der Briten, die sich über bestehende Verträge hinwegsetzten und nur auf das Gold des Witwatersrand aus waren. Die Konzentrationslager, die Politik der verbrannten Erde und die Zerstörung der gesamten Lebensweise der Buren wurden überall mit wachsendem Entsetzen diskutiert. Ihre Familie hatte sich mit mutigem Widerstandswillen gegen die unerwünschte Kolonialisierung bis zum Ende durchgesetzt. Es gab allen Grund, verbittert zu sein über das Elend, das sie nun konfrontierte. Der Krieg hatte die Männer und sogar die Liebe zu Afrikanern gemacht. Nur Hendrika blieb ihr ganzes Leben lang Niederländerin.

Nach vier bis sechs Jahren musste sie sich nun der beschwerlichen Aufgabe stellen, wieder mit ihrer Familie leben zu lernen. Ihre Ansichten, ihre Errungenschaften, ihre Träume und Bestrebungen waren weit von denen der anderen entfernt. Wie hätten ihre Brüder Herman und Hans ihre Ideen anderes als ketzerisch und verrückt halten können? Nicht minder wichtig war ihr Status als unabhängige, alleinstehende Frau, beschäftigt, eine Karriere aufzubauen, anstatt zu heiraten und Kinder für das Vaterland zu produzieren. Doch gibt es Anzeichen dafür, dass ihre Mutter und Lies bereit waren, ihr zuzuhören, und sich für ihre Denkweise interessiert haben könnten. Was ihr Vater dachte, lässt sich kaum raten. Neben ihrer Schwester war ihr jüngerer Bruder Carel Arnold, der selbst sehr musikbegeistert war, derjenige, dem sie ihr Leben lang am nächsten stand.

Etwa zwei Jahre später brachen die Dinge offenbar auseinander. Der Versuch, in einem Kaff wie Ermelo ein kulturelles Leben und eine Karriere aufzubauen, erwies sich wohl als aussichtslos. Um 1906 kehrte sie nach Pretoria zurück und machte sich auf eigener Faust auf den Weg. Immerhin gab es dort Schulen und Colleges, ein Theater und eine Konzerthalle, in denen die Künste mehr bedeuteten als nur leichte Unterhaltung.

Pretoria erlebte gerade eine Welle der Verstädterung, denn Tausende Afrikaner verliessen das Land, nachdem die Taktik der britischen Armee ihre Häuser und Felder zerstört hatte, ihren Viehbestand geschlachtet und sie mittellos hinterliess. Tausende von ihnen lebten in bitterer Armut und hatten keine Aussicht auf eine Zukunft. Zwei Jahre später verliess auch ihr Bruder Herman seine Dorfschule und ging auf die Pädagogische Hochschule in Pretoria. Er war entschlossen, sich eine Qualifikation zu erwerben, die für die intellektuelle Entwicklung seiner Nation von Bedeutung werden würde.

Die Anzahl der Schulen wuchs, und immer mehr Kinder wollten Musik lernen. Bald konnte Hendrika Beziehungen zu einigen Schulleitern knüpfen und ihren Lebensunterhalt als freiberufliche Musiklehrerin und Chorleiterin verdienen. Mit ihren Schülern und Chören veranstaltete sie regelmässig Aufführungen, vielleicht erste Eisteddfods Pretorias, und baute auf diese Weise in ihren vier Jahren dort eine ziemliche Nachfrage nach ihren Diensten auf.

Neben der Frage, wie sie mit der Anthroposophie in Berührung kam, könnte man sich auch fragen, wo sie nach einer Ausbildung in der niederländischen Sprache ihr fehlerfreies Englisch erlernte. Abgesehen vom Zweit- und Drittsprachunterricht in der Schule muss sie wenig Gelegenheit gehabt haben, ihr Englisch zu üben. Das änderte sich, als Englisch das Hoch-Niederländisch als Unterrichtsmedium in den Schulen des Transvaals abgelöst hatte. Sie hatte offensichtlich ein Gespür für Sprachen, was durch ihre spätere Beherrschung der deutschen Sprache bestätigt wird, aber die Briefe, die sie später auf Englisch schrieb, lassen wenig von ihrer niederländischen Herkunft durchscheinen. So wurden nochmals die Weichen gestellt, um ihr die Freiheit und finanzielle Unabhängigkeit zu verschaffen, die sie benötigte, um ihre Träume und Absichten zu verwirklichen.

In der Nähe ihres Wohnorts befand sich eine von englischen Einwanderern gegründete Theosophische Loge, die 1904 ihre Einweihung erhalten hatte.[10] Ob sie davon wusste, als sie umzog, vielleicht durch Rundbriefe der Theosophischen Gesellschaft in Europa, oder ob sie an deren Hauptsitz vorbeischlenderte, nachdem sie ein Haus nur ein paar Blocks entfernt in Sunnyside bezog, werden wir kaum erfahren. Aber wir wissen aus ihren Berichten, dass sie sich irgendwann an deren Aktivitäten beteiligte. Möglicherweise durch einen Freund in Holland oder durch die damaligen Publikationen wurde sie auf einen neuen Stern am theosophischen Horizont

10 Aus Theosophy-World: https://www.theosophy.world/encyclopedia/africa-southern-theosophy

aufmerksam. Rudolf Steiners Deutsche Sektion hatte sich so weit entwickelt, dass er seine eigene Version der Esoteric School of Theosophy gründete, basiert auf einem Erkenntnisweg, der sich zwar nicht in Opposition zu den im Allgemeinen von den Mitgliedern der Theosophischen Gesellschaft praktizierten Methoden befand, sich aber grundlegend davon unterschied.

Die erste theosophische Loge Südafrikas wurde im April 1899 in Johannesburg gegründet und wegen des Krieges wieder eingestellt, während Hendrika sich in den Niederlanden aufhielt. Nach dem Burenkrieg im Jahr 1902 wurde die Arbeit der Loge wieder aufgenommen, und sie gewann schnell an Mitgliedern. Im Jahr 1904 wurden Logen in Pretoria, Durban, Kapstadt und eine Zweite in Johannesburg gegründet. Im August 1905 hielt Mohandas Gandhi vor Theosophen einen Vortrag über «Das wahre Leben» und arbeitete auch nach seiner Niederlassung in Johannesburg weiter mit ihnen zusammen. Sein engster Freund in Johannesburg, der deutsche Architekt Hermann Kallenbach, wurde später Mentor und Freund des jungen Lawrence Adler, später einer der aktivsten Anthroposophen in der Anthroposophischen Gesellschaft.

Wer kann sagen, wie und wann Hendrika auf die Loge aufmerksam wurde und sich deren Aktivitäten anschloss? Sie erzählt, dass sie Mitglied der Gesellschaft war, als sie nach Berlin kam. Wir wissen, dass sie dabei war, als sich die verschiedenen südafrikanischen Logen im April 1909 zusammenschlossen. Es fand nämlich der erste Kongress der nationalen Gesellschaft am 30. September 1909 in der Freimaurerhalle von Pretoria statt.[11] Als Generalsekretär wählte man Henri Dijkman, der eine Zeitschrift namens *The South African Bulletin* ins Leben rief. Hendrika, damals noch Riek Hollenbach genannt, erscheint als Geschäftsführerin der Zeitschrift. Offenbar war Rudolf Steiners *Wie erlangt man Erkenntnisse der höheren Welten* auf Englisch als «*The Way of Initiation*» erschienen und in der internationalen Ausgabe von *The Theosophist* besprochen worden. Henri Dijkman muss das Buch gelesen haben und beschloss daraufhin, Rudolf Steiner persönlich in einem recht seltsamen und antiquierten Stil anzuschreiben, indem er ihn durchweg in der veralteten zweiten Person, *Thou*, ansprach.

---

[11] Die Originale der drei folgenden Dokumente sowie die Umschlag- und Inhaltsseiten der Zeitschrift befinden sich im Rudolf Steiner Archiv, Dornach.

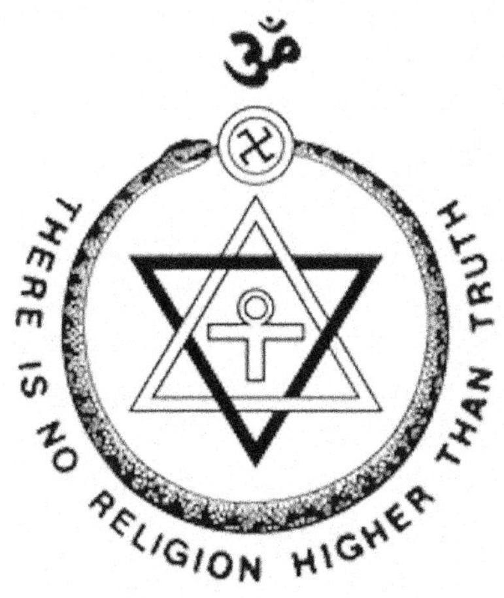

The South African Theosophical Society

OFFICE OF THE GENERAL SECRETARY
Pretoria, Transvaal, S.A

PRIVATE AND CONFIDENTIAL

20. Juli 1909
An: Dr. Rudolph Steiner
Postanschrift:
P.O. Box 644

Telegrafische und telegrafische Adresse:
«THEOSOPHIE» Pretoria
Hauptsitz:
316 Minaar Street, Pretoria.
Im Namen von THE ....
Im Namen des Grossen Spagyrikers
Im Namen des Dreimal-Grössten Hermes

GRUSS, BRUDER:

Aus dem fremdartigsten aller Länder (ein perfektes alchemistisches Laboratorium in sich selbst), in dem die Aurora auf das reinste Streben dämmert, kommt zu dir der Wunsch von jemandem, in dem du einen Mitschüler erkennen wirst, um mit dir auf den Linien zu arbeiten, denen du in deinem eigenen Land gefolgt bist und folgst.

An Beglaubigungen, Bruder, hat der Unterzeichnete notgedrungen und um der Sicherheit willen nichts anderes anzubieten als das Folgende: Das Grosse Arkanum ist für ihn kein Geheimnis mehr, da es durch die Gnade Gottes und durch die Vermittlung des Grossen Spagyrikers und des Assistenten des Führers der ernsthaften Schüler offenbart wurde: K.S.G., durch dessen dreifache Hilfe ihm das höchste Geheimnis der Alchemisten, wie es der grosse Paracelsus unter seltsamen Symbolen offenbart hat, zum Verständnis gegeben wurde. Und nach vielen mühsamen Kämpfen in der höchsten Stille der Nacht, in der der regelmässige erste, zweite und dritte Gesang des heiligen hermetischen Vogels (das Symbol der ewig brennenden Lampe) mit intensivstem Gefühl des Entzückens wegen seines begleitenden Geheimnisses, beobachtet und verfolgt wurde. Nach der dritten Ode an das Grosse Mysterium brachte Aurora mit ihrem flüssigen Gold, das durch den seltsamen Prozess umgewandelt wurde, und geführt durch das Brüllen des Roten Löwen, gefolgt vom Aufwärtsflug des Weissen Adlers, der in dieser Stunde geboren wurde, die höchste Offenbarung und übergab dem Schüler den Schlüssel zum hermetischen Geheimnis. Und in tiefster Hingabe, obwohl völlig BEWUSST, und staunend über die höchste Güte des Welt-Alchemisten, fiel er allmählich in den Takt des All-Mysteriums und erhielt den Schlüssel zur Eroberung der luftigen, feurigen, wässrigen und irdischen Elemente, wie sie sich im aufregenden Meer des Äthers sammelten und gelegentlich sichtbar wurden.

Auch der grosse «Schrecken» wurde in mühsamer Arbeit der Totenstunde gegenübergestellt, aber er wurde erfolgreich überwunden, da die Furcht in entsprechendem Ausmass besiegt worden war. Die Heerscharen der Finsternis müssen jedoch noch von Zeit zu Zeit bekämpft werden. Durch die Gnade des Höchsten ist es ihm jedoch bisher immer gegeben worden, zu siegen, da die Aqua Vitae stets einen undurchdringlichen Panzer um ihn herum bildete; und mehr denn je ist er nun entschlossen, weiterzumachen. Und obwohl der Unterzeichnete andere ermutigt hat, die bereit sind, den «Pilgerweg» zu beschreiten, und sich damit begnügen würden, allein zu arbeiten, fühlt er doch, dass es von grösserem Nutzen wäre, auch ein bewusstes physisches Instrument – in Form einer Körperschaft – zu haben, um die Arbeit auf der irdischen Ebene fortzusetzen, da der «rote» Teil des Rosenkreuzerpfades auf dieser Ebene liegt. Und gerade im Hinblick auf diese Tatsache bittet er dich nun um deine Meinung zu einer physischen Zusammenarbeit.

Sein Gebet ist, dass das grosse spagyrische Mysterium immer tiefer in Deinem eigenen Wesen aufgehen möge. Als ein Mitbruder der R.C. bietet er dir seine Liebe und seinen Dienst an.

EHRE SEI DEM GROSSEN GEHEIMNIS IN EWIGKEIT! AMEN ...

Henri Dijkman
Generalsekretär S.A.T.S.
Adresse: Henri Dijkman,
P.O. Box 644, Pretoria, Transvaal, S.A.

Die erste Ausgabe 1909 des South African Bulletin, wohl möglich auch die Einzige, erschien im August. Unter dem Namen des Generalsekretärs Dijkman erscheint der Name von Fräulein R. Hollenbach. Sie schrieb auch einen Artikel für diese Ausgabe mit dem Titel *Atom-Nummern*.

Pretoria, Transvaal. S.A.,
15. August. 1909

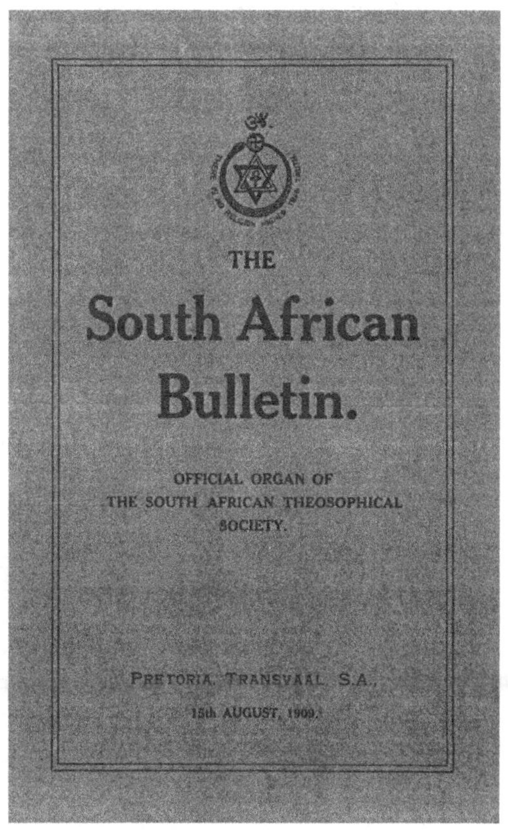

Atom-Nummern

Für diejenigen, die den Artikel «Über Offenbarungen» (On Revelations) in der Juni-Nummer von «The Theosophist» gelesen haben, könnte eine kurze Berechnung interessant sein. Sie zeigt, dass alle Wurzelzahlen unseres Systems in den Figuren enthalten sind, die die Atome der verschiedenen Plane darstellen. Mit dem Wunsch, die genauen Zahlen zu erhalten, begann ich von unten nach oben mit 49 zu multiplizieren, und kam zu folgendem Ergebnis: 1 physisches Atom ist gleich 49 astralen Atomen, 2401 mentalen Atomen, 117.649 buddhischen Atomen, 5.764.801 nirvanischen Atomen, 282.475.249 Anupadaka-Atomen und 13.841.287.201 Adi-Atomen, oder entsprechen einfachen «Blasen».

Da ich mich für die sogenannte «okkulte Reduktion» interessierte, addierte ich die Zahlen wie folgt: 4 plus 9 (49) ist gleich 13; (1 plus 3) gleich 4 usw., und war sehr erfreut, zwei weitere Reihen zu finden: 4-7-10, 4–7.10, die, wenn man sie nochmals addiert, 12 ergeben; oder (1 plus 2) gleich 3: die Wurzelzahlen unseres Systems! Drei die Trinität, zwölf die göttlichen Hierarchien, zehn die vollständige Zahl des Menschen (die dreifache Monade mit zweimaliger dreifacher Reflexion und Synthese); sieben, der Mensch in der Manifestation, die höhere Triade und die niedrigere Quaternäre, und vier, nur die Quaternäre, die dichteste Manifestation in Makrokosmos und Mikrokosmos.

Es war nur eine Phantasie, die mich zu dieser kleinen Multiplikation und Reduktion veranlasste; das unerwartete Ergebnis brachte mir jedoch ein Blitz der Erkenntnis einer vollkommenen Ordnung und dem Gesetz, das überall im Kosmos und in der Beziehung des einzelnen Seins zum Höheren Sein; des Menschen zu Gott, herrschen muss. Die kleine physische Einheit wurde zum Symbol für Welten und Systeme und schien zeitweilig den Unterschied zwischen Gross und Klein aufzuheben. Sie brachte eine leuchtende Wahrnehmung der göttlichen Harmonie, die die Seele mit Bewunderung und Ekstase erfüllte.

Es mag sein, dass weitere Untersuchungen uns raffiniertere Theorien bringen werden, die neue Aspekte und unerwartete Entdeckungen darstellen werden. Was auch immer sich ändern mag, eine Tatsache scheint jedoch hervorzustechen, die wir mit Sicherheit akzeptieren können, nämlich: dass überall Ordnung herrscht und dass nichts Grosses oder Kleines ausserhalb des Bereichs göttlicher Harmonie und Gesetz liegt.

R.H.

Im Leitartikel veröffentlichte Dijkman seine eigene Rezension von Rudolf Steiners *The Way of Initiation* in einer ebenso blumigen, wenn auch weniger archaischen Sprache als in seinem Brief. Im Anschluss an diese Veröffentlichung schickte er ein Exemplar nach Berlin, zusammen mit einem an Marie von Sivers gerichteten Brief.

16th August 1909
Miss Marie von Sivers,
17 Motzstrasse,
Berlin, W.
Germany

Liebe Schwester,

mit grosser Freude erlaube ich mir, Ihnen mit separater Post ein Belegexemplar des südafrikanischen Bulletins, des offiziellen Organs der Südafrikanischen Theosophischen Gesellschaft, zuzusenden, mit der Bitte, mir im Tausch gegen diese Zeitschrift das deutsche Organ der Theosophischen Gesellschaft in Deutschland zuzusenden, wenn Sie damit einverstanden sind.

The South African Theosophical Society.

LODGES AND CORRESPONDENTS.

JOHANNESBURG—Johannesburg Lodge.—President: W. Wybergh, Esq.; Hon. Secretary, H. Robins, Esq., P. O. Box 376.

Harmony Lodge.—President, C. E. Nelson, Esq., P.O. Box 1012; Hon. Secretary, Miss A. Beeforth, P.O. Box 1012.

DURBAN—Durban Lodge.—President, E. G. Martyn, Esq., Hon. Secretary, H. J. S. Bell, Esq., P. O. Box 57, Point.

CAPETOWN.—Capetown Lodge.—President, Mrs. I. A. Holtzer; Hon. Secretary, H. Hutton, Esq., Box 57.

PRETORIA—Pretoria Lodge.—President, Henri Dijkman, Esq.; Hon. Secretary, C. E. Gyde, Esq., P. O. Box 644.

GERMISTON—Germiston Lodge.—President, L. B. Yardley, Esq.; Hon. Secretary, Mr. F. H. Silvester, 11, Long Street, Germiston West.

Arcadia Lodge.—President, John Walker, Esq.; Hon. Secretary, M. Walker, Esq., "Cessnock," Fairview, Arcadia, Pretoria.

PIETERMARITZBURG.—Pietermaritzburg Lodge.—President, W. E. Marsh, Esq.; Hon. Secretary, A. Tranmer, Esq., Box 301, Pietermaritzburg.

Particulars as to Meetings may be had on application from the Hon. Secretary of any of the above Lodges.

GREYTOWN, NATAL.—C. W. Wetenhall, Esq.

EASTERN TRANSVAAL.—V. S. Rous, Esq., Brugspruit (Station).

NORTHERN TRANSVAAL.—Wynyard Battye, Esq., c/o Sub-Native Commissioner, Groot Spelonken.

SOUTHERN RHODESIA.—James Cook, Esq., Battlefields.

KIMBERLEY.—T. D. Vaidya, Esq., P. O. Box 372.

THE SOUTH AFRICAN BULLETIN.

Editor: Mr. Henri Dijkman.
Business Manager: Miss R. Hollenbach, Box 644, Pretoria.

Sie werden mir ausserdem eine grosse Ehre erweisen, wenn Sie mir so bald wie möglich ein Exemplar der Vorträge zusenden, die Dr. Steiner sowohl in Deutschland als auch auf dem letzten internationalen Kongress in Budapest gehalten hat, da es hier ausser mir mehrere Mitglieder gibt, die sich sehr für die Arbeit und die Methoden von Dr. Steiner interessieren. Jede weitere Information im Zusammenhang mit seinen Vorträgen (von denen ich eine englische Übersetzung bevorzugen würde, falls vorhanden) wird von den Unterzeichnern ebenfalls sehr begrüsst.

Mit freundlichen Grüssen und besten Wünschen danke ich Ihnen im Voraus für Ihre Freundlichkeit.

Mit freundlichen Grüssen

Henri Dijkman *Generalsekretär, SATS*

Aus all dem geht hervor, dass Hendrika der Theosophischen Gesellschaft in Pretoria beitrat und darin aktiv wurde, als die Theosophie im südlichen Afrika auf dem Vormarsch war. Sie wäre so über die frühesten Veröffentlichungen Rudolf Steiners in englischer Sprache informiert gewesen und war offensichtlich von seiner Sprache und seinen Einsichten beeindruckt. Bald war sie mit seinem Werk so vertraut, dass sie in der Lodge Vorträge darüber hielt, bis sie beschloss, nach Deutschland auszuwandern und ihren Lehrer zu finden.

Es kann gut sein, dass sie sich von Anfang an zu Rudolf Steiners Stil und zu den anthroposophischen Inhalten hingezogen fühlte. Wir wissen von einer Reihe ihrer Zeitgenossen, die den theosophischen Jargon und die Art und Weise, wie dort über geistige Gedanken gesprochen wurde, mit Unbehagen empfanden, wenn nicht gar mit Abneigung. Während sie möglicherweise den geistigen Inhalt als Wahrheit akzeptierten, lehnten sie den Stil ab. Als sie wahrnahmen, wie Rudolf Steiner mit dem Geistigen umging, fühlten sie sich sofort zu Hause. Es ist denkbar, dass Hendrika dies auch so empfand, was erklären würde, warum sie nie offiziell Mitglied der internationalen oder niederländischen Theosophischen Gesellschaft wurde. In den nächsten Jahren muss sie Bücher Steiners aus Berlin bestellt haben und begann, den von ihm skizzierten Weg der persönlichen Entwicklung mit wachsendem Engagement zu verfolgen.

Ein gewisses Mass an Deutschkenntnissen muss sie gehabt haben, um Rudolf Steiner überhaupt lesen zu können, da es zu dieser Zeit nur wenige Übersetzungen seiner Werke gab. Die Zuhörer ihrer Darstellungen hatten offenbar mit Interesse zugehört, aber es hinterliess keine erkennbaren Spuren, die sich heute nachvollziehen liessen.

Als sie dreissig Jahre alt war, stand sie jedoch in einer existenziellen Krise. Würde ihr ganzes Leben weiterhin so verlaufen? Würde sie die nächsten dreissig oder vierzig Jahre eine künstlerische Existenz aus zweiter Hand führen, indem sie sich von den Leistungen ihrer Schüler ernährte und ständig auf der Suche nach neuen Schülern sein musste, um diejenigen zu ersetzen, die weggefallen waren? Was sollte aus ihren persönlichen künstlerischen Begabungen und anderen Bestrebungen werden? In keiner der Aufzeichnungen wird jemals von einer romantischen Beziehung gesprochen, und es fällt schwer, sie als unterwürfige Ehefrau eines herrschsüchtigen südafrikanischen Ehemannes aus dem frühen zwanzigsten Jahrhundert vorzustellen. In der kulturellen Wüste Pretorias lauerte wohl das Altwerden wie ein graues, morbides Gespenst am Horizont. Die Mitglieder ihrer Familie, die ihr am nächsten standen, gingen eigene Wege und lebten weit entfernt. Was sollte ihrem Leben noch Hoffnung auf Freude und Sinn bieten?

Im Jahr 1910 war es so weit. Sie musste sich entschliessen. Der Verlauf ihres Lebens sollte sich grundlegend verändern. Im März 1911 schreibt sie den entscheidenden Brief in englischer Sprache an Marie von Sivers und schickt ihn an die Motzstrasse 17 in Berlin.

Pretoria 25. März
Rissik Street 69.
Liebes Fräulein von Sivers,

ich wende mich an Sie mit einer ernsten Bitte. Werden Sie mir helfen, indem Sie mein Gesuch um Schülerschaft an Dr. Steiner herantragen und mir Ihren Rat geben bezüglich weiterer Schritte, die im Zusammenhang mit meinem Verlangen nach Wissen und direkterer Führung zu unternehmen sind? Ich sehne mich mit tiefem Ernst danach, ein Schüler in der okkulten Schule zu werden; meine latenten Fähigkeiten zu entwickeln, um stärker und weiser zu werden und eine stärkere Kraft für das Gute und für den Dienst zu werden, in welchem Bereich des Lebens ich auch immer eingesetzt werde.

Schon vor langer Zeit habe ich still und feierlich um das Privileg gebeten, dem Teil meines Karmas zu begegnen, den ich abarbeiten muss, bevor eine wirkliche Einweihung stattfinden kann, und ich weiss, dass ich in den Jahren, die hinter mir liegen, eine Antwort auf dieses Gebet erhalten habe. Der grosse Wendepunkt, der den Augenblick in meinem Leben markiert, in dem die Erkenntnis des «Wirklichen» zum ersten Mal in mir aufblitzte und unendliche Möglichkeiten am Horizont meines Bewusstseins zu dämmern begannen, brachte den Entschluss, den gewöhnlichen Hoffnungen und Idealen des Lebens den Rücken zu kehren und jenem Grossen Licht zu folgen, das ich nur schemenhaft erahnte, bereits die zu erfüllende Aufgabe, die zu bewältigenden Prüfungen und die zu erfüllende Pflicht beinhaltet zu haben, bevor weitere Schritte unternommen werden konnten.

Ich sehe es jetzt so deutlich. Doch in diesen Jahren der Prüfung bin ich oft fast von den Füssen gefegt worden, habe mich in den Sturzbächen verloren, wurde von Schmerzen zermalmt, von Ekstase übermannt, bin in gewaltigen Wellen auf und ab gegangen, aber diese haben mich jedenfalls bis zu einem gewissen Grad die Illusionen von Schmerz und Vergnügen gelehrt.

Jetzt ist die Aufgabe weggefallen. Alles hat sich verändert. An die Stelle der «Leidensbereitschaft» scheint die Pflicht des «Stark-Seins» getreten zu sein.

Und jetzt weiss ich, dass ich meinen Guru suchen darf. Keine subtilen Bindungen halten mich mehr zurück, kein anderer Geist beeinflusst mich in dieser ernsthaftesten aller Fragen.

Ich stehe allein, bereit zu gehen, bereit, hingebungsvoll zu arbeiten, und bitte um nichts anderes als um das grosse Privileg, geführt und als Schüler angenommen zu werden. Ich habe die Bücher von Dr. Steiner studiert und in ihnen Nahrung für Geist, Seele und Herz gefunden.

Sie stellen für mich eine Synthese aller theosophischen und esoterischen Gedanken dar, die ich bis jetzt gelesen habe. Sie stimmen mich zuversichtlich, geben mir Mut und Freude und haben mein Denken und Wollen wieder fest in die Richtung höherer Erkenntnis, Weisheit und Einsicht gelenkt.

Der Grund, warum ich Herrn Dr. Steiner bisher nicht persönlich anspreche, ist, dass ich Ihnen noch eine andere Frage stellen möchte, und zwar: Besteht eine Möglichkeit für mich, in Berlin Arbeit zu finden? Ich habe die Mittel, um zu kommen, aber nicht, um dort zu leben. Und obwohl ich weiss, dass mir auch dann Führung zuteilwird, wenn ich hier bleiben müsste, wenn ich nur für würdig befunden werde, sie zu empfangen, so scheint es mir doch, dass es mir eine grosse Hilfe wäre, einige Zeit in der Atmosphäre Ihres Werkes und der Lehre Dr. Steiners zu leben, und dass es mich auch besser für den Dienst in diesem Lande rüsten würde, falls ich später dazu berufen sein sollte.

Ich bin Musiklehrer, wäre aber bereit, jede Art von Arbeit zu tun, für die ich geeignet bin, wenn sie mich nur weiterbringen würde.

Ich habe in Amsterdam Musik studiert und hatte immer viel Erfolg beim Unterrichten, aber auch zur literarischen Arbeit habe ich mich immer stark hingezogen gefühlt.

Deshalb werde ich Deutschunterricht nehmen und mich sehr bemühen, die Sprache so vollständig und so schnell wie möglich zu beherrschen. Dies wird mich in die Lage versetzen, mich als Übersetzer nützlich zu machen und auch Englischunterricht durch das Medium Deutsch zu erteilen.

Jede Arbeit im Zusammenhang mit der theosophischen Bewegung wäre mir natürlich sehr willkommen, und wenn ich nur auf diese Weise meine Unterkunft und Verpflegung verdienen könnte, bin ich sicher, dass ich auch für andere kleine Notwendigkeiten sorgen könnte. Würden Sie, obwohl es vielleicht fast zu viel verlangt ist, diese Frage auch ein wenig mitfühlend bedenken? Es wäre so schön, zu kommen, aber wenn Dr. Steiner sagen würde, dass es besser für mich wäre, hierzubleiben, würde ich natürlich nicht mehr daran denken. Auch so muss ich darauf vertrauen, dass «was mir gehört, zu mir kommt».

Zum Schluss möchte ich noch erwähnen, dass meine Schwester im April nach Berlin fährt; falls Sie mehr Einzelheiten über mich und die Sphäre der Arbeit und des Denkens, in der ich mich bewege, benötigen sollten, würde dies die Gelegenheit zu einer schnelleren Information geben, als ich schriftlich geben könnte. Es wird vielleicht nicht nötig sein, aber ich werde ihr auf jeden Fall schreiben, um ihr meinen Brief an Sie mitzuteilen und sie bitten, ihre Adresse in der Motzstrasse 17 zu hinterlassen, sobald sie dorthin geht, um sich nach Büchern usw. zu erkundigen.

Sie werden verstehen, liebes Fräulein von Sivers, dass diese zweite Frage nur von untergeordneter Bedeutung ist. Mein eigentliches Ziel, an Sie zu schreiben, ist, Sie zu bitten, mir den Weg zu zeigen, wie ich ein akzeptierter Schüler werden kann.

Würden Sie mir ein Formular zuschicken, das ich unterschreiben muss? Und werden Sie mir sagen, wie ich weiter vorgehen soll? Ich möchte nicht nur für mich selbst einen höheren Punkt in der grossen Evolution erreichen. Die Mächte, die mich bisher geleitet haben, wissen, dass meine grösste Freude darin besteht, anderen zu helfen, wo immer ich kann, und der Weg in die unsichtbaren Welten für mich erst dann erstrebenswert wurde, als ich erkannte, dass sich die eigenen Fähigkeiten zum Dienen unendlich steigern würden, wenn man ihn beschreitet. Darf ich mir Ihrer wohlwollenden Anhörung empfehlen?

Mit freundlichen und ehrerbietigen Grüssen,
Riek Hollenbach.

Berlin

Es durfte kaum alltäglich sein, Briefe dieser Art in der Zentrale der Deutschen Sektion der Theosophischen Gesellschaft an der Motzstrasse 17 in Berlin zu erhalten. Obwohl es schon vorher einen Briefwechsel der beiden gegeben haben muss,[12] gab hier eine junge Frau vom Süden Afrikas ihrer Absicht kund, ihr Leben und ihre Energie in den Dienst ihrer spirituellen Entwicklung und der Förderung der Ideale zu stellen, für deren Verwirklichung sie alle arbeiteten! Dies war eindeutig die Stimme eines gewaltig tragenden Schicksals in einer Zeit, in der die ganze Arbeit sprunghaft vorwärtsdrängte.

Der Brief ist ein bemerkenswertes Dokument, das den Hauptbezugspunkt festlegt, um den herum wir die Ereignisse ihrer Biografie zusammensetzen können. Er zeugt von einem beachtlichen Mass an Selbsterkenntnis und Weitsicht, das umso bemerkenswerter ist, da sie nie wieder von den geäusserten Absichten und selbstauferlegten Verpflichtungen abrückte.

Bei der Datumsangabe, Pretoria, 25. März, fehlt die Jahreszahl. In einem Brief an Günther Wachsmuth, Mitglied des Gründungsvorstandes und Sekretär und Schatzmeister der Anthroposophischen Gesellschaft, vom 31. März 1946, schreibt Hendrika:

> *«Gegen Ende des Jahres werden es 35 Jahre sein, dass ich zum ersten Mal von Pretoria nach Berlin reiste, um Dr. Steiner zu bitten, mich als Schülerin aufzunehmen. Ich kam dort am Abend des 23. Dezember an, ging sofort am nächsten Tag, Heiligabend, in die Motzstrasse ...»*

---

[12] In einem Brief vom 19 März 1926: "... und in der Theosophischen Loge habe ich vor meiner Abreise nach Deutschland einige Monate hindurch wöchentlich über Herrn Doktor's Lehren gesprochen, und auch noch von Berlin aus, mit Erlaubnis Herrn Doktors Artikel für die kleine Zeitschrift geschickt."

Dies bedeutet, dass ihr Einführungsbrief höchstwahrscheinlich im März 1911 geschrieben wurde, was ihr 7 Monate Zeit gab, sich auf ihre Reise nach Berlin vorzubereiten.

Als Adresse steht 69 Rissik Street. Diese lag nur drei Häuserblocks von der Theosophischen Loge in der Esselen Street (heute Nelson Mandela Drive) entfernt. Hat die Nähe zur Loge eine Rolle gespielt oder zog sie einfach in ihr altes Viertel Sunnyside zurück?

Als Nächstes beschreibt sie Turbulenzen und Zweifel, bevor sie dem Werk Rudolf Steiners begegnete. Sie haben sie dazu veranlasst, sich jene grundlegenden Fragen nach dem Sinn ihres Lebens, ihren Werten und ihrer Zukunft zu stellen. Der theosophische Jargon, in dem sie dies beschreibt, mag wohl viele stören, aber es ist schwer vorstellbar, dass sich ein solcher Prozess in den vier kurzen Jahren vollzog, seit sie sich in Pretoria niedergelassen hatte. Der *«grosse Wendepunkt, der den Moment in meinem Leben markiert, in dem die Erkenntnis des «Wirklichen» zum ersten Mal in mir aufblitzte»*, bis zu dem Punkt, an dem sie keine *«subtilen Bindungen (...), die sie zurückhalten»* mehr spürt, oder *«andere Geister, die mich in dieser ernstesten aller Fragen beeinflussen»*, geben den Eindruck einer mehrjährigen Beschäftigung mit esoterischer Literatur. Es ist wohl eher so, dass sie bereits während ihres Studiums in Holland mit der theosophischen Weltanschauung in Berührung kam, wie im vorigen Kapitel beschrieben.

In einem auf «Freitagabend» datierten Brief, der Ende 1925 oder Anfang 1926 in Dornach geschrieben wurde und in dem sie Marie Steiner über ihre Absicht nach Südafrika zurückzukehren informiert, erwähnt sie *«die Stadt, in der meine Mutter noch lebt, in der meine Schwester an einer Schule unterrichtet und in der ich selbst zwei Jahre lang gearbeitet habe»*, in Hinblick auf Ermelo. In einem Brief vom 19. März 1926 spricht sie von *«Pretoria, wo ich auch die letzten vier Jahre gearbeitet habe, bevor ich nach Berlin kam»*. Daraus lässt sich ableiten, dass sie um 1906 in Pretoria und um 1904 in Ermelo zu arbeiten begann, kurz nachdem ihre Familie von Pretoria dorthin gezogen war.

So wichtig dieser Brief ist, um den groben Zeitrahmen zu bestimmen, so genau lässt er auch erahnen, was in Zukunft auf sie zukommen wird. Sie sagt: *«Ich habe die Mittel, um zu kommen, aber nicht, um dort zu leben»*. Das beschreibt in aller Kürze die finanzielle Situation ihres gesamten Lebens. Später im Leben, als sie in Pretoria arbeitete, muss sie Geld in einen Renten- oder Investmentfonds zurückgelegt haben, was ihr in den letzten fünf Jahren ihres Lebens eine Art Halbpension ermöglichte.

Die Aussage «*Ich bin Musiklehrerin, aber ich wäre bereit, jede Arbeit zu machen, für die ich geeignet bin, wenn sie mich nur weiterbringt*», zeigt ihre Absicht, auf persönliche oder berufliche Ambitionen zu verzichten. In der Tat gibt es keine genauen Aufzeichnungen darüber, was sie tatsächlich von Tag zu Tag erledigte, als sie in den nächsten Jahren mit selbstlosem Engagement an den verschiedenen Aufgaben arbeitete, die ihr in Deutschland und der Schweiz übertragen wurden. Sie war bei allen zentralen Veranstaltungen und Aktivitäten, die die Arbeit der Anthroposophischen Gesellschaft ausmachten, dabei und aktiv.

> «*Die Lehre von Dr. Steiner würde mir eine grosse Hilfe sein und mich auch für den Dienst in diesem Lande besser rüsten, falls ich später einmal dazu berufen sein sollte*».

Auch dies klingt wie eine prophetische Ahnung späterer Jahre, und die Aussage «*Ich habe in Amsterdam Musik studiert und immer mit viel Erfolg unterrichtet, aber auch zur literarischen Arbeit habe ich mich immer stark hingezogen gefühlt*» erklärt sowohl ihre Arbeit als Übersetzerin als auch die Begeisterung, mit der sie die Eurythmie aufnahm, sobald der Unterricht angeboten wurde.

Vor allem zum letzten Satz ihres Briefes: «*Die Mächte, die mich bisher geleitet haben, wissen, dass meine grösste Freude darin besteht, anderen zu helfen, wo immer ich kann, und dass der Weg in die unsichtbaren Welten für mich erst dann erstrebenswert wurde, als ich erkannte, dass, wenn ich ihn beschreite, meine Fähigkeiten zum Dienen unendlich gesteigert werden*», blieb sie bis an ihr Lebensende treu.

Eine Kopie des Antwortschreibens aus Berlin gibt es nicht, aber die Ereignisse zeigen, dass Hendrika den Rest des Jahres 1911 in Pretoria verbrachte und ihre pädagogische und musikalische Arbeit Ende des Schuljahres Anfang Dezember beendete. Sie buchte eine Passage auf einem der Postschiffe, die regelmässig zwischen Kapstadt und Southampton verkehrten, was lange im Voraus geschehen musste, da die Kabinen wochen-, wenn nicht monatelang ausgebucht sein konnten. Sie verabschiedete sich von ihrer Familie, die sie viele Jahre lang nicht mehr sehen würde, erledigte ihre persönlichen Angelegenheiten und machte sich irgendwann in der zweiten Dezemberwoche auf den Weg: ein paar Tage im Zug nach Kapstadt, die zwölf- bis vierzehntägige Reise auf dem Schiff und ein paar Tage, um von Südengland nach Deutschland zu gelangen.

Am 23. Dezember 1911 fuhr ihr Zug in Berlin ein. Offenbar waren bereits Vorkehrungen getroffen worden, damit sie in der Motzstrasse 17[13], dem Sitz der Gesellschaft und Wohnsitz von Rudolf Steiner und Marie von Sivers, einziehen konnte. Rudolf Steiner war damals auf einer Vortragsreise und sehr beschäftigt, sodass sie erst zwei Monate später, Anfang März, ihr erstes längeres Gespräch mit ihm führen konnte. Sie muss die Prüfung bestanden haben, denn wenige Tage später, am 6. März 1912,[14] bestätigte er sie als persönliche geistige Schülerin und nahm sie als Mitglied der Esoteric School of Theosophy auf. Auf diese Weise wurde sie Teil einer kleinen Gemeinschaft von Menschen, die in der Motzstrasse 17 wohnten und alle in einer Weise mit der Arbeit der Gesellschaft verbunden waren. Da war Berta Lehmann[15], Marie von Sivers Sekretärin und Mieta Waller, drei Jahre jünger und wie sie, auch niederländischer Herkunft. Mieta Waller war eine der engsten Mitarbeiterinnen Rudolf Steiners, finanzierte viele seiner Initiativen mit dem grössten Teil ihres persönlichen Vermögens und wohnte bis zu ihrer Heirat mit Walter Scott-Pyle im Jahr 1924 mit Marie und Rudolf Steiner auch noch in Dornach zusammen.

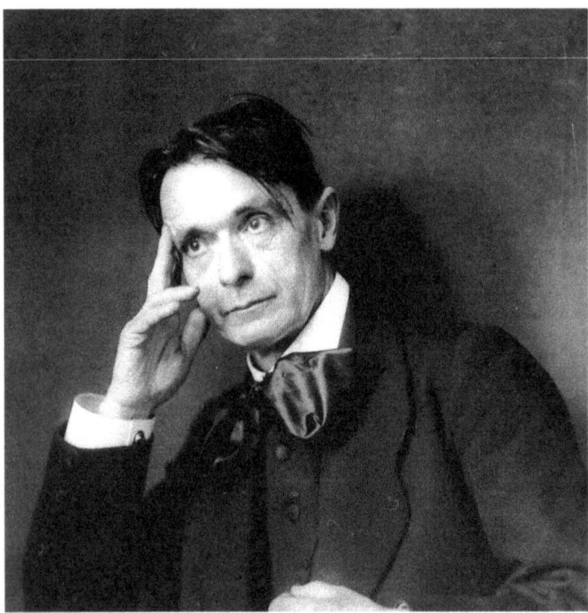
Rudolf Steiner

Es gab eine ältere Frau, Johanna Mücke, die den «Philosophisch-Theosophischen Verlag» (später Philosophisch-Anthroposophischer Verlag) leitete, den Marie von Sivers für die Herausgabe der Werke Rudolf Steiners gegründet hatte. Johanna Mücke kannte Rudolf Steiner am längsten von allen, nämlich seit

---

13 Heute Motzstrasse 30, nach dem Wiederaufbau des durch den Krieg stark beschädigtes Gebäude.

14 Brief an Günther Wachsmuth 31. März 1946

15 Soweit nicht anders vermerkt, finden sich alle biographischen Angaben zu den in dieser Arbeit genannten Personen in Bodo von Plato (Hrsg.) *Anthroposophie im 20. Jahrhundert - ein Kulturimpuls in biographischen Portraits* Verlag am Goetheanum, Dornach 2003 ISBN 3723511996

sie als ehrenamtliche Sekretärin der 1891 von Wilhelm Liebknecht gegründeten Arbeiterbildungsschule arbeitete, der auch Gründer der Sozialdemokratischen Partei Deutschlands war. Rudolf Steiner unterrichtete dort bis 1900, danach blieben sie in Kontakt, bis sie ihm in die Theosophische Gesellschaft folgte.

Dort war auch Franz Seiler, ein Geschäftsmann der als Stenograf über 800 Vorträge Rudolf Steiners mitschrieb und transkribierte, die Mitgliedsbeiträge einzog und die Kasse führte, sowie andere leitende Aufgaben innerhalb der Gesellschaft; Wilhelm Selling, der die Instandhaltung und alle technischen Arbeiten erledigte, sowie allgemeines Faktotum für Rudolf Steiner, und seine Schwester Clara Walther, die als persönliche Haushälterin und Köchin für Rudolf Steiner und Marie von Sivers diente. Clara war mit Kurt Walther, einem weiteren engen Mitarbeiter, verheiratet und lebte mit ihm im selben Flügel, den Rudolf Steiner bewohnte. Es soll jedoch niemand glauben, dass diese vier Personen, die alle sogenannten «niederen» Arbeiten rundum Rudolf Steiner und das Hauptquartier der Theosophischen Sektion verrichteten, als «angestellte Hilfskräfte» angesehen wurden oder sich als solche fühlten. Im Gegenteil, sie alle waren persönliche geistige Schüler Rudolf Steiners und Mitglieder der esoterischen Schule der Theosophie, und ein grosser Teil ihrer Arbeit blieb unbezahlt. In der Tat bezogen weder Kurt Walther noch Franz Seiler ein Gehalt, da beide über eigene Mittel verfügten. Nachdem Rudolf Steiner und die anderen Berlin in Richtung Dornach verlassen hatten, blieben diese vier zurück, leiteten die Angelegenheiten der örtlichen Gesellschaft und lebten bis zu ihrem Tod im selben Haus. Sie hielten Vorträge, gaben Kurse, zogen einen grossen Kreis von Menschen um sich und wirkten als unabhängige Autoritäten und Vertreter der Anthroposophie. Ein besonders herzliches Verhältnis pflegten sie zu den jungen Menschen, die nach dem Ersten Weltkrieg

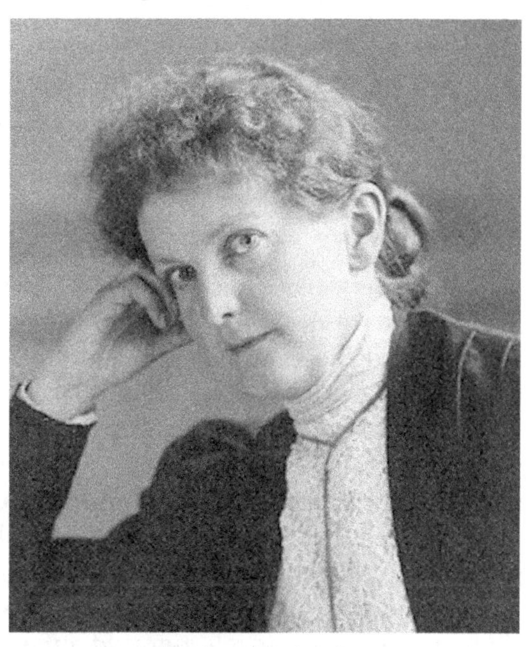
Marie Steiner-von Sivers

zur Anthroposophie kamen, wo z. B. Franz Seiler den pädagogischen Jugendkurs[16] in Kurzschrift notierte.

Auch andere Personen wohnten zeitweise mit im Haus, allen voran Elisabeth Vreede aus den Niederlanden, eine enge Mitarbeiterin, die neben ihren Studien und Kursen auf den Gebieten der Mathematik und Astronomie viel Verwaltungsarbeit leistete.

Als Hendrika zu ihnen stiess, kann sie nur erstaunt gewesen sein, über das, was sie dort vorfand. Ihre musikalischen Fähigkeiten waren, ausser als Einnahmequelle, weitgehend überflüssig. Zwei wirklich grosse Musiker waren dort bereits aktiv: Leopold van der Pals, dessen Kompositionen in Konzertsälen in ganz Europa aufgeführt wurden, leitete einen Chor in der Zentrale in der Motzstrasse 17. Er und seine Frau, aber auch der internationale Konzertpianist Wladimir von Papoff mit seiner Frau Natalie waren ebenfalls Mitglieder der Esoterischen Schule und nahmen regelmässig an den Treffen teil. Die Belege für Hendrikas Arbeit beschränken sich auf das Auftauchen ihres Namens unter den von ihr angefertigten Übersetzungen, oder auf Notizen, die sie von einigen esoterischen Vorträgen Rudolf Steiners aufgezeichnet hatte.[17] Sie war bei allen wichtigen Veranstaltungen und neuen Initiativen anwesend, in der Zeit als das anthroposophische Werk seinen Weg als Lehre und Philosophie allmählich in einen einzigartigen künstlerischen Impuls entwickelte.

Darüber wusste Elisabeth Vreede zu erzählen. Rudolf Steiner hatte einen eigenen Ansatz beim Verfassen seiner Mysteriendramen, die den ersten Schwerpunkt dieses Impulses bildeten. Er schrieb eine Szene, verteilte sie an seine Spieler und leitete die Proben, bis er mit dem Ergebnis zufrieden war. Erst dann schrieb er die nächste Szene – über Nacht! Am nächsten Morgen musste sie rasch abgetippt und vervielfältigt werden, damit sie zu Beginn der Probe zum Einlesen bereit war. Diese Aufgabe hat Elisabeth Vreede übernommen. Die Stücke wurden in München geprobt und aufgeführt, und die meisten Mitarbeiter aus der Motzstrasse waren in dieser Zeit dabei. Im Laufe von etwa einem Monat wurde das Stück geschrieben, geprobt, Kostüme und Kulissen angefertigt und aufgeführt. Eine erstaunliche Leistung

---

[16] Rudolf Steiner *Geistige Wirkenskräfte im Zusammenleben von alter und junger Generation. Pädagogischer Jugendkurs.*, GA 217 (1988), ISBN 3727421703

[17] Zum Beispiel in Rudolf Steiner *Aus den Inhalten der esoterischen Stunden* Band III 1913-1914 GA 266/III
ISBN 3727426634)

für Aufführungen, die jeweils an die sechs Stunden dauerten. In den beiden vorangegangenen Jahren, 1910 und 1911, waren bereits die ersten beiden Stücke, *Die Pforte der Einweihung* und *Die Prüfung der Seele*, aufgeführt worden. In diesem Sommer wurde das dritte Stück, *Der Hüter der Schwelle*, einstudiert und aufgeführt.

Zum ersten Mal wurde in dieser Inszenierung die Bewegungskunst eingeführt, die sieben Jahre später Hendrikas Zukunft bestimmen sollte. Zunächst waren es nur einfache Bewegungen zu den poetischen Versen des Stücks, die die Klänge und Rhythmen zum Ausdruck brachten. Später im Jahr sollte sie den Namen Eurythmie erhalten. Im Sommer 1913, nach der nächsten Aufführung der vier Mysterienspiele, darunter *Der Seelen Erwachen*, zog Tatjana Kisseleff, eine junge Frau aus Russland, im gleichen Alter wie Hendrika, nach Berlin und begann, die dortigen Mitglieder in Eurythmie zu unterrichten. Gleichzeitig erhielt Kisseleff regelmässigen Unterricht von Rudolf Steiner selbst. Hendrika nahm an allen weiteren Eurythmiestunden und Kursen teil. Sie lernte von Rudolf Steiner, dass die Kunst in all ihren Formen eine formend-transformierende Kraft hat und das beste Mittel ist, um das Verständnis für die geistige Welt vorzubereiten. Sie war im Zentrum der aufregenden Vorbereitungen, eine Mitschöpferin in dem grossen Team von Schauspielern, Schriftstellern, Malern, Kostüm- und Bühnenbildnern, Musikern und nun auch einer neuen Art von Tanz. Wir wissen, dass sie dabei war, aber über ihre Rolle oder Funktion ist nichts festgehalten.

Rudolf Steiners Methoden als Künstler und Regisseur müssen in der Geschichte ziemlich einzigartig sein und bedürfen Erklärung, wenn man bedenkt, welche Auswirkungen sie auf Hendrikas Zukunft hatten. Über seine Art, die Mysterienspiele zu schreiben, sagte er, er müsse jede Szene erst einmal richtig gespielt sehen, bevor er sich vorstellen könne, wie die Handlung weitergehen solle. Diese offene Herangehensweise ermöglichte es ihm, spontan die ersten Elemente der Eurythmie in einigen Szenen von *Der Hüter der Schwelle* einzugliedern, die später, als sich die Kunst der Eurythmie weiterentwickelt hatte, vervollständigt wurden. Die Initiative brachte die erste Gruppe junger Menschen zusammen in einer Eurythmie-Ausbildung, von denen die meisten den Rest ihres Lebens der Entwicklung der Eurythmie widmen sollten.

Bald nach der Aufführung des ersten Mysterienspiels im Jahre 1910 entstand eine Initiative, die bald zum Mittelpunkt anthroposophischer Tätigkeit wurde. Die Mitglieder wünschten sich ein Gebäude für die Aufführung dieser Stücke, ein Gebäude mit einem angemessenen Rahmen, und Rudolf Steiner erfüllte diesen Wunsch mit einem Modell, das mit noch nie zuvor dagewesenen architektonisch-skulpturalen Konstruktionsprinzipien alle überraschte. Eine kleine Gruppe von Architekten und Ingenieuren, darunter Alexander Strakotsch, Carl Schmid-Curtius und Ernst Aisenpreis, die alle der Mysterienspiel-Initiative angehörten, überlegte, wie dies zu realisieren wäre. Es wurden Pläne für einen Bau in München erstellt. Aufgrund von Problemen mit der Baubehörde mussten diese jedoch eingestellt werden. Bei einem Besuch in Basel im Oktober 1912 erzählte Rudolf Steiner von den Schwierigkeiten, woraufhin der Basler Zahnarzt Dr. Emil Grossheinz-Laval ihm sein Grundstück auf dem etwa zehn Kilometer von Basel entfernten Dornacher Hügel, in den Ausläufern des Juras anbot. Hier gab es keine Baubeschränkungen und es konnten zahlreiche angrenzende Grundstücke erworben werden – genug, um eine ganze anthroposophische Kolonie zu errichten. Kurzerhand beschloss man, den Hauptsitz der Arbeit nach Dornach zu verlegen.

Doch inmitten dieser schöpferischen Tätigkeit hatte das Verhältnis zwischen der deutschen Sektion der Theosophischen Gesellschaft und der Muttergesellschaft im indischen Adyar krisenhafte Ausmasse angenommen. Unüberbrückbare Differenzen bestanden schon vor Hendrikas Ankunft, als Annie Besant Anfang 1911 Jiddu Krishnamurti als irdisches Vehikel für die Inkarnation des neuen Weltlehrers, des Christus, proklamierte und den Orden vom Stern des Ostens gründete. Steiner grenzte seinen christlich-rosenkreuzerischen Ansatz offen von der hinduistisch-buddhistischen Ausrichtung der Theosophischen Gesellschaft ab und widerlegte in seinen Vorträgen die Behauptungen von Annie Besant. Nicht unerwartet wurde die Deutsche Sektion daraufhin aus der Theosophischen Gesellschaft von Adyar ausgeschlossen. Etwa 90 Prozent der Mitglieder der Deutschen Sektion gründeten dann am 28. Dezember 1912 ihre eigene Gesellschaft und nannten sie die Anthroposophische Gesellschaft. Die offizielle Gründung fand am 2. und 3. Februar 1913 in Berlin statt.

Im August desselben Jahres wurde das vierte und letzte Mysteriendrama in München uraufgeführt. In diesem Stück arbeiten Benedictus und seine Schüler zusammen, um ein ehrgeiziges und innovatives kulturelles und kommerzielles Projekt zu realisieren, das ein künstlerisches und eine Art philosophisches Vortragsprogramm, eine technologische Forschungseinrichtung und andere kulturelle Ideen umfasst. Finanziert werden soll das Ganze von einem Sägewerk und angeschlossener Fabrik. Die Gruppe stösst auf viele Schwierigkeiten, und das Stück endet eher unbefriedigend durch den Tod von Dr. Strader, dem Techniker und Forscher, mit der Frage, wie soll das Projekt nun weitergehen? In einer Fortsetzung sollte darauf geantwortet werden, doch der Entwurf eines künftigen fünften Mysterienspiels wurde nie realisiert, zumindest nicht als Bühnenstück.

In der Tat erzählt das Leben jedoch eine andere Geschichte. Anstatt weiterhin Mysterienspiele aufzuführen, traten alle Beteiligten in ein reales Mysteriendrama, dessen Ausmass weit über das hinausragte, was man sich in den Dramen selbst je hätte vorstellen können. Mit dem Bau des Goetheanums erschien in der real-stofflichen Welt ein so ehrgeiziges und weitreichendes Vorhaben, dass es über 70 Jahre dauern sollte, bis der erste Teil fertiggestellt war. Man könnte sagen, das Schicksal dieser ersten Besetzung und aller technischen Mitarbeiter und Unterstützer, war karmisch so eng mit den Stücken verbunden, dass es Wirklichkeit werden musste. Ein fünftes Drama, Entwurf hin oder her, wäre weder notwendig noch hilfreich gewesen. Es war von Anfang an nicht nur die Errichtung eines einzigartigen Gebäudes, sondern eine Einheit der sieben Künste Architektur, Bildhauerei und Malerei, Musik, Sprache, Theater und Tanz – ein Gesamtkunstwerk von bislang unerreichtem Ausmass.

Einen Monat nach den Aufführungen der Mysterienspiele in München, am 20. September 1913, reiste Hendrika mit vielen anderen nach Dornach in der Schweiz, um den Grundstein für das damals noch als Johannesbau bezeichnete Gebäude zu legen. Für den Bau des Gebäudes und die Lagerung des Holzes waren eine Zimmerei und ein grosser Schuppen bereits errichtet, und die ersten Schritte waren im Gange.

Die Esoterische Schule

Rudolf Steiner und seine persönlichen Schüler

So also wurde Hendrika in die Esoterische Schule aufgenommen. Diese Schule spielte eine zentrale Rolle in der gesamten Entwicklung, über die wir gesprochen haben. Sie wurde 1888 von H.P. Blavatsky als *Esoterische Sektion der Theosophischen Gesellschaft* gegründet, später aber als vollkommen unabhängige Einrichtung etabliert, obwohl jeder, der um Aufnahme bat, Mitglied der Theosophischen Gesellschaft sein musste. Ihr Name wurde dann in *die Esoterische Schule der Theosophie* geändert. Als 1902 die *Deutsche Sektion der Theosophischen Gesellschaft* unter der Leitung von Rudolf Steiner gegründet wurde, hielt er in einem Brief an Wilhelm Hübbe-Schleiden vom 16. August 1902 seine Absichten fest:

> *Ich will auf die Kraft bauen, die es mir ermöglicht, Geistesschüler auf die Bahn der Entwicklung zu bringen. Das wird meine Inaugurationstat allein bedeuten müssen. Deshalb will ich in allem positiv sein.*[18]

Es gibt keine Hinweise darauf, dass er von dieser Absicht jemals abgewichen ist, weder in seinem Entschluss noch in seinem Handeln.

Die Worte «esoterisch» und «okkult» sind heute umstrittene Begriffe mit weit gefassten Definitionen. Die Art und Weise, in der Rudolf Steiner sie definierte, ist jedoch spezifisch und durchgängig in seinem Werk. Okkult bedeutete geheim, nur Eingeweihten, oder dafür Vorbereiteten offenbart oder mitgeteilt. Es hatte nichts mit dem, was wir als schwarze Magie oder

---

18 Brief 16. August 1902 an Wilhelm Hübbe-Schleiden

manipulativen rituellen Praktiken bezeichnen zu tun. Und das Wort Esoterik beschreibt er wie folgt:[19]

> *«Esoterik besteht nicht in der Aneignung eines bestimmten Wissens, das anderen vorenthalten wird, sondern in der fortschreitenden inneren Arbeit an den Kräften der eigenen Seele, an dem geistigen Keim, der im Kern der Seele auf sein Erwachen wartet. Auf diese Weise schreitet der Mensch von der Erkenntnis der Erscheinungswelt zur Erkenntnis seiner selbst, zunächst als Illusion des Geistes im Reich der Illusionen, und weiter zur bewussten Erfahrung als ein Wesen unter Wesen im Licht des Seins.... Er entdeckt seine Unzulänglichkeit, sein Versagen und die Geister, die sich der Entwicklung widersetzen. Blosses Wissen, wie es der Intellekt vermittelt, kann keinen Halt geben – es verweht im Sturm des Lebens. Nur die erfahrene Gewissheit, von den helfenden Hierarchien als geistiges Wesen akzeptiert und in ihre Arbeit aufgenommen zu werden, gibt Halt. Indem der Mensch sich aber auf den richtigen Weg findet, wird er ein anderer, verbindet sich mit anderen Wesen als denen, die ihn vorher geführt haben, ohne dass er es merkt.*

Seit er seine Arbeit als Lehrer begann, baten gewisse Mitglieder um persönliche esoterische Führung. Das heisst, es gab Menschen, denen das blosse Hören oder Lesen der geistigen (esoterischen) Inhalte, die Rudolf Steiner in seinen Vorträgen vermittelte, nicht ausreichte. Sie wollten sich durch einen disziplinierten Weg der Meditation und Kontemplation verwandeln und ihr Leben dem Werk der Theosophie widmen. Dies war das erklärte Ziel der Esoterischen Schule der Theosophie, und als Annie Besant zur Eröffnungsfeier der Deutschen Sektion nach Berlin kam und Rudolf Steiner als deren Generalsekretär bestätigte, bat Steiner sie, ihn auch in die Esoterische Schule aufzunehmen, deren Leitung sie nach Blavatskys Tod übernommen hatte. Von diesem Zeitpunkt an begann er, einzelne Mitglieder in die Schule einzuladen und seine sogenannten Esoterischen Stunden[20] abzuhalten. Bis 1907 hielt sich die Schule Rudolf Steiners, zumindest formell, an die Regeln und Richtlinien der Theosophischen Gesellschaft. Im Jahr 1907 spaltete sich die Esoterische Schule der Theosophie jedoch in zwei Strömungen. Die eine, unter der Leitung von Annie Besant, lehrte den östlichen Weg, während die Schule Rudolf Steiners den Rosenkreuzer-Weg

---

[19] Rudolf Steiner: *Inneres Wesen des Menschen und Leben zwischen Tod und neuer Geburt*, GA 153 (1997), ISBN 3727415304

[20] In den Bänden GA 264 – 267 der Rudolf Steiner Gesamtausgabe enthalten.

praktizierte. Von diesem Zeitpunkt an handelte er nach eigenen Richtlinien, die auf seiner persönlichen Beziehung zu seinen Schülern beruhten.

Hinzu kommt die Frage, was es bedeutete, ein persönlicher Schüler Rudolf Steiners zu werden, wie er ja Hendrikas Wunsch auch in dieser Hinsicht entgegenkam. Dies ist vergleichbar mit der Rolle eines Instrumentalmusiklehrers, der sich eines einzelnen Schülers annimmt und ihn über mehrere Jahre in seiner Entwicklung begleitet und ihn, seiner Persönlichkeit, seinen Fähigkeiten und seinem Fortschritt entsprechend berät. Im Falle Rudolf Steiners war dies jedoch eine lebenslange Verpflichtung, die auf dem Vertrauen zwischen ihm und seinen Schülern beruhte. Sie erhielten mal eine persönliche, mal eine allgemeine einführende Meditation und Ratschläge, wie sie auszuführen sind und welche anderen Übungen sie begleiten sollten. Um eine Vorstellung davon zu bekommen, wie Rudolf Steiner in dieser Hinsicht vorging, sind seine Briefe an seine frühen Schüler und die allgemeinen Richtlinien für diejenigen, die in die Esoterische Schule eintraten, in dem Band «Anweisungen für eine esoterische Schulung»[21] gesammelt worden.

So baute er einen Kreis von vertrauten Mitarbeitern auf, die die Etablierung der anthroposophischen Arbeit in der Welt zu ihrem Lebensschwerpunkt machten. Hendrikas Brief ist ein Paradebeispiel für die Haltung eines Menschen, der diesen Weg suchte und auf dessen Integrität und Energie Rudolf Steiner sich in der Folge verlassen konnte. Sie war bei weitem nicht die Einzige, und zu Beginn des Ersten Weltkriegs, als Rudolf Steiner die Schule schloss, zählte sie eine Mitgliedschaft von schätzungsweise 900 - 950 Personen[22]. Dieser Personenkreis war es, der bis 1914 die geistigen Schüler, Freunde und Mitarbeiter Rudolf Steiners bildete, durch deren Initiative und Wirken das Goetheanum aufgebaut werden konnte und die Anthroposophische Gesellschaft zu blühen begann. Ohne diese Esoterische Schule hätte es weder die Mysterienspiele noch das Goetheanum mit seinem einzigartigen Kunstimpuls gegeben.

Vielmehr kann der Kunstimpuls der Anthroposophie als logischer nächster Schritt in der persönlichen Entwicklung der Schüler Rudolf Steiners und der ganzen Gemeinschaft gesehen werden. Im Wesentlichen waren es fünf verschiedene Gruppierungen, die das Projekt durchführten.

---

[21] Rudolf Steiner *Anweisungen für eine esoterische Schulung* GA 245 Rudolf Steiner Verlag 1987 ISBN 3727455152

[22] Zu den Mitgliedslisten der ES siehe Anhang 5.

Erstens gab es den Bauverein, der Goetheanum-Verein, der Eigentümer des Grundstücks war und die rechtliche und finanzielle Verantwortung trug. Es handelte sich nicht um eine grosse Gruppe, aber alle waren Mitglieder der Esoterischen Schule und umfassten einige der grossen Spender und andere Geschäftsleute. Dieser Gruppe war das Baubüro unterstellt, eine Gruppe von Architekten, die die Bauarbeiten entwarfen und leiteten und sich anfangs ebenfalls aus Mitgliedern der ES zusammensetzten. Die dritte Gruppe, auch dem Bauverein unterstellt, war die Basler Baufirma, die mit den Rohbauarbeiten von Wänden, Dächern, Fenstern, Türen usw. beauftragt wurde. Dies war keine anthroposophische Firma, aber im Laufe der Zeit entwickelten die Arbeiter eine enge Bindung zu Rudolf Steiner. Zu ihren Gunsten hielt er seine bekannten Arbeitervorträge. Zu dieser Gruppe kann man auch die vielen freiwilligen Helfer zählen, die einfach nur etwas für dieses erstaunlich originelle Projekt tun wollten und die für einen Nachmittag oder wochenlang auftauchten, ohne sich formal an das Projekt zu binden.

Die vierte Gruppe bestand aus den Mitgliedern und ES-Mitgliedern, die Rudolf Steiner nach Dornach begleiteten. Dazu gehörten, neben den Architekten, der grösste Teil der Künstler, die die Innen- und Aussengestaltung des Gebäudes vornahmen. Einige der Eurythmisten waren Mitglieder der ES gewesen, wie Tatjana Kisseleff, Margareta Woloschina und Asja Turgenjief. Viele dieser Eurythmisten waren nicht hauptberuflich mit der Eurythmie beschäftigt, sondern führten auch andere Arbeiten am Gebäude aus. Soweit wir wissen, halfen die meisten der beteiligten Künstler bei der bildhauerischen Arbeit mit, indem sie die Holzoberflächen von Hand schnitzten, soweit es ihre Zeit erlaubte.

Bei der fünften Gruppe handelte es sich hauptsächlich um jüngere Menschen, die erst vor kurzer Zeit persönliche spirituelle Schüler Steiners geworden waren und nicht zur ES gehörten. Zu dieser Gruppe gehören Menschen wie Ehrenfried Pfeiffer, Jan Stuten, Max Schuurman, der grösste Teil der Eurythmisten, und Architekten wie Paul Bay und Albrecht von Baravalle.

Auf diese Weise trugen die geistigen Schüler Rudolf Steiners die Last der Verantwortung für ein Projekt, das, wie wir sehen werden, viel zu gross und vielfältig war, als dass es von einer einzelnen Person hätte verwaltet werden können. Vor allem Rudolf Steiner, der weiterhin auf Tournee war, Vorträge hielt, Bücher und Artikel schrieb und sich mit unzähligen Menschen zu persönlichen Gesprächen traf, hatte dafür keine Zeit. Er war der künstlerische Leiter für das Haus, für die Entwicklung der Eurythmie und anderer Künste, sowie Regisseur einer 1915 begonnenen Inszenierung von Goethes Faust – der übergeordnete Kopf und die koordinierende Funktion hinter dem Werk. Diese Führungsfunktion übte er meist von Mensch zu Mensch aus, im direkten Gespräch mit jedem Einzelnen, indem er ihr Tun anleitete, sich ihre Probleme und Fragen anhörte und die notwendigen Massnahmen ergriff, um den möglichst reibungslosen Fortgang der Arbeit und die Harmonie des Ergebnisses mit dem übrigen Gebäude zu gewährleisten.

Welche waren diese vielen Freunde, die in die Schweiz zogen und die Goetheanum-Gemeinschaft auf und um den Hügel, der die beiden kleinen Dornacher Dörfer überragt, schufen? Durch diese Menschen wurde nämlich das Fünfte Mysterienspiel mit all seinen Nebenhandlungen und Dramen im Drama realisiert. Viele ihrer Geschichten, wie die von Hendrika, warten noch darauf, erzählt zu werden, während andere längst zum Bestandteil der anthroposophischen Literatur gehören.

Als die Bauarbeiten im September 1913 begannen, waren die Zufahrtswege soeben geebnet worden, und der Schuppen und die Werkstatt, die heute noch als Schreinerei bekannt sind, wurden rasch errichtet. Sie steht heute noch und ist ein lebendiges Denkmal für so vieles, was die Praxis der Anthroposophie ausmacht. Dann kam das Heizhaus mit seinem hohen Turm. Von dort wird das heisse Wasser durch ein Tunnelnetz ins Goetheanum und in die umliegenden Gebäude gepumpt. Gleichzeitig wurde mit dem Bau des Betonsockels begonnen, der das Erdgeschoss des Goetheanum-Gebäudes selbst bildete und zudem auch mit dem Glashaus. Dieses enthielt die Werkstatt für die Glasfenster und beherbergte die Büros des Baubüros, das die Planung und den Bau aller Gebäude überwachte. Zwei Häuser standen bereits auf dem Hügel. Das eine gehörte dem Zahnarzt, Stifter und Vorsitzenden des Bauvereins, Dr. Emil Grossheinz. Das Zweite wurde 1910 von Leopold Eckinger erbaut, einem Elektroingenieur der Schweizerischen Bundesbahn, der für den Bau der Lokalbahn zwischen Basel und Delémont verantwortlich war, der zu dieser Zeit im Gange war. Seine Frau fühlte sich sofort mit dem Goetheanum-Projekt verbunden und öffnete Rudolf Steiner ihr Haus. Die jüngste Tochter Margareta besuchte die ersten Kindereurythmie-Kurse von Tatiana Kisseleff und wurde später selbst Eurythmistin.

Alexander Strakotsch, ein Bauingenieur und späterer Waldorflehrer, hatte als erster die Ideen Rudolf Steiners für die Doppelkuppel ausgearbeitet, konnte aber nicht am Goetheanum-Projekt selbst teilnehmen. Er und die beiden leitenden Architekten Carl Schmid-Curtius und Ernst Aisenpreis, waren Mitglieder der esoterischen Schule und zu ihnen gesellten sich zwei junge Architekten, Hermann Ranzenberger und Paul Bay.

In der ersten Jahreshälfte 1914 waren bis zu 600 Arbeiter auf der Baustelle beschäftigt und bereits am 1. April konnte der erste Bauabschnitt mit einem Richtfest abgeschlossen werden. Die künstlerische Arbeit, das Schnitzen der Säulen und Architrave, der Türen und Fenster, war im Gange und verschiedene Mitglieder aus Deutschland, den Niederlanden, Grossbritannien und anderen Ländern waren angereist, um sich in Dornach niederzulassen.

Zur Vorbereitung der Malerarbeiten bat Rudolf Steiner den Chemiker Dr. Oskar Schmiedel, der ein kleines Unternehmen zur Herstellung von Farben gegründet hatte, zu ihm nach Dornach. Schmiedel hatte sich seit seiner Studienzeit mit den Mysterienspielen beschäftigt. Gemeinsam mit seiner Frau gründete er die späteren Goetheanum-Laboratorien zur Erforschung und Herstellung von Farben aus Naturstoffen – sowohl eine weisse Grundierung auf Kaseinbasis als auch Farben aus Pflanzenpigmenten für die Deckenbemalung des grossen Saals und der Bühne. Aus diesen Laboratorien entstand später die Weleda, deren Gründungsdirektor Schmiedel war – einer der ersten von vielen Unternehmern und Fachleuten, die in den bald entstehenden anthroposophischen Berufen Karriere machten.

Die nächste Werkstatt diente der Radierung der geplanten Glasfenster. Da es viele Missverständnisse über diesen Vorgang beim ersten Goetheanum gibt, hier die grundlegenden Details.

Rudolf Steiner skizzierte 1913/14 Entwürfe für die meisten Motive und gab sie dem polnischen Maler und Grafiker Tadeusz Rychter, der 1913 nach Dornach gekommen war. Lediglich der Entwurf für das rosa Fenster, das den Menschheitsrepräsentanten zwischen Luzifer und Ahriman zeigt, wurde Anfang 1915 gegeben. Der Entwurf war ähnlich wie der für die Decke und für die Komposition der geplanten «Gruppe» – der Holzskulptur, die er zusammen mit Edith Maryon schaffen sollte. Rychter und Asja Turgenieff arbeiteten diese Skizzen zu richtigen Entwürfen um. Die riesigen Fensterscheiben (die grössten waren 4 m hoch und 1,4 m breit) erforderten ein spezielles Buntglas, in das die Entwürfe geätzt werden konnten, um aus den unterschiedlichen Glasdicken eine Art Transparenz zu schaffen. Juni 1914 wurde die eigens errichtete Werkstatt im Glashaus fertiggestellt. Rudolf Steiner beschreibt sie wie folgt:

> *Jedes unserer Glasfenster wird eine einzige Farbe haben, aber wir werden an verschiedenen Stellen verschiedene Farben haben. Das drückt aus, dass die Verbindung zwischen Aussen und Innen geistig-musikalisch gestaltet werden muss. Und an jedem Fenster wird es nur die unterschiedlich dicken oder dünnen Flächen geben. (...) Das Licht*

wird dort stärker eindringen, wo das Material dünn ist, und dort dunkler sein, wo es dicker ist.»[23]

Asja Turgenieff untersuchte vor allem verschiedene Techniken zur Durchführung der Arbeiten, während Tadeusz Rychter sich um die Beschaffung der Glasscheiben selbst bemühte. Schliesslich entdeckte er eine Firma in St. Gobain bei Paris, die die Scheiben färben und giessen konnte. Zu Beginn der Arbeiten mussten sie ein Hängegerüst bauen, an dem die Scheiben aufgehängt, bewegt und in aufrechter Position bearbeitet werden konnten. Dazu hatten sie eine Technik gefunden, den Arbeitsbereich mit Wasserstrahlen zu kühlen. Aus den Vereinigten Staaten wurden spezielle Schleifsteine importiert, die am Ende der neulich entwickelten biegsamen Welle, ähnlich der eines Zahnarztbohrers, befestigt wurden.

Auf diese Weise musste das Goetheanum-Projekt neue berufliche Fähigkeiten initiieren und entwickeln und hat dadurch weitere lebenslange Karrieren unter den Menschen in Gang gesetzt. Rudolf Steiners Rolle dabei ist insofern bemerkenswert, als er den einen oder anderen seiner Schüler nicht nur ermutigte, sondern ihm oft vorschlug, eine solche spezifische Berufsrichtung einzuschlagen. Er begleitete dann diese Person mit Interesse, gab Ratschläge, empfahl ihre Dienste anderen Anthroposophen und förderte sie, wo er konnte, damit sie die vorgenommene Arbeit erfolgreich durchführen konnte. Er blieb jedoch ohne jegliche persönliche finanzielle Beteiligung oder kontrollierendem Interesse an den Projekten.

Ähnliches findet man bei denjenigen, die die Decken- und Raummalereien übernahmen und bei den bildhauerischen Arbeiten zentral beteiligt waren. Dies alles aufzuzählen, würde zu weit führen. Eine Liste der Mitarbeiter am Goetheanum-Bau und ihre jeweilige Zugehörigkeit zur Esoterischen Schule befindet sich im Anhang am Ende des Buches.

Was genau Hendrika im Laufe der Jahre am Gebäude gemacht hat, ist nicht überliefert. Vermutlich war sie eine der vielen Holzschnitzerinnen, die innen und aussen beschäftigt waren. Ausserdem nahm sie an allen Eurythmiekurse teil, war sicherlich bei der Faust-Inszenierung dabei und bei allen musikalischen Arbeiten, die gemacht wurden. Daneben musste sie natürlich ihren Lebensunterhalt verdienen, was sie zum einen durch Klavierunterricht und zum anderen durch eine Tätigkeit als Übersetzerin für eine

---

[23] Nach Dino Wendtland in seinem Artikel über das Rosa Fenster in *Im Spannungsfeld von Weltenkräften - Der Menschheitsrepräsentant in Rudolf Steiners Skulptur, Malerei und Glasradierung* Mirela Faldey, David Hornemann,, von Laer (Hg.) Verlag am Goetheanum 2020 ISBN: 978372351444-3

Engländerin, die Rudolf Steiner auf den meisten seiner Vorträge durch Europa begleitete, tat. Dadurch konnte sie selbst Rudolf Steiner auf vielen dieser Reisen begleiten. Auf diese Weise arbeitete das Team während des gesamten Ersten Weltkriegs, mit vielen Wechseln in der Belegschaft, vielen menschlichen Schwierigkeiten und Rückschlägen, aber ohne Unterbrechung.

Das eben Beschriebene zeigt, wie die Esoterische Schule zwar mit Kriegseintritt aufgehört hatte, aber die Verbindung zu den Schülern Rudolf Steiners und deren weitere Förderung unverändert weiterging. Sie hatte einfach einen anderen Schwerpunkt. Die Schüler mussten das im Studium und Meditation Erarbeitete einerseits in der Kunst zum Ausdruck bringen, andererseits aber auch als Gemeinschaft auf ein gemeinsames Ziel hinarbeiten – eine viel beschwerlichere Aufgabe.

Es ist zwar möglich, dass Hendrika irgendwann zurück nach Südafrika zum Besuch ihrer Familie reiste, darüber haben wir jedoch keinerlei Auskunft. Drei Jahre nach ihrer Ankunft in Deutschland erkrankte ihr Vater und am 30. März 1915 starb er.

Anthroposophisch inspirierte Kunst

Anthroposophische Arbeit im Bereich der Kunst hatte sich allmählich auf recht interessante Weise entwickelt. Über verschiedene dieser Initiativen ist schon viel geschrieben, sodass hier die wesentlichen Schritte einfach aufgezählt werden, mit kurzen Erklärungen, die angemessen erscheinen.

Im Jahre 1907 wurde ein erster Schritt zur Etablierung und Belebung des künstlerischen Aspekts der Anthroposophie getan, sowohl als Methode auf dem Schulungsweg als auch als etwas mit ausgeprägtem geistigem Inhalt. Auf dem Pfingstkongress 1907 in München wurde der Boden für eine Erneuerung aller Künste durch die Geisteswissenschaft bereitet, und das Ideal einer zukünftigen Akademie vorgestellt. Die Schüler Rudolf Steiners bereiteten den Münchner Saal mit markanten Dekorationen an den Wänden und im Bühnenbereich vor und führten am 19. Mai 1907, zur Eröffnung des Internationalen Theosophischen Kongresses, ihr erstes Theaterstück, das «Drama von Eleusis» von Eduard Schuré, auf. Marie von Sivers hatte drei Stücke von Schuré aus dem Französischen ins Deutsche übersetzt und das zweite, «Die Kinder Luzifers», führte sie auf dem Jahreskongress der Gesellschaft 1909 auf. Im selben Jahr wandte sich Rudolf Steiner an Leopold van der Pals mit der Frage, ob er die Musik für die Lieder eines kurzen Krippenspiels schreiben könnte, das in Berlin aufgeführt werden sollte. Bald darauf machte van der Pals dasselbe für das Krippenspiel der Oberuferer Weihnachtsspiele, die Rudolf Steiners Professor in Wien, Karl Julius Schröer, gesammelt und herausgegeben hatte. Es wurde vom Zweig in Berlin und bald darauf auch in Wien aufgeführt. Die beiden anderen Oberufer-Stücke kamen später hinzu, in Dornach. Noch heute werden sie jedes Jahr von anthroposophischen Gruppen, heilpädagogischen Einrichtungen und Waldorfschulen in aller Welt aufgeführt.

In München kam als nächster Schritt die Inszenierung und Aufführung von Rudolf Steiners erstem Mysteriendrama, «Die Pforte der Einweihung». Die Mitglieder spürten sofort, dass diese Stücke ein besonderes Umfeld benötigten. Also gründeten sie im Herbst einen «Theosophisch-Künstlerischen-Fonds», der am 9. Mai 1911 als Johannesbauverein, benannt nach der Hauptfigur des Stückes, eingetragen wurde.

Mit der Theaterarbeit begann also der anthroposophische Einzug in die Kunst. Diese Art Theaterarbeit schliesst schon von selbst die anderen Künste – Literatur und Poesie, Musik, Malerei, Bildhauerei, Mimik und Tanz – mit ein und führt zur Bildung einer engen Gemeinschaft von Menschen, die einander gut kennenlernen, wenn nicht unbedingt gut miteinander auskommen.

Wir haben gesehen, wie der Kunstimpuls des Goetheanum von Mitgliedern der Esoterischen Schule auf allen Ebenen getragen wurde – als Finanziers, Verwalter und Leiter, Künstler und anderen Mitarbeiter. Rudolf Steiners Stellung als persönlicher geistiger Lehrer vieler der Menschen endete nicht mit der Einstellung der esoterischen Stunden im Jahre 1914. Im Gegenteil, er nahm in den folgenden Jahren immer wieder neue geistige Schüler auf. So kann man den Kunstimpuls als Höhepunkt des geistigen Weges dieser Menschen sehen, der ihre Beziehung zu Rudolf Steiner und die Art und Weise, wie er das ganze Projekt leitete, bestimmte. Die Arbeit am Goetheanum erwies sich für sie als der entscheidende Schritt in ihrem persönlichen Leben und auf ihrem geistigen Weg, und begleitete jeden bis zum Tode. Es wurde ein Weg aufgezeigt, auf dem der Einzelne gemeinsam mit anderen die Kunst als seinen persönlichen Weg einer geistigen Entwicklung wählen kann.

Was Rudolf Steiner künstlerisch anstrebte, war die Abkehr von einer rein geometrisch-mechanischen Bauweise hin zu einer Bauweise in organischen Formen. Dieses Streben, immer beim Lebendigen, beim Organischen und nicht beim Mechanischen, künstlichen oder Symbolischen zu bleiben, hatte die anthroposophische Arbeit von Anfang an geprägt, immer wieder neue Formen angenommen und sich nach Bedarf erweitert.

Nun entstand das Bedürfnis nach einem Zentrum, das nicht nur die Anthroposophische Gesellschaft, sondern auch eine freie und unabhängige Hochschule mit Lehr- und Forschungseinrichtungen beherbergen sollte, damit die anthroposophische Weltanschauung sich auch praktisch zu entfalten vermochte. Anfänglich lag der Schwerpunkt bei der Kunst auf dem Aufbau einer künstlerischen Gemeinschaft, aber auch auf der Herstellung geeigneter Materialien und Technologien. Eine aussergewöhnliche Gruppe von Künstlern und Handwerkern sammelte sich um diese Arbeit. Viele junge Menschen fühlten sich von der Einzigartigkeit der Initiative angezogen und wurden aktive Schüler Rudolf Steiners. Dazu gehörte Hendrika mit ihren Freunden Mieta Waller, Elizabeth Vreede, Leopold und Lucy van der Pals und Tatiana Kisseleff, die sich schon in Berlin kennengelernt hatten.

Nicht nur am Hauptgebäude wurde gebaut, sondern auch mehrere Wohnhäuser auf und um das Goetheanum-Gelände, in denen die Anthroposophen untergebracht werden sollten. Auch sie wurden grösstenteils vom «Baubüro» der Architekten geplant und betreut. All diese Arbeiten waren im Gange, als Anfang 1914 die Künstler eintrafen, um mit der Holzschnitzerei, Malerei usw. anzufangen. Aber auch die anderen Künste sollten sich parallel zu den Arbeiten am Gebäude entwickeln. Eine Gruppe von Eurythmisten begann unter der Leitung von Tatiana Kisseleff zu proben und diese Kunst weiterzuentwickeln; eine Gruppe von Musikern hatte sich zusammengefunden, die gross genug war, um ein beachtliches Orchester zusammenzustellen, darunter vor allem die Komponisten Leopold van der Pals, Jan Stuten und Max Schuurman. Einige wenige hatten sich auf Malerei und Bildhauerei spezialisiert, doch hier legte der grösste Teil der Gemeinschaft selbst Hand an und schnitzte die gesamten hölzernen Aussen- und Innenflächen der Wände und Säulen, der Türen, Fenster und Treppenhäuser. Eine andere Gruppe entwarf und schliff die 27 grossen Glasfenster der bereits erwähnten zentralen Halle.

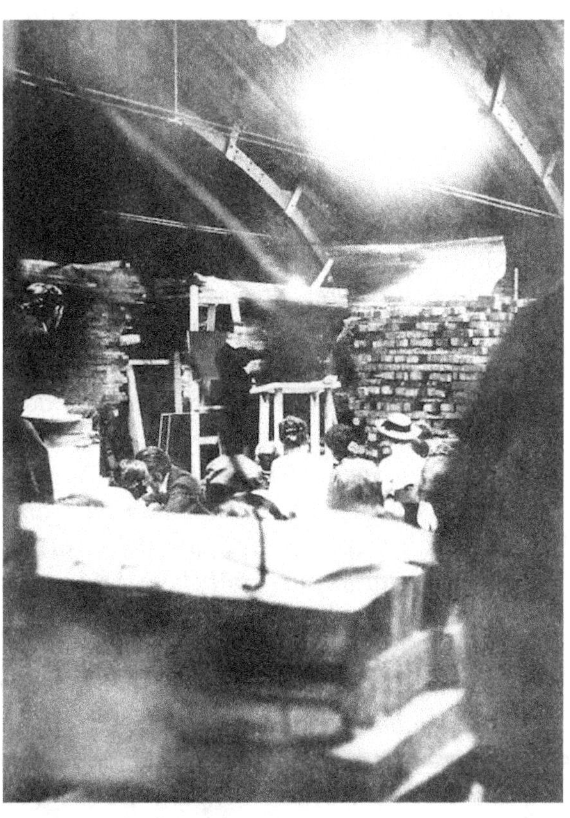

Rudolf Steiner trägt vor hinter Holzstapeln und zwischen Maschinen in der Schreinerei.

Um zu verstehen, wie diese Gemeinschaft funktionierte und von Rudolf Steiner geleitet wurde, war die persönliche Lehrer-Schüler-Beziehung das menschliche Gewebe, um das sich alles drehte. Gegen Ende ihres Lebens, nach dem Tod von Jan Stuten 1948 in England, wollte Hendrika einen Artikel publizieren, in dem sie zwei Erinnerungen, die sie mit ihm erlebt hatte, schilderte. Der Text blieb zu ihren Lebzeiten unveröffentlicht und erschien erst 1995 im Newsletter der Sektion für Redende und musizierende Künste.[24] Er wird hier abgedruckt, weil er anschaulich zeigt, wie die Gemeinschaft war und wie sie diese erlebte.

Frühe Erlebnisse in Dornach – H.H

Als Anfang dieses Jahres der plötzliche Schock kam, der das Hinübergehen Jan Stutens für viele von uns war, waren es insbesondere zwei Erlebnisse aus den frühen Dornacher Jahren, die mir lebendig in die Erinnerung kamen. Das Erste muss im Dezember 1914 gewesen sein, denn ich erinnere mich, dass die Schreinerei noch nicht als Vortragssaal eingerichtet war, und wir noch herumsassen auf Maschinen, Holzklötze und Bretterhaufen, wenn Dr. Steiner zu uns sprach.

Am 5. Dezember, dem in Holland immer festlich begangenen Sankt-Nikolausabend, wo man einander Geschenke schickt, wurde plötzlich, ich weiss nicht mehr, ob vor oder nach einem Vortrag, ein grosser Korb in die Schreinerei getragen und vorne hingestellt. Ich glaube, dass es Frl. Mitcher war, die bekanntgab, dass Stuten hiermit den Freunden eine Santaklaus-Überraschung schickte, und wirklich, aus dem grossen Korb kamen lauter niedliche Paketchen, mit den Namen der Mitglieder darauf, für jedes ein kleines Geschenk. Wir waren nur noch ein kleines Häufchen, denn viele der Männer hatten uns, nach dem Ausbruch des Ersten Weltkrieges, verlassen müssen, aber umso mehr war ein gewisses Familiengefühl da, und die aus warmen Herzen gedachte Surprise Stutens wurde mit fröhlichem Staunen aufgenommen. Niemand war vergessen worden, für jeden war ein geeignetes kleines Geschenk da. Ich selbst bekam das Büchlein «Die Freiheit» von Treitschke, und als ich ihm nachher ein paar Dankesworte sagte, fragte er, ob ich es vielleicht nicht schon habe? Ich musste bejahen, denn Dr. Steiner hatte viel über die Idee der Freiheit bei Treitschke, Schiller, u. a. gesprochen, und ich hatte mir das Büchlein schon gekauft. Da sagte er sehr eindringlich: «Dann können Sie es umtauschen!»; man sah, dass ihm wirkliche daran lag, dass jeder etwas Gewünschtes bekommen sollte. Stuten war damals

[24] 1995 Rundbrief der Sektion für Redende und Musizierende Künste Nr. 25

noch sehr jung und noch nicht lange in Dornach, aber die grosse Wärme und Herzlichkeit die in dieser ersten Äusserung lagen, passten gut zu dem etwas Primitiven des Dornacher Lebens aus der Zeit der Arbeit am ersten Goetheanum, wo auch die erste Weihnachts-Festlichkeit in der alten Holzkantine noch etwas gemütlich-Familienhaftes hatte, mit langen Reihen von in Kartoffeln gesteckten Kerzchen als Weihnachtsschmuck auf den Tischen.

Die zweite Erinnerung stammt aus einer etwas späteren Zeit und hängt zusammen mit der ersten Musik zu den «Zwölf Stimmungen», dem die kosmischen Rhythmen spiegelnden Gedicht, das Dr. Steiner für die Eurythmie gegeben hatte. Es waren kurze musikalische Zwischenspiele gedacht zwischen den Strophen, und Stuten hatte eine grossartige Musik für viele Instrumente geschrieben, für ein für die damalige Zeit ziemlich grosses Orchester. Sie war lange geübt worden, und endlich kam der Moment wo sie Herrn und Frau Doktor in der Schreinerei vorgespielt werden konnte. Schöne Musik in rauschenden Klängen, aber Dr. Steiner ging, ohne viel zu sagen, stille fort. Ich hatte nicht hören können, was er sagte, aber Frau Doktor erklärte später, dass diese Musik das fürs Geistige Durchlässige des Textes übertöne und fast ertöte. Dann hörten wir längere Zeit nichts mehr darüber, bis Stuten mit einer ganz neuen Musik für die, «Stimmungen» kam, zunächst fürs Klavier zu vier Händen. Ich hörte sie zum ersten Mal in oder nach einer Eurythmieprobe, und ich war stark unter dem Eindruck, dass hier etwas ganz Neues sich durch die Töne ausspreche, wie wenn durch durchsichtige Motive etwas atme wie ein Hauch der durchchristeten geistigen Welt. Ich ging zu Stuten, als er noch am Klavier sass, und fragte wie er das habe machen können, da das fast etwas wie ein Wunder sei. Er sah mich ruhig an, und sagte leise: «ja, endlich lernt man doch wohl etwas.» Dieses stille

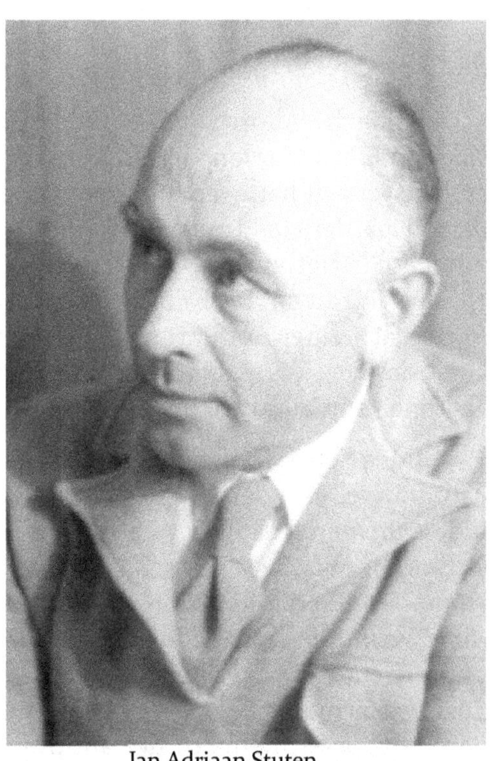
Jan Adriaan Stuten

weiterarbeiten und lernen wollen, wo doch die erste Enttäuschung eine grosse Prüfung musste gewesen sein, machte ein starker Eindruck auf mich. Es war wie ein Beispiel für das, was auch wir andere, in diesen ersten Jahren unter Rudolf Steiners Leitung, uns an inneren Überwindungen erringen mussten. In diesem ehrlichen Weiterstreben und Weiterarbeiten, ungeachtet Fehler und Enttäuschungen, die doch immer kommen müssen, glaube ich, dass eines der innerlichsten und wertvollsten Charakterzüge von Stutens Wesen zum Ausdruck kam.

Dornach 22. August 1948

Ähnliche «Korrekturen» sind von anderen überliefert worden. Im Falle von Edith Maryon, die ein Kunststudium absolviert und zuvor in England ausgestellt hatte, erlaubte sie, ohne zu zucken, Rudolf Steiner ihr den Meissel aus der Hand zu nehmen und an einer Stelle zu arbeiten, wo sie gerade beschäftigt war. Sie beschwerte sich nie, sondern passte ihre Arbeit stillschweigend an. Im Fall von Tatiana Kisseleff genügten seine einfachen Worte nach einer Aufführung, dass ein Stück noch mehr Arbeit benötige, damit sie alles, was sie bis dahin getan hatte, neu bewertete und ein weiteres Jahr lang von Grund auf überarbeitete.

Ilona Schubert erzählt die bewegende Geschichte des Künstlers Hermann Linde, nachdem Helene Röchling ihn im Herbst 1919 auf Anregung Rudolf Steiners beauftragt hatte, eine Reihe von Bildern für das geplante anthroposophische Zweiggebäude in Mannheim zu schaffen. Als Thema wurde das Goethe-Märchen *Die grüne Schlange und die schöne Lilie* gewählt, verbunden mit Rudolf Steiners *Die Pforte der Einweihung*. Hermann Linde machte sich in seinem Atelier auf dem Gelände des Goetheanums mit grossem Enthusiasmus an die Arbeit und liess die zwölf Bilder entstehen, die den meisten Kennern der anthroposophischen Malerei bekannt sein dürften.

> *Alle seine reichen Erfahrungen, die er bei der Ausmalung der grossen Kuppel des ersten Goetheanum gesammelt hatte, konnte er hier fruchtbar machen. — Zu diesen morgendlichen Arbeitsstunden kam Dr. Steiner fast jeden Tag, um sich von den Fortschritten zu überzeugen und neue Anregungen zu geben, sowohl was den Inhalt betraf, wie auch hinsichtlich der Maltechnik. Frau Röchling, meine Mutter und ich wurden oft aufgefordert, dazuzukommen. Es war sehr beglückend, still zusehen zu dürfen, wie ein solch grosses Kunstwerk gestaltet wurde, mit welcher Hingabe und Dankbarkeit Hermann Linde den Ausführungen Dr. Steiners lauschte, aber auch zu erleben, mit welcher Freude und mit wie viel Verständnis Dr. Steiner auf dessen Eigenart einging, indem er*

ihn immer zu neuen Ideen anregte. Oft, nachdem er lange nur still zugesehen hatte, ergriff er selber den Pinsel, hellte da etwas auf, fügte dort ein paar Striche ein, und es konnte geschehen, dass er mit dem Pinsel in der Hand nur so in der Luft «malte». Aufmerksam schaute Hermann Linde dabei zu und begriff sofort, was Dr. Steiner meinte, und malte es dann auf die Leinwand. Beide hatten grosse Freude an diesem gemeinsamen Tun. Später betonte Hermann Linde uns gegenüber gerne, wie glücklich er sei — und wie schön es auch für uns und den Zweig sein müsse, dass Dr. Steiners Geist und seiner Hände Arbeit in den Bildern sichtbar würden.“[25]

Er sagte nichts Bestrafendes oder Demütigendes, sondern wendete sich an das Gewissen und Urteilsvermögen des anderen Menschen, um daran weiterzuarbeiten und über sich selbst hinauszuwachsen. Allmählich vermochten die Leute selbst zu beurteilen, was mit dem Ganzen in Einklang stand und was nicht. Dass er dabei Kompromisse eingehen musste, verdeutlicht der folgende Bericht von Asja Turgenjief über die Fensterarbeiten:

Unvergesslich bleibt die Wärme, aber auch der warnende Ernst der Worte, mit denen Dr. Steiner am 17. Juni 1914 die Arbeit im Glashaus einleitete. Sie wurde vielleicht die schwierigste am Bau, über die der nahende Krieg im Voraus seine Schatten zu verbreiten anfing. Schon mit den für Wärme und Kälte überempfindlichen farbigen Glasplatten mussten bittere Erfahrungen gesammelt werden. «Ahriman wird noch mehrere Gläser zerschlagen», tröstete uns Dr. Steiner, wenn durch fehlerhafte Berieselung oder durch einen nicht genug zugezogenen Vorhang, der einen Sonnenstrahl einliess, ein unaufhaltsamer Riss durch die Scheibe lief. «Es ist gut, Ahriman in den Dienst einer solchen Kunst zu stellen wie hier durch die elektrischen Motoren, doch darf man mit dem Mechanischen in der Kunst nicht über eine gewisse Grenze hinausgehen ...», wiederholte er einige Mal. Mit unerschöpflicher Geduld bemühte er sich immer wieder, die Unzulänglichkeiten innerhalb der Mitarbeiterschaft auszugleichen. Und doch, trotz allem Verzicht, mit dem er ihr seine Entwürfe überliess, konnte man merken, wie schmerzlich er manchmal von dem, wie man damit umging, berührt wurde. Dass er der Künstler war, von dem Künstler zu lernen haben, begriffen damals die wenigsten.

---

[25] Ilona Schubert *Selbsterlebtes mit Rudolf Steiner und Marie Steiner* Zbinden Verlag, Zürich 1977 ISBN 3859893831 S.78

So entschloss ich mich, obwohl Dr. Steiner mich für die Arbeit an den Glasfenstern bestimmte, zum Holzschnitzen überzugehen, und erst nach Jahren, bei der Arbeit an den Fenstern des zweiten Goetheanum, wurde mir verständlich, was er eigentlich von der Glastechnik erwartete.[26]

«Warum redet man von Glasschleifen?» — hielt er mich ein paarmal an, «das ist ein falscher Begriff, und so arbeiten auch die Leute.» Es muss wie mit einem Diamantstift im Glas radiert werden. So muss die Hand gehen», dabei machte er eine energische, gerade Handbewegung. «Diese Zeichnungen sind als richtige Radierungen gedacht», wiederholte er auch, als ich aus einem gewissen Schuldgefühl, der Fensterarbeit ausgewichen zu sein, ihn um die Erlaubnis frug, sie in

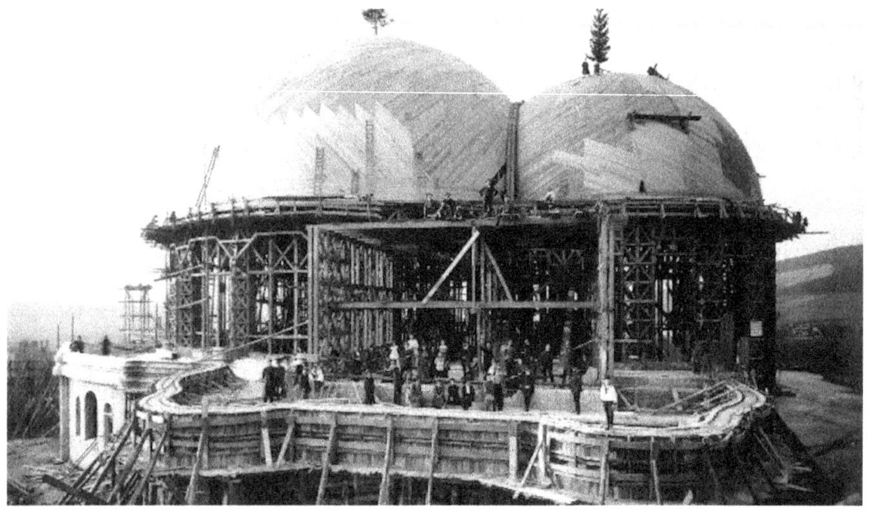

Das Goetheanum im Aufbau

Kupfer zu radieren. Damals war mir unverständlich, was diese wie in der böhmischen Glastechnik herausplastizierten Bilder der Fenster mit der graphischen Schraffur zu tun hatten, die in Strichen arbeitet. Erst als ich 1928, die biegsame Welle mit dem daran befestigten Carborundum in der Hand, vor der Glasplatte stand, wurde mir klar, dass für ein richtiges

---

[26] Die monotonen, grösseren Glasscheiben waren bis zu vier Meter hoch und 1,5 Meter breit und über zwei Zentimeter dick. Durch das Abschleifen der Glasstücke liessen die dünneren Oberflächen mehr Licht durch, so dass die Motive wie auf einem Transparent zu sehen waren.

«Lichtradieren» die von Dr. Steiner anhand der Fenstermotive angegebene Schrägschraffierungstechnik das Gegebene war.[27]

Weit davon entfernt, die Fertigstellung des Gebäudes abzuwarten, begann man 1915 mit der Inszenierung von Goethes *Faust*, zunächst mit einzelnen Szenen und unter Einbeziehung von viel Eurythmie. Daraus entwickelte sich im Laufe der Jahre die erste und lange Zeit einzige vollständige Aufführung dieses Stücks. Wie der russische Schriftsteller und Ehemann von Asja Turgenjief, Andrej Belyj, später über Steiner schrieb:

«Er liebte die Bühne und kannte die Bühne. Für ihn war es eine Erholung, wenn er den Problemen einer Aufführung sich widmen konnte [...]. Ich hatte das Glück, 1915–1916 wiederholt den Proben zu <Faust> beizuwohnen; und ich war Zeuge seiner unerschöpflichen Einfälle an Details, Gesten, Intonationen. Bei solchen Proben gab es keine gespannte Atmosphäre, kein überfülltes Auditorium, keine Gaffer, es gab keine «Tanten» und «alte Damen», hier dominierte das künstlerische Element [...]. Hier herrschte eine völlig andere Atmosphäre: nicht streng, nicht «vortragsmässig», am wenigsten — okkult. Der Geist Goethes herrschte hier, und diese Proben erinnerten mich an «Wilhelm Meister; keine Spur von Akademismus, aber auch keine Spur von Modernismus; hier wehte ein Etwas, das wahrhaft neu war, nach eigener Form strebend, und gleichzeitig uralt in des Wortes höchster Bedeutung; hier wehte ein Hauch des frühen 19. Jahrhunderts: Idealismus, Romantik; der Stil Goethes und Herman Grimms ging bei diesen Proben eine eigenartige Verbindung mit dem Stil Steiners ein. — Doktor Steiner wurde bei diesen Proben einfach zum «lieben Herrn Doktor, lustig, gütig, zum Scherz aufgelegt, aber auch fordernd und pedantisch — wenn es nötig war; der «Doktor» wurde zu einem zugänglichen Regisseur und Künstler. In seiner Gegenwart konnte man übermütig werden, ungeniert herumlaufen und von ihm von allen Seiten Erklärungen verlangen. Wenn man beobachtete, wie jemand ihn im Eifer des Gefechts am Ärmel packte und mit sich zog, dann staunte man, dass dieser einfache Mann ein tausendköpfiges Auditorium in Furcht und Zittern versetzen konnte. — So gutmütig und einfach sah er dann aus. — aber auch dann hatte man Respekt vor ihm: Man hatte Respekt vor dem Regisseur — nicht vor dem «Lehrer». Wenn es darauf ankam, konnte er unerbittlich sein, indem er

---

27 A.Turgenieff *Rudolf Steiners Entwürfe für die Glasfenster des* Goetheanum Rudolf Steiner-Nachlassverwaltung 1961

an einem Tag kaum zu Bewältigendes zu lernen oder umzulernen aufgab. — […] – Der Doktor als Regisseur – das war eine ausserordentliche Erscheinung; man könnte Dutzende Seiten über sein Improvisationstalent schreiben: aus dem Nichts in fünf Tagen eine Schauspielertruppe, mit wenigen Lappen eine Bühnendekoration, aus einigen musikalischen Laien ein Orchester zu schaffen, und diese Hausmacherkost dem aus der ganzen Schweiz zusammengeströmten anthroposophischen Publikum vorzusetzen, aber so, dass die Gäste aus Genf, Basel, Zürich, Lausanne ausriefen: «Ravissant, «Schön, «Grossartig».[28]

Aus dem, was uns bekannt ist – und das ist viel seltener als die Geschichten von den Künstlern am Goetheanum – hatte Rudolf Steiner mit seinen Schülern in der Esoterischen Schule immer so gearbeitet. Es gab keine gesellschaftliche Hierarchie, die den direkten Kontakt zu jedem einzelnen seiner Schüler verhindert hätte. Es gab auch keinerlei Ahndung oder Degradation. Wenn jemand versagte, ging das niemandem etwas an, ausser ihm selbst.

Annemarie Dubach-Donath erhielt von Rudolf Steiner die Anweisung:

«Machen Sie alle zwei bis drei Tage das ganze Pensum einmal durch — und ausserdem – viele Gedichte.» Das war nun für mich etwas überwältigend, denn ich hatte viel langsamer gearbeitet, und da mir besonders die Konsonanten schwerfielen, so hatte ich oft wochenlang gebraucht, bis ich ein Gedicht durchgearbeitet hatte. Ich begriff aber nun, dass ich mir ein schnelleres Tempo angewöhnen müsse und bemühte mich sehr in dieser Richtung.»[29]

Sibylle Rudolph bringt in ihrem Buch *Zur Geschichte der Eurythmie* einige weitere kurze Zitate, die diese Art Rudolf Steiners illustrieren[30]:

---

[28] Andrej Belyi *Verwandeln des Lebens – Erinnerungen and Rudolf Steiner* Zbinden Verlag Basel 1975 ISBN 3859893513

[29] Annemarie Dubach-Donath *Erinnerungen einer Eurythmistin an Rudolf Steiner* Philosophisch-Anthropologischer Verlag; 3. Auflage Januar 1969

[30] Sibylle Rudolph *Zur Geschichte der Eurythmie: Rudolf Steiner und die Architektur der frühen Unterrichtsräume* Tectum Wissenschaftsverlag; 1. Edition (1. September 2011) ISBN 9783828827530

Erna van Deventer-Wolfram schreibt in ihren Erinnerungen, dass er die Ausbildungsgruppe leitete, *«indem er Dinge vorschlug, Fragen beantwortete und dann abwartete, ob das, was er gegeben hatte, in unserer Seele Resonanz fand»* S. 44.

Am 27. September 1912 erhielt Lory Maier-Smits in Bottmingen ihren einzigen pädagogischen Rat von Rudolf Steiner:

> *Nun haben Sie das alles gelernt und gehen in die Welt, um es anderen Menschen zu bringen, und Sie haben einen Schüler vor sich, der vielleicht sechs Fehler macht, tun Sie mir bitte den Gefallen und sagen Sie ihm nur den siebten. Sie (...) werden gesehen haben, dass ich eigentlich sehr wenig sage oder korrigiere und am Ende machen die Leute es trotzdem so, wie ich es will.» Maier-Smits S. 159 -160*

In einigen wenigen Fällen hatte Rudolf Steiner einzelne Personen mit der Leitung eines bestimmten Arbeitsbereiches betraut. Marie Steiner spielte natürlich eine führende Rolle, aber sie stand seinen persönlichen Beziehungen nicht im Weg. Tatjana Kisseleff wurde die Gesamtverantwortung für die Eurythmie-Gruppe am Goetheanum übertragen. Bezeichnenderweise war sie Mitglied der Esoterischen Schule, für die die meisten ihrer Truppe damals zu jung gewesen wären. Insgesamt ist es unmöglich, die Beziehungen und das Ethos dieses Projekts zu verstehen, ohne auf das Wesen und die Beziehungen der Esoterischen Schule einzugehen. Schon in den wenigen Jahren, in denen Hendrika dieser Schule angehörte, hatte sie ihr Leben und ihre Vorstellungen völlig verändert.

Mit dem Ende des Krieges kamen auf Rudolf Steiner und viele seiner Schüler eine Fülle von neuen Aufgaben zu. Es bedeutete eine verstärkte Reisetätigkeit durch Deutschland, nach England und an andere Orte, die den gedanklichen und künstlerischen Impuls mitten in die soziale Katastrophe der Zeit hineintrug. Viele der Menschen, die sich in Dornach niedergelassen hatten, hatten nun Familien, und so wurde 1919 die kleine «Friedwart-Schule» für die Kinder der Mitarbeiter eingerichtet. Hendrika bot sich an, die Kinder musikalisch zu unterrichten, was der Startschuss für ihre spätere Karriere in der Anthroposophie war.

Toneurythmie

Ein verheissungsvoller Moment der Geschichte markierte die Ankunft Hendrikas in Europa um Weihnachten 1911. Die drei Pionierpersönlichkeiten, die gemeinsam mit Rudolf Steiner den Grundimpuls zur Eurythmie verwirklichten, haben alle in diesen Wochen ihre Beziehung zu ihm als Lehrer angefangen. Mitte Dezember, als Hendrika bereits unterwegs war, führte Rudolf Steiner mit Clara Smits Gespräche über eine Karriere für ihre Tochter Lory. Er begann sofort mit der Unterweisung des Mädchens und gab ihr die ersten Hinweise. Die Reise, auf der er sich befand, als Hendrika in Berlin ankam, führte ihn in verschiedene deutsche Städte, und dort traf er zum ersten Mal Tatiana Kisseleff und wies sie hin auf die Eurythmie als einen möglichen Einstieg in die Anthroposophie. Bei Tatiana Kisseleff erhielt Hendrika ihren ersten Unterricht, zunächst in Berlin und später in Dornach. Die drei entwickelten jeweils den Impuls der Lauteurythmie (Lory Smits), der Eurythmie als darstellende Bühnenkunst, auch mit einer Gruppe (Tatiana Kisseleff) und schliesslich der Toneurythmie (Hendrika Hollenbach).

Unter den Pionieren der Eurythmie in ihrer Ausbildung lassen sich vier Gruppen unterscheiden. Die erste war eine Gruppe rundum der 19-jährigen Lory Smits, deren Mutter Clara, eine persönliche geistige Schülerin Rudolf Steiners und langjähriges Mitglied der Esoterischen Schule, bei allen Unterrichtsstunden anwesend war. Nach einigen Monaten gesellte sich Annemarie Donath zu den beiden. Lory begann bald, selbst Unterricht zu geben, unter anderem mit Elisabeth Dollfus, Flossy von Sonklar und Erna Wolfram.

Die zweite Gruppe bestand aus nur zwei Personen, die beide persönliche spirituelle Schüler und Mitglieder der Esoterischen Schule waren. Die eine war Tatiana Kisseleff, die nach einigen Unterrichtsstunden bei Lory Smits fortan von Rudolf Steiner persönlich unterrichtet wurde. Die andere, ebenfalls von ihm persönlich unterrichtet, war seine alte Freundin und Mitbewohnerin Mieta Waller. Nach dem Umzug nach Dornach wurde eine weitere kleine Gruppe unter der persönlichen Leitung von Marie Steiner ausgebildet, wahrscheinlich mit Unterstützung einiger erfahrener Eurythmisten. Die letzte Gruppe kam später in Dornach an und wurde von anderen Eurythmisten ausgebildet, bevor Tatiana Kisseleff auf Rudolf Steiners Anregung Ostern 1924 die Dornacher Eurythmieschule eröffnete. Auch hier zeigt sich der Modus Operandi von Rudolf Steiner: keine festen Anweisungen oder Regeln, Zusammenarbeit mit verschiedenen Menschen, wobei jeder die Kunst auf seine Weise entwickeln kann und je nach Fortschritt weitere Anregungen erhält.

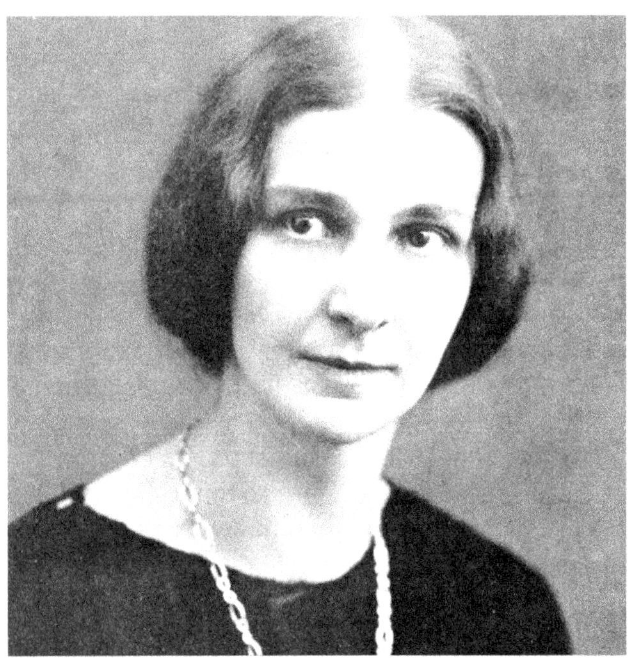

Tatiana Kisseleff

Es lässt sich daran ersehen, wie Steiner bei seinen Hinweisen zur Eurythmie, zu den Mysterienspielen oder zum Goetheanum-Bau und den damit verbundenen Projekten niemals eine Blaupause im Kopf hatte, wie die Dinge sein sollten. Vielmehr leitete er einen Prozess an, in dem er die am Gebäude arbeitenden Künstler und Handwerker individuell daraufhin koordinierte, dass ihr Tun mit dem Gesamtprojekt allmählich harmonierte. Diese Betonung des Prozesses, oder in den Worten Goethes «das Was bedenke, mehr bedenke wie ...», ist ein Markenzeichen von Steiners künstlerischem Schaffen und seinen kreativen Methoden, wo immer wir sie finden. Er fasst dies zu Beginn des Kurses über Sprache und Schauspiel im Jahr 1924 folgendermassen zusammen:

> *„Dieses Eurythmische war ja zunächst, als es von mir gegeben worden ist, im allerkleinsten Rahmen gedacht, vielleicht überhaupt nicht gedacht, könnte ich sagen, denn es lag die Sache 1912 so, wie immer die Dinge liegen, wenn in der richtigen Art innerhalb der anthroposophischen Bewegung gearbeitet wird: Man nimmt dasjenige, was Karma fordert, auf, und gibt so viel, als gerade die Gelegenheit dazu da ist. Das ist in der anthroposophischen Bewegung nicht anders*

möglich. In der anthroposophischen Bewegung hat man nicht eine Tendenz, Reformgedanken zu haben, man hat nicht die Tendenz, eine Idee in die Welt zu setzen, sondern man hat das Karma vor sich. Und dazumal war es so, dass im allerengsten Kreise, das Bedürfnis entstand, sozusagen eine Art Beruf zu bilden. Es war auf die naturgemässeste, aber auch karma-gemässeste Weise. Und da tat ich zunächst so viel, als gerade notwendig war, um diesem Karma entgegenzukommen.

Dann wiederum war es ebenso karmisch, dass etwa zwei Jahre danach Frau Dr. Steiner, deren Domäne das selbstverständlich innig berührte, sich der eurythmischen Kunst annahm. Und alles, was dann daraus geworden ist, ist ja durch sie eigentlich erst geworden. Sodass es also ganz selbstverständlich ist, dass auch dieser Kursus jetzt, der unmittelbar in diesen Anregungen auf das Jahr 1913, 1914 zurückgeht, sich hineinstellt in die Sektion für redende Künste, deren Leiter Frau Dr. Steiner ist."[31]

Auch die Kinder rund um das Goetheanum-Bauprojekt wurden schon früh an die Eurythmie herangeführt. Tatiana Kisseleff erinnert sich:

«Von Anfang an verfolgte Rudolf Steiner mit grossem Interesse die eurythmische Arbeit der Kinder. Im Winter 1915 schon – der Eurythmiesaal war ja noch im Entstehen – bot er das Esszimmer und der Empfangsraum in seiner Villa Hansi für den Kinder-Eurythmieunterricht an und fügte hinzu, wir könnten um jede Zeit kommen, nur müssten wir uns einen Tag vorher anmelden, damit man Zeit habe, die Möbel herauszutragen und den Raum vorzubereiten. Als ich meine Befürchtung äusserte, die Kinder würden ihn mit ihrem Lärm stören, antwortete er mit einem strahlenden Lächeln: «Nein, im Gegenteil.»

Am Ende der Stunde kam er zuweilen herunter, um sich die eurythmisierenden Kinder anzusehen, scherzte und führte Gespräche mit ihnen.»[32]

Während dieser Initiationszeit war Hendrika bei allen Kursen Rudolf Steiners und auch bei denen von Tatiana Kisseleff anwesend, gehörte aber

---

[31] Rudolf Steiner: *Sprachgestaltung und Dramatische Kunst* GA 282 Rudolf Steiner Verlag 1981

[32] Martina Maria Sam *Eurythmie: Entstehungsgeschichte und Porträts ihrer Pioniere.* Verlag am Goetheanum 2014 ISBN 9783723515235

nie zur eigentlichen Aufführungsgruppe. Dann gab 1915 Rudolf Steiner im «Apollonischen Kurs»[33] die ersten Hinweise zu den Bewegungen der Toneurythmie. Obwohl diese ersten Anregungen in den nächsten Jahren in die Kurse einflossen und gelegentlich auf ein Stück angewandt wurden, kam es erst durch die Initiative von Hendrika Hollenbach in ihrer Kindergruppe zu einer systematischen Einübung der ersten Elemente. Dies gab den entscheidenden Impuls für die weitere Entwicklung der Toneurythmie. Sie demonstrierte, was sie mit den Kindern erarbeitet hatte, und Marie Steiner veranlasste, dass die «Eurythmiedamen» bei Frau Hollenbach zu üben begannen.

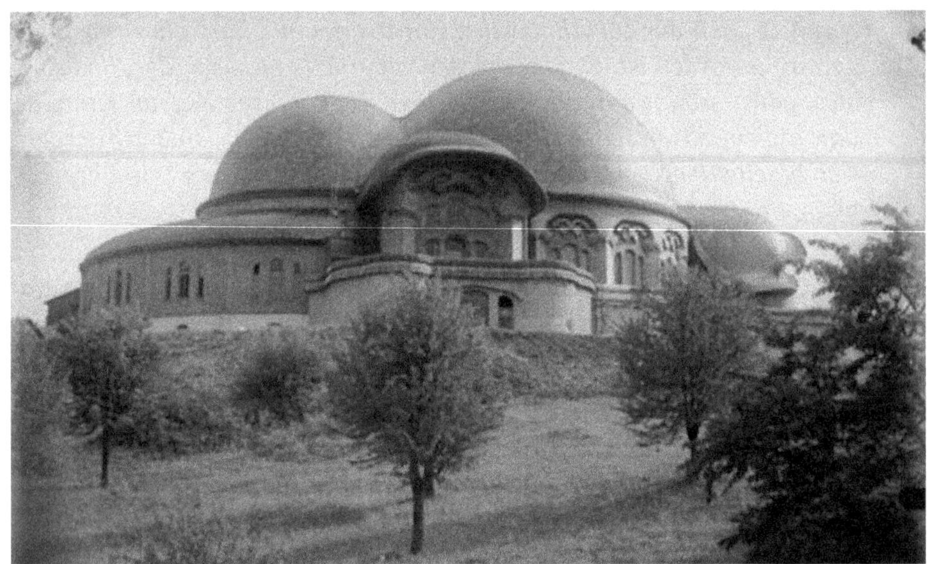

Das Goetheanum

Wir haben zwei Berichte, von Hendrika selbst verfasst, wie sie aus den rudimentären Hinweisen Rudolf Steiners 1915 für die vier damals tätigen Eurythmielehrerinnen, die Initiative zur Entwicklung der Toneurythmie ergriff. Der Erste, kürzere der beiden Berichte wurde in den Band *Entstehung und Entwicklung der Eurythmie* aufgenommen, allerdings nicht vollständig. Der zweite, umfangreichere Bericht ist bis heute nicht vollständig veröffentlicht worden. Er enthält viel von dem, was im ersten stand. Da sie beide

[33] Der *Apollinische Kurs* wurde von Rudolf Steiner vom 18 August - 11 September in Dornach gehalten. Er steht in dem Band *Die Entstehung und Entwickelung der Eurythmie 1912-1918* GA 277a, 5. Auflage Rudolf Steiner Verlag 2022 ISBN 9783727427763

jedoch Teil ihres schriftlichen Vermächtnisses sind, werden sie hier in ihrer Ganzheit wiedergegeben:[34]

Die ersten Anfänge der Toneurythmie

Es war 1919. In Dornach waren die Arbeiten am Bau, woran ich in bescheidenem Masse hatte teilnehmen dürfen, mehr oder weniger abgelaufen. Aber ich hatte gehört, dass Dr. Steiner sich dahin geäussert haben sollte, dass es gut wäre, wenn die Kinder zum Singen könnten zusammengenommen werden, und da ich auf diesem Gebiete Erfahrung hatte, reifte der Plan in mir, einen kleinen Singchor zu formen. Es schien mir, dass die toneurythmischen Bewegungen für die Stammtöne unseres Tonsystems, das Einzige, was damals auf diesem Gebiet schon gegeben war, geeignet sein würden, anfänglich-Theoretisches und auch kleine Gehörübungen interessant für die Kinder zu machen. Und so besprach ich den Plan mit Frau Dr. Steiner. Diese erklärte sich einverstanden und teilte den Mitgliedern, nach einem Vortrag, Tag und Ort für die Anfangsstunde mit. Es kamen acht oder zehn Kinder, und so fing eine musikalische Arbeit an, wovon ich dazumal wenig voraussehen konnte, dass sie zum Keim werden würde für die Entwicklung der Toneurythmie zu einem selbstständigen Kunstzweig neben der Lauteurythmie.

Im Jahre 1915 hatte Dr. Steiner den damals in Dornach anwesenden vier Eurythmie-Lehrerinnen viel neues Material gegeben, dazu auch Bewegungen für die Farben und für die Töne, und wir Dornacher lernten diese Bewegungen im 4. und 5. Eurythmiekurs, machten ein Gedichtchen, wo die Handbewegungen für die Farben angewendet wurden, und ein kleines Liedlein mit den Tonbewegungen; aber viel weiter ging die Sache nicht. Die Töne wurden nur stehend gemacht, mit kleinen Sprüngen bei den Tönen G – A – und H, so wie Dr. Steiner es angegeben hatte. Es waren einige Kompositionen entstanden, wo – nach Angaben von Dr. Steiner – auf dem letzten Wort jedes Satzes mehrere Töne kamen, die «gehüpft» werden mussten. So war die Musik für die Sirenen in «Faust» von L. van der Pals und die zu einem Gedicht aus der «Chymischen Hochzeit» von M. Schuurman entstanden, wo in der Aufführung nicht der gesungene Text, sondern nur die Tonreihen am Ende der Sätze stehend mitgemacht wurden. Ich fing nun an, mit den Kindern, ausser dem Üben von etwas grösseren Liedern, ganz kleine

---

[34] Aus *Was in der Anthroposophischen Gesellschaft vorgeht* Jahrgang Nr. 38 19 September 1948

Liedlein über vier oder fünf Tönen in der Weise durchzunehmen, dass die eine Hälfte sang und die andere toneurythmisch die vorläufig nur in Sekunden sich bewegenden kleinen Melodien mitmachten; dann wurde die Sache umgekehrt: Die Singenden hüpften und die Hüpfenden sangen, und so kam allmählich ein natürliches und leichtes Mitgehen mit den Bewegungen zustande. Da das stehende Hüpfen nicht viel Platz einnahm, genügte uns dazu ein Musikzimmer, welches uns durch Frau Eckinger, deren beiden Kindern ich damals auch Klavierunterricht gab, zur Verfügung gestellt wurde. Als Weinachten herankam, fingen wir an, Weihnachtslieder zu üben, und in der Weihnachtszeit 1919 trat der, inzwischen etwas vergrösserte Singchor, zum ersten Male in der Schreinerei auf, allerdings nur singend. Im nächsten Jahr konnte ich dazu übergehen, grössere Lieder durch die mehr fortgeschrittenen Kindern machen zu lassen. Und als wir ein dreistrophiges Lied in Dur so weit hatten, dass drei Kinder es hübsch im Dreieck hüpfen konnten, mit freigelaufenen Übergängen zwischen den drei Strophen, zu einem kleinen Zwischenspiel, das ich dazu geschrieben hatte, und ein Lied in Moll in etwas anderer Weise einstudiert war, bat ich Frau Dr. Steiner, sich die Sachen einmal anzusehen. Wir bereiteten alles vor auf der Bühne; der kleine Chor stand auf dem kleinen Podium vorn, und als Frau Doktor die Sachen sah, sagte sie zu unserem Erstaunen und zur Freude der Kinder: «Das nehmen wir Sonntag ins Programm.» Die Aufführung fand herzliche Aufnahme, jedermann freute sich, die Kinder etwas machen zu sehen, und nach der Aufführung sagte Frau Doktor zu mir: «Jetzt müssen meine Damen auch hüpfen lernen.» Sie schickte mir sechs von den damaligen Eurythmistinnen, und mit diesen und sechs von den begabtesten Kindern fing ich an, eine kleine Bach-Komposition einzuüben. Zum ersten Male waren wir von dem Gesanglichen abgegangen und es machten die Kinder, vorn im Sechseck stehend, die Oberstimme des Klaviers und die Damen den Bass. Bei der Wiederholung des ersten Teiles wurde ein etwas komplizierterer Übergang gemacht, um Abwechslung zu haben, und der zweite Teil fing dann an anderer Stelle an. Als es aufgeführt wurde, musste es wiederholt werden, und nun kamen auf der einen Seite Anfragen zum Spezialunterricht in Toneurythmie, und auf der anderen Seite, baten mich die Eurythmistinnen, jeden Tag von 10 bis 11 Uhr mit ihnen auf der Bühne zu üben. Da kam dann die Entwicklung erst recht in Gang; denn öfters, wenn Dr. Steiner durch die Schreinerei kam, hatten wir Gelegenheit, Fragen zu stellen. So hörten wir, dass wir die Töne durchaus auch im Gehen machen konnten. In Dur hüpften wir nun die Töne G – A – H im Gehen; aber wie die andersgearteten Moll-Sprünglein in Gehen angedeutet werden könnten, war ein Problem. Als ich Dr. Steiner fragte, sagte er, man müsse dann anhalten in der Bewegung, und als ich nicht gleich verstand, wie er es meinte, liess er es mich machen: Einen

Schritt nach vorn, dann die Füsse nebeneinanderstellen, wieder einen Schritt, und wieder Füsse zusammenstellen usw., sodass bei der Reihe F-G-A-H-C eine starke Verzögerung, wie eine leichte Hemmung im Gehen, herauskam. Auch das Problem der abgeleiteten Töne wurde besprochen. Zunächst fragten wir, wie die durch Kreuze erhöhten Töne gemacht werden könnten, und er gab an, dass dann in der Tonstellung des Stammtones zwischen Ober- und Unterarm ein rechter Winkel geformt werden sollte. Wir übten dies in verschiedener Weise, in Dur und Moll, und fragten dann über die Beeën. Zu unserem Erstaunen fand Dr. Steiner, dass kein Unterschied zwischen den enharmonischen Tönen gemacht zu werden brauchte; dass Ges z.B. einfach als Fis gemacht werden konnte. Da wir aber gern Differenzierung in der Bewegung haben wollten, fragten wir, ob nicht durch weiche, nach innen gerundete Handhaltung in der entsprechenden Winkelstellung die Beeën angegeben werden könnten. Das bejahte Dr. Steiner. «Ja, so können Sie es auch machen», sagte er. Später gab er an, dass für ein Doppelkreuz, ausser der Winkelstellung von Ober- und Unterarm noch ein rechter Winkel zwischen Hand und Unterarm gemacht werden könnte. Wir wollten wissen, ob wir den oberen Dur- und unteren Molltonkreis auch in einer mittleren Zone in Schulterhöhe verlegen könnten, wo dann in Dur die abgeleiteten Töne mit nach oben gerichtetem Unterarm, in Moll mit flachliegenden Winkelstellungen könnten gemacht werden. Dies bejahte Dr. Steiner und fügte hinzu, dass wir es auch selbst nach hinten machen könnten, wenn das möglich wäre. Auf die richtigen Winkelstellungen schien es in allen diesen Bewegungen anzukommen. Hatte man diese erfasst, dann konnte man metamorphosieren und z. B. den Tonkreis in kleinerem Umfang, mit Bewegungen nur mit dem Unterarm, mit Handgelenkwinkel für die abgeleiteten Tönen machen. Nun galt es, auf der einen Seite alle diese Sachen in Kursen zu unterrichten, was meine Aufgabe wurde, und auf der anderen Seite die geeigneten Sachen zu finden für die Bühne. Weihnachten 1920 hatten wir einen Teil der Hirtenmusik aus Bachs Weihnachtsoratorium aufgeführt, wofür ich zum ersten Male Herrn Doktor um eine Form gebeten hatte. Ich erinnere mich, wie er mir eine ziemlich frühe Zeit aufgab, wo er kommen wollte, um sich die Sache anzuhören. Die Musiker – es war für Geige, Cello, Harmonium und Klavier – kamen frierend nach oben, denn es war sehr kalt, und als Dr. Steiner noch nicht gleich kam, fingen sie schon an zu meinen, es sei wohl ein Missverständnis, und ich habe Herrn Doktor wahrscheinlich falsch verstanden. Dann aber kam Dr. Steiner, und ich musste zu meiner Beschämung bemerken, dass kein Papier zum Zeichnen da war. Er aber riss ein grosses Stück von dem groben grauen Papier, womit die Bühne vorn verschalt war, ab und begann darauf zu zeichnen, sodass diese allererste Toneurythmieform ein ganz merkwürdiges Dokument wurde.

Im nächsten Jahr galt es nun etwas zu suchen, womit das Moll-Gehen geübt werden konnte; ich wählte dazu den Trauermarsch von Mendelssohn, und da um dieselbe Zeit eine junge Eurythmistin mir anvertraute, dass sie gerne versuchen möchte, ein Solostück in Toneurythmie einzustudieren, und mich bat, Dr. Steiner um eine Form zu bitten und es dann mit ihr im Glashaus einzuüben, ging ich mit der Bitte zu Herrn Doktor, sich die beiden Musikstücke anzuhören. Er sagte zu und wollte gegen Abend im Bau sich die Sachen anhören. Als sie vorgespielt waren, der Trauermarsch und «Schmetterling» von Grieg, sagte er, er würde mir am nächsten Tag die Formen geben. Wie erstaunt war ich, als ich die Blätter sah, denn für den «Schmetterling» waren zwei verschiedene sehr schöne Formen gezeichnet, wovon er aber sagte, die obere wäre doch wohl die meist geeignete, und für den Trauermarsch, den ich als Gruppe einstudieren wollte, hatte Herr Doktor ausser der grossen Form unten am Blatt ganz klein die Form ineinander gezeichnet, um anzudeuten, wie das mit drei oder mehr Menschen gemacht werden konnte. «Sie können dann so viele hereinstellen, wie Sie wollen», sagte er, und obschon er die Musik nur einmal am vorigen Abend hatte vorspielen hören, schien sie ihm ganz gegenwärtig zu sein, denn er ging liebevoll ein auf einiges, was ich noch über Einteilung fragte.

Inzwischen war aus der Kindergruppe eine richtige Toneurythmieklasse geworden, mit der ich im Glashaus übte. Nachdem mehrere kleine Gruppensachen zur Aufführung gelangt waren, fing ich an, mit den begabtesten Kindern auch Solostücke einzuüben, die fast immer in der Schreinerei zur Aufführung kamen. Jetzt, 28 Jahre nach dem allerersten Auftreten, gehören einige der damaligen Kinder zu den besten Künstlern des Goetheanumensembles.

Die Büheneurythmistinnen fingen an, sich allmählich an kompliziertere Sachen zu wagen, und jüngere Kräfte, die die nun systematisch eingerichtete Kurse oder auch Privatstunden durchgemacht hatten, konnten Frau Dr. Steiner vorgeführt werden, um allmählich zum Auftreten zu kommen oder als Lehrerinnen an anderen Orten das Gelernte weiterzugeben. Die Zahl der durch Herrn Doktor gegebenen Formen mehrte sich sehr, und oftmals gab er für Einzelstücke schon Angaben, die später im Toneurythmiekurs grundsätzlich behandelt wurden. Ein Schönes war es für mich, als Dr. Steiner mir etwas bestätigte, wonach ich lange gesucht hatte und was ich endlich meinte gefunden zu haben, nämlich den Zusammenhang zwischen Tönen, Toneurythmiebewegungen und Planeten. Solange ich gesucht hatte, mit Zugrundelegung unseres gegenwärtigen Planetensystems, hatte ich ihn nicht finden können, bis mir eines Tages plötzlich kam, dass es die kosmische Entwicklung war, womit ich die Töne zusammenstellen musste. Da strahlte plötzlich neues Licht auf die Toneurythmiebewegungen. Denn so wie in drei Stufen die Arme abwärtsgehen in Dur, um bei F und G in einer mittleren Lage zu beharren, und dann wieder aufwärtszugehen, so geht auch unsere Entwicklung durch Saturn, Sonne, Mond bis zur Erdenentwicklung, die in die Stadien der Mars- und Merkurentwicklung zerfällt. Die gleiche Armhaltung bei F und G stand plötzlich im neuen Lichte, und das Sicherheben über die Erdenschwere durch die kleinen Sprünge bei G – A – H schien sinngemäss die Aufwärtsentwicklung zu geben, wo durch das wieder-nach-oben-Gehen der Arme die Oktave erreicht wird, wie durch die Jupiter- und Venus-Entwicklung hindurch die Vulkanstufe, die Stufe des Geistesmenschen. Ursprünglich hatte Dr. Steiner auch angegeben, dass mit der Oktave man auf eine höhere Stufe würde springen müssen, etwas, was technisch nicht leicht durchführbar war. Diese Gesetzmässigkeiten des Abstieges und Wiederaufstiegs des Geistes, oder der Evolution und Involution der Materie in den Bewegungen der Töne in Dur und Moll gespielt zu sehen, war wie eine Erleuchtung, – und ich war innig befriedigt, als Herr Doktor, als ich zu ihm kam mit einem Blatt, wo ich Planeten und Tonzeichen mit kleinen Zeichnungen der Toneurythmiebewegungen zusammengestellt hatte, es sich ansah und dann sagte: «Ja, das ist richtig.» Später habe ich auch sehen gelernt wie, so wie in den diatonischen Skalen wir die Siebenheit der Planeten haben, wir in der Zwölfheit der chromatischen Skala die in einer Oktave zusammengedrängte Zwölfheit des Quintenzirkels haben, wovon Dr. Steiner uns sagte, dass sie mit der Zwölfheit des Tierkreises zusammenhängt. Nehmen wir hierzu, was uns in dem Toneurythmiekurs 1924 gegeben wurde, und vieles, was in Musikvorträgen gesagt wurde, dann sehen wir, aus welch wunderbaren Tiefen unsere Toneurythmie geschöpft ist, und wie Welten von Empfindungen uns beglücken können, wenn wir sie in der richtigen Weise üben.

***

Wie bereits erwähnt, erschien dieses Stück im Goetheanum-Rundbrief. Etwas anders berichtet später darüber Ilona Schubert, die junge Eurythmistin, für die Rudolf Steiner die Form für Griegs «Schmetterling» entworfen hat. Sie schreibt:

> *Die Toneurythmie stand noch ganz in den Anfängen. Eine Klavierlehrerin, Fräulein Hollenbach, hat in dieser Zeit auch mit den Kindern Lieder einstudiert, die sie ganz reizend sangen, und kleinere Toneurythmiestückchen, Bach- und Mozartmenuette, die dann ab und zu an das grosse Programm aufgeführt wurden. Man hatte in der Hauptsache Bewegungen der Skalen und Töne für Dur und Moll als grundlegende Angaben von Dr. Steiner gehabt. Da wurden dann Töne*

geübt, stehend oder hüpfend, und in den Pausen Umgruppierungen vorgenommen. Das war im Gegensatz zu der schon weiter vorgeschrittenen Lauteurythmie eher als primitiv zu bezeichnen.

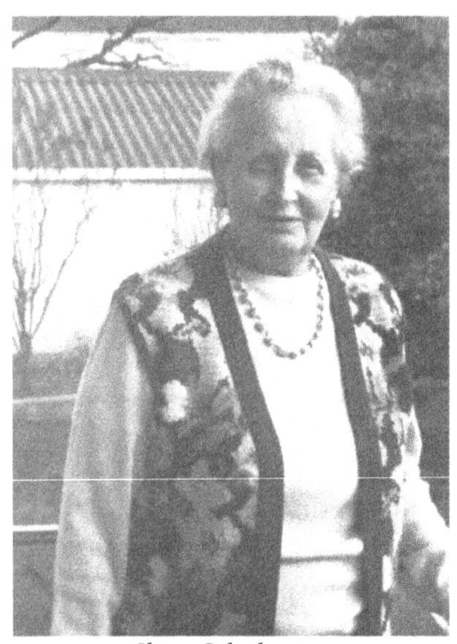
Ilona Schubert

Ich habe öfter an diesen Übungen teilgenommen, aber auf die Dauer befriedigte mich diese Art nicht. Eines Tages ging ich zu Herrn Dr. Steiner und frug ihn, ob man nicht auch richtige Formen zur Toneurythmie machen könne. Er überlegte eine Weile und sagte dann: «Sicher kann man das. Haben Sie sich schon vorgestellt, wie man es dann mit den gehüpften Tönen halten muss?» Nun hatte ich vorher für mich selbst verschiedenes probiert und machte es jetzt Dr. Steiner vor, womit er ganz einverstanden war. Dann fragte er, ob ich schon eine Musik ausgesucht hätte, und weil ich zu dieser Zeit den «Schmetterling» von Grieg auf dem Klavier übte, sagte ich spontan: «Ja, den Schmetterling von Grieg». «Gut», sagte Dr. Steiner, «lassen Sie ihn mir morgen vorspielen.» Da ich aber am nächsten Tag verreisen musste, wurde dieses Musikstück ihm dann von Fräulein Hollenbach vorgespielt, und schon an einem der folgenden Tage bekam ich von ihr einen Brief, worin zwei von Dr. Steiner gezeichnete Formen lagen mit der Anweisung, ich solle beide Formen probieren und diejenige wählen, die mir als die bessere erscheine. Nach meiner Rückkehr nach Dornach übte ich dann fleissig und konnte schon bald Herrn und Frau Dr. Steiner meinen Versuch zeigen. Es ergaben sich dann Fragen, z. B. wie die schnellen Läufe durchgeführt werden sollten. Nun hat Dr. Steiner hierzu, wie in vielen späteren Fällen, nie sofort gezeigt oder gesagt, wie man etwas machen müsse, sondern erwartete von einem, dass man selbst Ideen habe. In diesem speziellen Fall der schnellen Tonfolge hatte ich den ersten Ton genau angeschlagen und die anderen durch Heben oder Fallenlassen der Arme auszudrücken versucht. Beim Vormachen sagte Dr. Steiner: «Ja, das ist sehr gut so; das ergibt ein Mitfühlen der Tonhöhe und Tontiefe.» Bei den zusammengedrängteren Motiven wählte ich dann die sogenannten «Kleinen Töne», und auch das fand Dr. Steiner richtig. — Einmal übte ich auf der Schreinereibühne, als Dr. Steiner durch den Saal kam. Er blieb einen Moment stehen und sah mir zu. An einer bestimmten Stelle zuckte er zusammen und verzog das Gesicht. Ich hielt erschrocken und ihn fragend ansehend inne, und da sagte er: «Warum machen Sie da denn immer Fis», das ist doch ein 'A'», — und natürlich war es so. Wie oft habe ich später gedacht, wenn wir Töne darstellten, — wenn Dr. Steiner alle „falschen Töne" schmerzten, wie mag es ihm manchmal weh getan haben! Zu dieser Schmetterlingsgeschichte möchte ich noch folgendes erwähnen. Als ich den «Schmetterling» zum ersten Mal aufführte — es war dies während eines Programmes im Goetheanumbau — kam Dr. Steiner hinter die Bühne, gab mir die Hand und sagte: «Ich möchte Ihnen herzlich danken.» Ganz erschrocken antwortete ich: «Aber Herr Doktor, zu danken habe doch wohl ich.» «Nein», sagte er, «es ist immer etwas Schönes und Dankenswertes, wenn von den Künstlern selbst neue Anregungen kommen, und dieses, was Sie da angeregt haben, ist ein weiterer Fortschritt in der Toneurythmie.» Auch in Stuttgart habe ich den Schmetterling in manchen Programmen gemacht. Beim ersten Mal erfolgte ein riesiger Applaus. Als ich mich immer wieder bedankte, kam Dr. Steiner, der im Zuschauerraum sass, an die Rampe und sagte: «Wiederholen Sie doch.» So machte ich es ein zweites Mal.

Dieses Wiederholen ist dann immer durchgeführt worden nach starkem Applaus.»[35]

Der Grund, dies zu schreiben, war sicher auch, um den Eindruck zu korrigieren, den Hendrikas Bericht gemacht haben muss, als Ilona Schubert sie bat, für Rudolf Steiner das Stück zu spielen (das Ilona Schubert ja ganz einfach selbst hätte spielen können). Sie wollte also deutlich machen, dass die Initiative von ihr ausging und Hendrika nur aushalf, weil sie nicht in Dornach war, um Rudolf Steiner persönlich zu treffen.

Am nächsten Artikel fing Hendrika unmittelbar nach Erscheinen des Ersten an zu schreiben, und er wurde in den letzten Lebensmonaten Marie Steiners mit ihr besprochen. Allerdings verbleibt uns keine schriftliche Antwort ihrerseits mehr. Er ist auch nicht vollständig veröffentlicht worden, da ein Teil davon bereits im obigen Artikel erschienen ist. Es stellt dar das letzte

---

35 Ilona Schubert *Selbsterlebtes mit Rudolf Steiner und Marie Steiner* Zbinden Verlag, Zürich 1977 ISBN 3859893831

Dokument, das Hendrika in ihrem Leben verfasst hat, fertiggestellt nach ihrem letzten Brief an Marie Steiner.

Toneurythmisches aus den frühen Dornacher Jahren

Als Dr. Rudolf Steiner im August 1915 den damaligen vier Eurythmie-Lehrerinnen, die in Dornach versammelt waren, viel Neues im Zusammenhang mit der Lauteurythmie gab, wurden auch zum ersten Mal Angaben für die Darstellung der Töne unseres Tonsystems gemacht. Das Charakteristische in diesen Angaben war, dass nicht eigentlich die Tonhöhe berücksichtigt wurde, sondern dass die grosse Polarität des Dur und Moll stark zum Ausdruck kam, und dass die grossen Gesetze aller Entwicklung, der Involution und Evolution, zu spüren waren in ihrer Spiegelung in den eurythmischen Tonbewegungen. Wurde doch für die Töne in Dur eine Reihe von Armbewegungen angegeben, die von der aufwärts gerichteten Parallelhaltung der Arme, in vier Stufen nach unten gehend, bis zur waagerechten Armhaltung kam, von wo aus der Aufstieg wieder anfing, aber begleitet von kleinen, von der Erdenschwere lösenden Sprüngen, wobei die Füsse etwas auseinander und wieder zurücksprangen. Die Töne C-D-E-F wurden also stehend gemacht, beim G wurde die waagerechte Haltung der Arme noch beibehalten, aber die Füsse fingen an, mitzuwirken durch etwas seitwärts Auseinanderspringen; beim A sprangen sie noch etwas weiter auseinander, wobei die Arme den Aufwärtsweg wieder antraten; beim H wurde der kleine Sprung so genommen, dass die Füsse sich wieder etwas zueinander bewegten, und beim C, bei der Oktave, sollte, nach den ersten Angaben, auf eine höhere Stufe gesprungen werden, die als niedriges Holzpodium gedacht war.

Polar entgegengesetzt waren die Bewegungen für dieselben Töne, die Grundtöne unseres Tonsystems, C-D-E-F-G-A-H-C, in Moll. Hier wurde nicht von einer oberen, sondern von einer abwärts gerichteten Parallelhaltung der Arme ausgegangen und der Aufstieg erfolgte ebenfalls in vier Stufen. Alle Armbewegungen aber wurden etwas nach vorne liegend, nicht ganz seitwärts gemacht wie in Dur. Vom fünften Ton an sprangen auch die Füsse nicht seitwärts, sondern etwas vorwärts auseinander. Alles erinnerte an die sogenannte «innerliche Zone» der Lauteurythmie.

So wie in Dur, wurden beim Anfang des zweiten Tetrachord, also beim G, die Arme noch in derselben Stellung gehalten wie beim F, und es war der Unterschied zwischen diesen beiden Tönen nur durch die Mitarbeit der Füsse gegeben, wonach auch die Arme wieder stufenweise sich zum Ausgangspunkt zurückbewegten. Wie die sich ergänzenden Kreise der Involution und Evolution des Geistigen und der Evolution und Involution des

Hüllenmässigen, der Materie, spiegelten diese Sphären sich in den Tonbewegungen. Auch später, im Toneurythmie-Kurs 1924[36], nahm Rudolf Steiner diesen Gegensatz von Dur und Moll als Ausgangspunkt. Er beschreibt dort das Dur-mässige als ein Hineingehen des Menschen in sein Geistiges, das Moll-Erlebnis hingegen als ein stärkeres Ergreifen seines Leiblichen.

Auch in der skizzenhaften «Tonlehre» von Goethe finden wir die folgenden Sätze: «Dur und Moll-Ton als die Polarität der Tonlehre», und «Ausführung jenes Gegensatzes als des Grundes der ganzen Musik», wobei Goethe allerdings mehr vom Physikalischen ausging.

Wenden wir uns nun den durch Rudolf Steiner oft beschriebenen Gesetzen der Entwicklung zu, sowohl im Menschen wie im Kosmischen, dann finden wir in der siebenstufigen Skala in der Mitte immer einen Punkt, wo Äusseres und Inneres sich die Waage hält, wo der Abstieg vollendet ist und der Aufstieg wieder zu beginnen hat. Denken wir an die Beschreibung der grossen kosmischen Evolution. Bei der Darstellung der sieben Verkörperungszustände unserer Erde wird nach der Darstellung Saturn-, Sonne-, Mondevolution, die Entwicklung unserer Erde (der vierten Stufe) so dargestellt, dass sie gewissermassen in zwei Hälften zerfällt, wovon die erste Hälfte vorzugsweise unter dem Einfluss der Marskräfte steht, die zweite unter dem der Merkurkräfte. Im ersten Goetheanum waren diese beiden Entwicklungsstadien durch die Mars und die Merkur-Säule repräsentiert, die einheitliche Erdenentwicklung also in zwei Stadien dargestellt. Von hier aus fällt Licht auf die

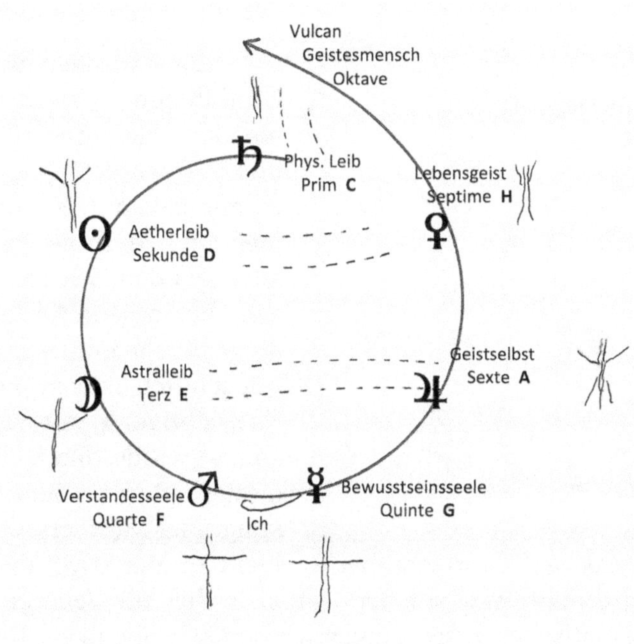

36 Rudolf Steiner: *Eurythmie als sichtbarer Gesang*, Dornach 1927

einheitliche Armhaltung bei der vierten und fünften Stufe der Tonbewegungen, wo bei F und G nur im Lösen der Füsse von der Erde der Unterschied liegt. Ein Einheitliches am Tiefpunkt der Entwicklung, wovon die erste Hälfte noch den Weg nach unten abschliesst, die zweite am Anfang des Aufwärtsweges steht.

Selbstverständlich dürfen diese Dinge nicht gepresst werden. Aber ich glaube doch, dass einige die tiefe Befriedigung werden nachempfinden können, die es mir war, als nach langem Suchen nach dem Zusammenhang von Planeten und Tönen mir plötzlich diese Einsicht in unerwarteter Weise aufging und ich dies dann durch Dr. Steiner bestätigt bekam. Als ich zu ihm ging mit einem Blatt, worauf ich Planetenzeichen, kleine Zeichnungen der Tonbewegungen, und Ton- und Intervallnamen zusammengestellt hatte, sage er, nachdem er es durchgesehen hatte: «Ja, das ist richtig». Man kann sich also den Tonkreis auch in folgender Weise vorstellen:

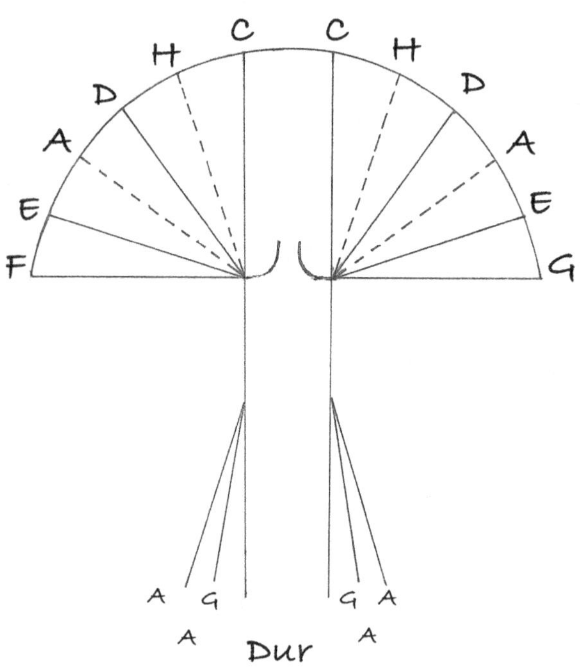

Zur Verdeutlichung der Tonbewegungen wurden im Anfang ganz primitive Zeichnungen gegeben, nämlich für Dur und für Moll:

Die zwischen den Grundtönen vorkommenden Halbtöne E-F und H-C wurden, soweit es mir bekannt ist, immer berücksichtigt, wie auch aus den Zeichnungen hervorgeht. Allerdings hört man hierüber gelegentlich, dass die Berücksichtigung mit veranlasst wurde durch die diesbezügliche Bemerkung eines Musikers, was zwar nicht ausgeschlossen ist, was dann aber in einem Zeitpunkt vor dem Anfang des ersten Unterrichts gewesen sein muss. In den zur Verdeutlichung gegebenen schematischen Zeichnungen wurden, wie oben zu sehen ist, diese Halbton-Abstände immer berücksichtigt.

Im Anfang störte es uns nur wenig, dass nach den gegebenen Anweisungen die Armbewegungen in ihrem Auf und Ab manchmal nicht stimmten mit dem Auf- und Abgehen in der Tonhöhe. Man hatte im Üben so viel an Arme und Beine zu denken und war so bestrebt, Sprünge und Armhaltungen in richtiger Weise mit den Tönen zusammenzubringen, dass man noch nicht viel auf anderes achten konnte.

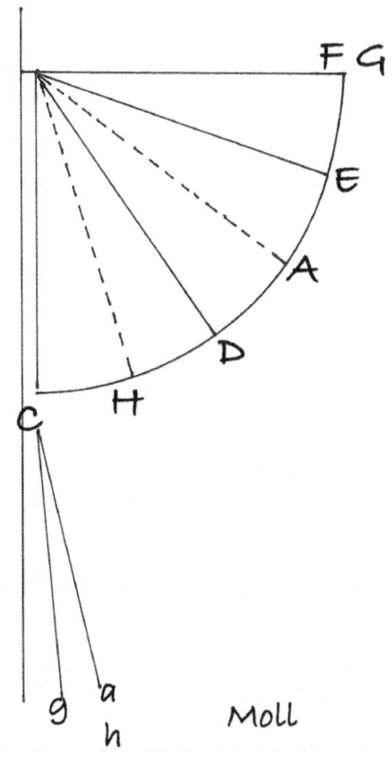

Es waren ein paar Kompositionen entstanden, worin nach Angaben von Rudolf Steiner auf den Reimsilben am Ende der Zeilen dies zu komponierenden Gedicht kleine, auf dem Reimvokal zu singende Melodien kamen, und diese eigentümlichen, manchmal über mehrere Takte gehenden Tonreihen sollten in Toneurythmie dargestellt werden. Der Anfang wurde gemacht mit den schönen Sirenen-Kompositionen von Leopold van der Pals, die bei der eurythmischen Aufführung eines Teiles der «Klassischen Walpurgisnacht» aus Goethes Faust durch einen Chor gesungen wurden, wozu die «Sirenen» auf der Bühne, die auf jedem Reimvokal kommenden kleinen Melodien Toneurythmisch darstellten oder, wie wir damals sagten, «hüpften». Diese mir sehr stark im Gedächtnis gebliebene erste Aufführung der Aegäischen Meeresszene fand im Januar 1919 statt, und schon im Februar 1919 entstand Max Schuurmans Komposition eines Gedichts aus der «Chymischen Hochzeit von Christian Rosenkreuz». Dieses Lied wurde bei der Aufführung durch eine Solostimme gesungen, die Laute des Textes wurden durch eine in der Mitte befindliche Eurythmistin eurythmisiert, und um sie herum war ein Chor von Toneurythmisten, die die nun wieder auf die Reimsilben kommenden End-Melodien stehend und «hüpfend» aufführten, zu den anderen Teilen des Liedes aber in langsamen Schritten, mit der Armhaltung «Feierlich», jede für sich eine kleine Lemniskate abschritten.

Das waren die wichtigsten ersten Versuche, etwas mit den Tonbewegungen zu tun; aber über die allerersten Anfänge waren sie eigentlich noch nicht hinausgekommen. Auch im Unterricht war die Toneurythmie noch ein ganz kleiner Teil der Lauteurythmie.

Hier in Dornach war Tatiana Kisseleff (eine der vier Lehrerinnen, die 1915 die neuen Anweisungen bekommen hatten) während der ersten Dornacher Jahre die einzige Eurythmielehrerin. Die anderen Damen, Fräulein Lory Smits, Fräulein Erna Wolfram und die jetzt verstorbene Elisabeth Dollfus (Frau Baumann) waren nach Deutschland zurückgekehrt. Vom Frühling 1915 an, sobald es dazu warm genug war, hielt Frau Kisseleff Eurythmiekurse in einem der Ateliers des alten Goetheanums ab. Hier nahmen wir, die schon 1914 gekommen waren, alle teil, wenigstens die meisten der Damen. Im Winter musste dann wieder eine Pause gemacht werden wegen der Kälte, und im nächsten Frühling fing es wieder an. Die Eurythmie wurde damals in fünf Kursen von je zwölf Stunden unterrichtet. Der fünfte Kurs umfasste aber nur sechs Stunden; damit war das gegebene Material zu Ende, und es schlossen sich Übungsstunden in der Schreinerei an. Am Ende des vierten Kurses wurden die Bewegungen für die Töne gegeben und geübt und ein kleines Liedlein «gehüpft». Dann ging es weiter im fünften Kurs mit den Bewegungen für die Farben, einigen mehr komplizierten Auftakten und noch einiges über Grösse der Gebärden und dergleichen kam hinzu. Von irgendeinem systematischen Unterricht der Toneurythmie als solcher war überhaupt noch nicht die Rede.

In dieser Situation kam eine Änderung oder, wie man auch sagen könnte, ein neuer Entwicklungsimpuls setzte ein, nachdem die Gruppe unserer Dornacher Kinder zum ersten Mal auf der Schreinereibühne einige kleine Lieder toneurythmisch dargestellt hatte. Ich hatte sie im Herbst 1919 zusammengenommen zum Chorsingen und hatte Frau Dr. Steiner um die Erlaubnis gebeten, die Bewegungen der Toneurythmie anwenden zu dürfen im Zusammenhang mit Notenkenntnis, Gehörübungen usw. Ausser grösseren Liedern, die rein gesanglich eingeübt wurden, nahm ich kleine Liedlein im Umfang von drei oder vier Tönen, die durch die eine Hälfte der Kinder gesungen und durch die anderen «gehüpft» wurden, und vice versa. Zu Weihnachten 1919 trat der kleine Chor zum ersten Mal mit Weihnachtsliedern auf, allerdings nur singend. Im nächsten Frühling aber hatten einige so viel Leichtigkeit im «Hüpfen» erreicht, dass ich ein grösseres Lied in Dur und eins in Moll mit den meist Vorgeschrittenen einstudieren konnte, wozu beim Zwischenspiel zwischen den Strophen kleine Übergänge gelaufen wurden, und wozu die anderen Kinder sangen. Als ich das Frau Dr. Steiner auf der Schreinerei-Bühne vorführte, sagte sie zu unserer Überraschung: «Das nehmen wir Sonntag ins Programm». Nach der sehr freudig aufgenommenen Aufführung sagte sie: «Jetzt müssen meine Damen auch hüpfen lernen!» und schickte mir einige von den damaligen Bühneneurythmistinnen, womit ich im Weissen Saal des ersten Goetheanum arbeitete. Nach einiger

Zeit konnten wir eine kleine zweistimmige Bach-Komposition vorführen, worin sechs Erwachsene die Unterstimme und sechs Kinder die Oberstimme des Klaviers machten; zum ersten Mal waren wir vom Gesanglichen abgegangen. Bei der Aufführung musste es wiederholt werden, und nun fing ein ganz regelmässiges Arbeiten täglich von 10 bis 11 Uhr auf der Schreinerei-Bühne an, woran alle damaligen Bühneneurythmistinnen, die sich dafür interessierten, teilnahmen. Bald fingen wir an, unsere Tonleitern auch einmal im Gehen zu üben, immer gewissenhaft bei allen «Hüpftönen» «hüpfend», aber jetzt im Gehen. Da Rudolf Steiner oft vorbeikam, konnten wir ihn hierüber fragen, und als er sagte, das sei ganz gut, man könne es auch in dieser Weise machen, kam das Problem der Moll-Töne in Gehen herauf. Denn wir spürten, dass wir im Moll-Gehen die Sprünge nicht in derselben Weise machen konnten wie in Dur. Als ich Dr. Steiner hierüber fragte, sagte er, man müsse dann etwas anhalten in der Bewegung, und als ich nicht gleich verstand, wie er es meinte, liess er es mich machen, einen Schritt nach vorne, dann die Füsse nebeneinanderstellen usw., sodass bei der Reihe F-G-A-H-C eine starke Verzögerung, wie eine leichte Hemmung im Gehen, herauskam. Auch besprachen wir, ob es nicht möglich sein würde, den Halbkreis der Töne einmal nach vorne zu verlegen, um so neue Möglichkeiten zu haben, auch der Tonhöhe Rechnung zu tragen. Dies bejahte Dr. Steiner durchaus, sagte selbst, dass, wenn das möglich wäre, man die Bewegungen auch nach hinten machen könnte. Gerade diese Bemerkung machte es uns klar, dass der Tonkreis eigentlich eine Tonsphäre um den Menschen herum ist, wovon der untere Teil mehr dem Moll und der obere dem Dur verwandt ist. In der mehr neutralen Mittelzone wurden die Winkelstellungen der Arme von einem in Schulterhöhe nach vorne liegenden C aus genommen und zu diesem zurückgeführt. Für die durch die #s erhöhten Töne hatte Dr. Steiner angegeben, dass in der Winkelstellung des Stammtones zwischen Ober- und Unterarm noch ein rechter Winkel geformt werden sollte. In welcher Weise man das mache, sei nicht eigentlich wichtig, solange nur die richtigen Winkelstellungen herauskämen.

Als ich dann fragte, wie dann die Erniedrigungen durch die bs zu machen seien, wie zum Beispiel Ges gemacht werden sollte, sagte er zu meinem Erstaunen, dass das wie Fis gemacht werden könne; er schien den Unterschied zwischen den enharmonischen Tönen nicht wichtig zu finden. Da ich mich nach meinem Musikstudium ein wenig mit der Tonlehre, mit Schwingungsverhältnissen und Saitenlängen beschäftigt hatte, befremdete mich dies zuerst. Es war erst viel später, als ich einiges aus Musikvorträgen von Dr. Steiner[37] noch einmal ruhig auf mich wirken liess, und auch dazu mir die schematischen Zeichnungen in Dr. Beckhs kleiner Broschüre über die Tonarten[38] noch einmal ansah, dass mir das Selbstverständliche hiervon aufging. Denn wenn man ganz absieht von physikalischen Betrachtungen über die Schwingungsverhältnisse und sich den Quintenzirkel als kosmische Sphäre von Tonwelten, die geistigen Bezirke des Tierkreises durchdringend, vorzustellen vermag, dann sieht man, dass in diesen zwölf geistigen Tonartenwelten es nicht wichtig ist, ob einmal die Fis-Dur-Welt als Ges-Dur ertönt oder die Cis-Dur-Welt als Des-Dur usw., weil auch bei verschiedener Nuancierung doch die gleiche Tonwelt sich im Erklingen äussert.

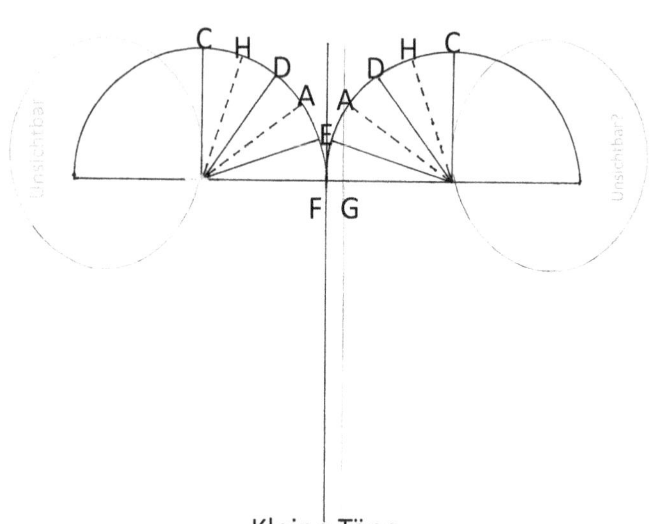

Damals allerdings waren wir nicht ganz zufrieden, denn wir hatten uns schon überlegt, ob wir bei den b-Tönen nicht auch vom Stammton ausgehend, den rechten Winkel zwischen Ober- und Unterarm so würden nehmen können, dass durch eine weiche, nach innen gerichtete Handhaltung der Charakter des Weicheren der erniedrigten Töne, im Gegensatz zu dem Schärferen der Dur Kreuze erhöhten, zum Ausdruck kommen würde. Als wir hierüber Dr. Steiner befragten, stimmte er durchaus zu, dass man es auch so machen könne. «Ja, so können Sie es auch machen», sagte er. Und da in dieser Weise wieder eine grössere Verschiedenheit der Bewegungen möglich war, wurden sie dann so festgelegt, wie sie auch später immer unterrichtet worden sind. Für ein Doppelkreuz gab er an, dass ausser der Winkelstellung von Ober- mit Unterarm noch ein rechter Winkel zwischen Hand und Unterarm gemacht werden könne. In der Mittelzone

37 Rudolf Steiner *Des Menschen Äusserung durch Ton und Wort* und *Das Tonerlebnis im Menschen*, Philosophisch-Anthroposophischer Verlag, Dornach

38 Hermann Beckh *Das geistige Wesen der Tonarten.* Verlag Preuss und Junger. Breslau

brachten wir den Unterschied zwischen Dur und Moll so zum Ausdruck, dass in Dur die Winkel für die abgeleiteten Töne nach oben gerichtet wurden, für Moll aber flachliegend in Schulterhöhe gemacht wurden. Als eine Art Metamorphose des grossen Tonkreises dachten wir uns auch zwei kleinere Halbkreise, die sich in der Brustmitte berührten, und worin man die sogenannten «kleinen Töne» machen konnte, Bewegungen, die, vom Ellbogen ausgehend statt mit dem ganzen Arm, nur mit dem Unterarm gemacht wurden. Man musste sich dabei allerdings vorstellen, dass die Bewegungen an der äusseren Seite der zwei Halbkreise ätherisch mitgemacht wurden, da natürlich die beiden Unterarme je nur in <u>einer</u> Hälfte von dem ihm zugehörigen Halbkreise bewegen konnten. Man kann sich dieses an folgender Zeichnung klarmachen.

Die Unterarme gingen also aus von dem, was im grossen Tonkreis die Fis-Stellung sein würde, als C des kleinen Kreises, und lagen bei F und G flach in Schulterhöhe an der Brust. Da in dieser Weise eine grössere Schnelligkeit der Bewegungen möglich war, mit leichten Handbewegungen für die abgeleiteten Töne, eigneten sich diese Bewegungen für schnelle Motive und sahen in Abwechslung mit den grösseren Bewegungen oft schön und überraschend aus.

Über alle diese Sachen konnte Rudolf Steiner gefragt werden, der immer bereit war, uns anzuhören und die Entwicklung zu überwachen. So war viel Neues erarbeitet worden, und es fingen an, Anfragen zu kommen nach Spezial-Unterricht in Toneurythmie. Als ich Frau Dr. Steiner hierüber sprach, sagte sie: «Selbstverständlich müssen Sie dann den Unterricht geben». Und so wurde es meine Aufgabe, einen systematischen Lehrgang zusammenzustellen, wo in zwölf Kursstunden, wie es damals üblich war, das Grundlegende unterrichtet wurde. Tonleitern wurden in den verschiedensten Rhythmen geübt, und eine ganz kleine, nur in Sekunden sich bewegende Melodie wurde in fast allen Dur- und Moll-Tonarten durchgenommen. Auch die chromatische Skala, aufsteigend mit #, absteigend mit b, wurde in einfacher Form mit rhythmischer Figur für jeden Ton tüchtig geübt. Dazu einige kleine Lieder in Dur und Moll. Dies machte ungefähr das Übungsmaterial des ersten Kurses aus. Später kam ein zweiter Kurs dazu, wo Zweistimmigkeit, die kleinen Töne, Intervall-Übungen, allerdings nur in Tonbewegungen, und gebrochene Akkorde mit Umkehrungen geübt wurden, und einige kleine Musikstücke in einfachen Gruppenformen das Ganze zu einem gewissen Abschluss brachten.

Auf der Bühne war inzwischen tüchtig weitergearbeitet worden, und gegen Weihnachten gingen wir daran, einen Teil der Hirtenmusik aus Bachs Weihnachtsoratorium in Angriff zu nehmen, wovon ich eine Bearbeitung für Klavier, Harmonium, Geige und Cello gefunden hatte. Ich ging zum ersten Mal mit der Bitte um eine Form zu Dr. Steiner, und er gab mir eine ziemlich frühe Zeit am nächsten Vormittag an, wo er in die Schreinerei kommen wollte, um sich die Sache anzuhören. Es war sehr kalt und die Musiker, die sich bereit erklärt hatten zu kommen, kamen frierend. Als Dr. Steiner noch nicht gleich da war, meinten sie schon, es sei wohl ein Missverständnis gewesen, ich hätte Herrn Doktor wahrscheinlich falsch verstanden. Aber gerade in dem Moment kam Dr. Steiner. Da es zum allerersten Mal war, dass eine Musikform gegeben wurde, hatte ich nicht daran gedacht, dass auch Papier zum Zeichnen da sein müsse, und zu meiner Beschämung musste ich bemerken, dass nichts da war, als er nach einem Block fragte. Er riss aber ohne weiteres ein grosses Stück von dem groben grauen Papier, womit die Bühne vorne verkleidet war, ab und begann darauf zu zeichnen. Drei Cello-Formen, wozwischen sich eine schöne Geige-Form schwang, unten; auf der oberen der halbkreisförmigen Holzstufen, die wir auf der Bühne hatten, sollte eine einzelne Eurythmistin den Harmoniumspart machen, wozu eine vereinfachte Metamorphose der Geigenform gegeben wurde; und die zwei Eurythmistinnen, die das Klavier machten auf der unteren Holzstufe, könnten, wie er sagte, alle Formen machen; es schien das für den Klavierpart nicht so wichtig zu sein. Die Besetzung richtete sich nach den Eurythmistinnen, die wir zur Verfügung hatten, wie Dr. Steiner sich immer richtete nach dem, was in Wirklichkeit vorhanden war. Es kam aber auch vor, dass er gewisse Musikstücke nicht geeignet fand für Solo-Darstellung. So erinnere ich mich, dass etwas später eine Eurythmistin die für Klavier gesetzte «Intrata» aus der 5. Cello-Suite von Bach machen wollte und um eine Form bat. Er sagte aber, diese Musik solle durch drei hintereinanderstehende Personen gemacht werden, in derselben Weise, wie zum Beispiel, ein Horn eine Verstärkung würde erfahren können durch zwei weiter Hörner. Da die betreffende Dame es aber allein machen wollte, kam niemals eine Form oder eine Einstudierung zustande. Ein anderes Mal, wieder etwas später, sagte er, als ihm ein sehr stark bewegtes Stück vorgespielt wurde, sehr ausdrücklich: «Diese Musik kann getanzt werden, aber sie kann nicht eurythmisiert werden».

Die Arbeit an unserer Weihnachtsmusik ging aber sehr harmonisch vor sich. Weihnachten 1920 wurde sie dann zur grossen Befriedigung aller in der Schreinerei und später auf der Bühne des ersten Goetheanums aufgeführt. Bis dahin hatte aber noch niemand sich daran gewagt, toneurythmisch ein Solo zu machen. Im Sommer 1921 kam nun eine der jüngeren Eurythmistinnen zu mir mit dem «Schmetterling» aus Griegs lyrischen Stücken und bat mich, das ganz im Stillen im Glashaus mit ihr einzuüben, und

Dr. Steiner um eine Form zu bitten. Da ich zu derselben Zeit eine Musik gesucht hatte, um unser Moll-Gehen auf der Bühne zu üben, und dachte, das Geeignete in dem «Trauermarsch» aus den Liedern ohne Worte von Mendelssohn gefunden zu haben, bat ich Rudolf Steiner, sich die beiden Sachen anzuhören und Formen zu geben. Er gab mir eine ziemlich späte Zeit, gegen Abend an, wo er sich die Musik im Bau, im ersten Goetheanum, anhören wollte. Das war im August 1921. Als beide Musikstücke von der Orgelempore aus vorgespielt wurden, war es schon ziemlich dunkel unten im Bau, und er sagte mir, er würde mir am nächsten Tag die Formen geben. Wie erstaunt war ich, als ich am nächsten Morgen die Formen sah. Für den «Schmetterling» waren zwei verschiedene, sehr schöne Formen gezeichnet, wovon er aber sagte, die untere wäre doch wohl die Beste und für den «Trauermarsch», den ich als Gruppe einstudieren wollte, hatte er ausser der grossen Form unten am Blatt ganz klein die Form dreimal ineinander gezeichnet, um anzudeuten, wie das mit drei oder mehr Menschen gemacht werden könnte. «Sie können dann so viele hereinstellen, wie Sie wollen», sagte er, und obschon er die Musik nur einmal am vorigen Abend hatte vorspielen hören, schien sie ihm ganz gegenwärtig zu sein, denn er ging liebevoll ein auf einiges, was ich noch über Einteilung fragte. Nach einigen dazwischenliegenden einfacheren Sachen wurde uns im September 1921 eine schon viel kompliziertere Form für das Intermezzo in A-Dur von Brahms gegeben. Obwohl es eine Soloform war, übte eine kleine Gruppe auf der Bühne längere Zeit daran, jede vom eigenen Ausgangspunkt aus die Form gehend, aber es war noch zu schwer und wurde niemals zur Aufführung gebracht.

Ein Schritt vorwärts war es, als wir im April 1922 die Fuge in b-moll aus Bachs «Wohltemperiertem Klavier» machen konnten. Ich hatte auf Mitüben verzichtet, um die fünf Stimmen zuschauend verfolgen zu können und den Darstellerinnen Hilfe zu geben, und diese polyfone Musik konnte dann auch zur Befriedigung aufgeführt werden. Eine interessante Anweisung, die mich damals schon vieles ahnen liess, was später im Toneurythmiekurs ausführlicher behandelt wurde, gab Dr. Steiner, als wir im Mai 1922 den «Elfentanz» aus den Lyrischen Stücken von Grieg einübten, wozu er uns eine Form gegeben hatte. Da das kleine Musikstück in e-Moll stand, ich aber stark den Eindruck hatte, dass man diese leichte Musik nicht mit Bewegungen nach unten darstellen konnte, befragte ich ihn hierüber, als er durch die Schreinerei kam. Er hörte es sich an und sagte gleich: Dann lassen Sie alles Hohe nach oben machen und nur die tiefen Motive nach unten. Ich erinnere mich, wie mir damals schon aufging, die grosse Verwandtschaft des Dur mit den hohen Tönen und des Moll mit den tiefen. Dann steht Hoch-Tief in demselben Verhältnis zueinander wie Dur–Moll, musste ich mir sagen, etwas, was im späteren Toneurythmiekurs so deutlich zum Ausdruck kommt, wenn man vergleicht, was über Tonhöhe im letzten Vortrag und über Dur-Moll im ersten gesagt wird. Doch wird man bei jedem Musikstück sich wieder fragen müssen, welches Element am wichtigsten ist, sonst kann es vorkommen, dass bei der Wiederholung einer Dur-Phrase in Moll überhaupt keine Verschiedenheit in den Bewegungen zu sehen ist, weil die Darstellerin sich zu einseitig nur auf Tonhöhe eingelassen hat. In Ensemble-Stücken wird man auf diesem Gebiet auch, zum Beispiel, die tiefere Lage einer Cello-Stimme im Verhältnis zu den anderen Instrumenten berücksichtigen müssen, sonst kann es vorkommen, dass eine Eurythmistin in ganz richtiger Weise das Nach-oben-Gehen ihrer Stimme zum Ausdruck bringt und doch im Verhältnis zu den höher klingenden Stimmen der anderen Instrumente ihre Armbewegungen als zu hoch empfunden werden. Dieses immer wieder abzuwägen, was das wichtigere Element ist, Tonhöhe oder Dur-Moll, Tonalität oder melodische Linie in Bezug auf das Intervallische usw., das wird immer sehr genau beachtet werden müssen.

Im August 1922, während des Vortragszyklus von Dr. Steiner in Oxford, konnte ich den ersten Toneurythmiekurs in England geben. Es war schön, in einem der alten «Colleges» zu unterrichten. Auch in Oxford wurden Formen gegeben, sowohl Gruppen- wie Einzelformen, und später in Dornach ging es in schnellem Tempo weiter. Eine interessante Vorausnahme von dem, was später ausführlicher im Eurythmiekurs gegeben wurde, war auch die Angabe bei einem Scherzo von Beethoven: «Bei den Sechzehntel-Motiven die Augen aufschlagen und Kopf mitgehen lassen». Diese Form wurde im Januar 1923 gegeben, also mehr als ein Jahr vor dem Toneurythmiekurs. Interessant waren auch manchmal die Angaben über Laute, die in den Pausen gemacht werden sollten. So gab Dr. Steiner für eine Arie von Domenico Gabrielli für Fagott und Violine drei Bewegungen an, die wie stilisierte Vokale aussahen; erstens eine Art viereckiges O, was er aber «Trapez» nannte, dann eine Art E mit flach nach unten gerichteten Händen und dann eine Art U, nur mit den Unterarmen in Parallelhaltung und mit an dem Körper anliegenden Oberarmen. Schön war es auch, wie Dr. Steiner sich dann für so etwas interessieren konnte. Ich hatte zuerst um Formen für einen Satz aus einem Schubert-Trio gebeten, und Rudolf Steiner hatte das Trio viermal spielen lassen. (Die Klavierstimme hatte deutlich unterschieden einen rhythmischen Bass und einer melodischen Oberstimme, sodass ich die doppelt besetzen wollte). Dr. Steiner hatte konzentriert gezeichnet und gerade nach dem vierten Mal kam der Fagottist herein für die nächste Nummer. «Was ist denn das für ein Rieseninstrument?», rief Dr. Steiner, und es musste ihm gezeigt werden, ehe die Arie gespielt wurde. In der Fagottform spürten wir dann eine Art Ähnlichkeit mit dem Instrument, wie das später auch mit einigen der Formen für einen Teil aus dem Septett von Beethoven der Fall war.

Die Formen fingen jetzt an, in schnellem Tempo sich zu folgen, denn viele von den Bühneneurythmistinnen hatten sehr grosse Fortschritte gemacht und fingen an, selbstständig zu arbeiten und Dr. Steiner um Formen zu bitten. Die Originale gingen alle zur Frau Dr. Steiner, aber ich hatte die Erlaubnis, alle zuerst nachzuzeichnen.

In dieser Weise waren schon vor dem Toneurythmiekurs ungefähr hundert Musikformen entstanden, und auch nachher gab Dr. Steiner noch viele. An diesen Formen lernte man unendlich viel, sodass man allmählich selbst dazu kommen konnte, für Privatschülerinnen Formen zu zeichnen, die manchmal gut befunden wurden, und womit Anfängerinnen oft ihr erstes Erscheinen auf der Bühne machten. Nach dem Kurs von Februar 1924, wo Rudolf Steiner so unendlich viele neue Anregungen gegeben hatte, galt es für uns alle, diese neuen Angaben so vielseitig wie möglich auszuarbeiten. Ich tat dies mit einer Gruppe jüngerer Eurythmistinnen im mittleren Saal des Glashauses, und da ich keine gute, improvisierende Klavierspielerin zur Verfügung hatte, schrieb ich eine Anzahl Übungen, um die verschiedenen Elemente, so wie sie im Kurs behandelt worden waren, durchzuarbeiten. Im Zusammenhang mit dieser Arbeit fragte ich Rudolf Steiner einmal, ob ich beim Taktmässigen auch das musikalische Taktieren mit beiden Armen in Gegenbewegung anwenden könne, worauf er antwortete: «Das können Sie machen, um sie hereinzubringen, aber nicht in Vorführungen». Natürlich waren diese Übungen nur für den Unterricht gemeint, aber es gab ein gutes Gefühl für das Charakteristische der verschiedenen Taktsorten, wenn, mit Beibehaltung von derselben Melodie und Harmonie, kleine Übungen in verschiedenen Taktarten geübt wurden, wobei auch das Taktieren eine Hilfe war für das Realisieren des Taktstriches. Das nachherige Übernehmen des Rhythmus durch die Füsse, beim gleichbleibenden Taktieren des Taktes durch die Arme, wurde als gute Übung empfunden, und bei etwas komplizierteren Rhythmen oder synkopierten Phrasen als nicht ganz leicht. Im Zusammenhang hiermit konnte man auch aufmerksam machen auf den eigentümlichen Aufbau in Acht-Takt-Perioden von den meisten Musikstücken und zum Bewusstsein bringen, wie auch hier eine Art Sich-spiegeln der inneren Entwicklungsgesetzmässigkeiten zu spüren ist in dem von Anfang bis zur Mitte gehenden Vorsatz und dem von der Mitte zum Abschluss gehenden Nachsatz, wo die Dissonanz der Kadenz und ihre Auflösung eine Ähnlichkeit aufweist mit der Spannung im Leitton und seine Lösung in der Oktave. Auch eine Art Evolution und Involution, wie das auch in dem liegt, was

Dr. Steiner über musikalische Intervalle in dem Vortrag vom 29. Dezember 1914 sagte.[39]

Er führte dort aus, wie der Astralleib an sich auch wieder siebengliedrig ist und jedes dieser sieben Glieder einem der menschlichen Wesensglieder entspricht. «Also ein gesetzmässiges Ausleben des Astralleibes für den physischen Leib, ein gesetzmässiges Ausleben des Astralleibes für den Aetherleib, ein gesetzmässiges Ausleben des Astralleibes für sich selbst, ein gesetzmässiges Ausleben des Astralleibes für das Ich, ein gesetzmässiges Ausleben des Astralleibes für das Geistselbst, für den Lebensgeist und den Geistesmenschen». Und weiter im selben Vortrag: «Wenn sie sich vorstellen, dass die sieben Glieder des Astralleibes in solcher Wechselwirkung stehen wie die Töne der Tonskala: Prim – Sekunde – Terz – Quart usw., dann haben sie, indem sie sich der Wirkung einer Melodie hingeben, diese Wirkung aus Ihrer menschlichen Organisation gegeben, darauf beruhend, dass insofern in der Melodie dieser oder jener Ton ist, er innerlich erlebt wird im entsprechenden Glied des Astralleibes»[40].

Fügen wir zu unserem Tonkreis die dort charakterisierten Entsprechungen der Intervalle mit den sieben Gliedern des Astralleibes hinzu, dann sehen wir, wie wunderbar die höheren Intervalle, die die Umkehrungen der Tieferen sind, zusammenfallen mit den Wesensgliedern, die auch durch Umwandlungen von den unteren menschlichen Wesensgliedern in Erscheinung treten. So darf wohl am Schluss der Tonkreis noch dahin ergänzt werden. Ein Sich-vertiefen in diese einfache Zeichnung wird vielen die weiten Zusammenhänge zum Bewusstsein bringen können.

***

Wie wir aus dem obigen Artikel erfahren, war Hendrika, kaum, dass ihre Arbeit am Goetheanum-Gebäude selbst zu Ende ging, mit einem neuen Projekt schon beschäftigt, das ihrem ganzen weiteren Leben Sinn und Zweck verleihen sollte. Das Aussergewöhnliche an diesem Artikel ist das intime Bild, das er von der Zusammenarbeit Rudolf Steiners mit Menschen zeichnet, insbesondere mit solchen, die er zu seinen persönlichen geistigen Schülern zählte – und dazu gehörten selbstverständlich alle die Eurythmisten, gleichwohl welches Alters. Es gab nichts Autoritäres in seinem

---

[39] R. Steiner. *Umwandlungsimpulse für die künstlerische Evolution der Menschheit in Kunst im Lichte der Mysterienweisheit,* GA 275. Rudolf Steiner Verlag, Dornach 1990 ISBN 9783727427503

[40] In dem diesbezüglichen Vortrag wurde das der Empfindungsseele entsprechende Glied des Astralleibes als übereinstimmend mit der kleinen Terz beschrieben.

Vorgehen – nur ein gegenseitiges Verständnis, dass die Schüler selbstverständlich versuchen würden, die von ihm gemachten Vorschläge in die Praxis umzusetzen. Wenn sie auf unvorhergesehene Hindernisse oder Missverständnisse stossen sollten, würden sie genauso selbstverständlich mit weiteren Fragen zurückkommen. Diejenigen Schüler, die sich für ein bestimmtes Gebiet interessierten und darin qualifiziert waren, bekamen, entweder in Antwort auf eine eigene Frage oder auf Steiners direkte Anregung hin, bestimmte grundlegende Hinweise zu ihrer Initiative. Damit wurde ein kreativer Prozess in Gang gesetzt, in dem Schritt für Schritt, immer bezogen auf die unmittelbare, konkrete Situation, die philosophischen, theoretischen, künstlerischen und praktischen Vorgaben und Grundlagen vermittelt wurden. Nach mehrjähriger gemeinsamer Arbeit entstand auf diese Weise ein umfassender Wissens- und Erfahrungsschatz in einer grossen Gruppe von Menschen, gepaart mit praktischen Fähigkeiten, die an die Nachwelt weitergegeben werden konnten.

Wir müssen uns also vorstellen, dass es mehrere hundert persönliche Schüler gab, die Rudolf Steiner nach und nach ansammelte, einschliesslich derer, die er aufnahm, als die Form der ursprünglichen Esoterischen Schule nicht mehr existierte. Von den Mitgliedern dieser Schule waren bestimmt nicht alle persönliche Schüler, dennoch können wir annehmen, dass ein erheblicher Teil es waren. Gerade dieser engere Kreis von Menschen war bereit und in der Lage, seine Arbeit weiterzuführen. Sie waren es, die später die vielen Schulen, Kliniken, Bauernhöfe, Fabriken, Behinderteneinrichtungen, Sozialinitiativen, Weiterbildungsstätten und die abertausenden Einzelpraxen von Architekten, freischaffenden Künstlern, Ärzten, Therapeuten usw. gründeten – ein riesiges Werk, das nicht von einer zentralen Organisation, sondern von engagierten Einzelpersonen in autonomen Organisationen und Institutionen getragen wird.

Es zog diese Entwicklung aber auch Hunderte Menschen in ein Spektrum von Tätigkeiten hinein, für die das Denken Rudolf Steiners ganz neu war und die vielleicht auch neu in dem Beruf waren, den sie gewählt hatten. Das bedeutete, dass es von Anfang an aus diesem Mangel an Ausbildung und Erfahrung Unzulänglichkeiten in der Arbeit gab, wie sie auch beim Bau des Goetheanum, bei der Entwicklung der Eurythmie usw. der Fall existiert haben. Der Unterschied war, dass Rudolf Steiner nicht überall gleichzeitig sein konnte und deshalb die Dinge nicht mit gleicher Effizienz und Geschwindigkeit angegangen werden konnten. Mehr denn je bedurfte es nun einer Hochschule für Geisteswissenschaft, wie ja das Goetheanum auch offiziell genannt wurde, die für Grundstudium, Berufsausbildung, Fortbildung, Forschung, Evaluierung und Qualitätskontrolle sorgen konnte. Doch viele der älteren Mitglieder beklagten die entstandenen Verhältnisse, anstatt sich selbst in solche Aufsichts- und Betreuungstätigkeit einzubringen. Vor allem aber verhinderte die Unfähigkeit der Mitglieder, wirklich zusammenzuarbeiten; unter sich eine fruchtbare Gesprächskultur zu entwickeln, und sich um die Gemeinschaft der Anthroposophen als Ganzes zu kümmern, dass es zu einer sinnvollen Veränderung kommen konnte. Und dann, in der Silvesternacht 1922, am Abend nach einem Vortrag im grossen Saal des Goetheanum, kam es zur Tragödie. Unbemerkt war im Hinterbühnen-Bereich bereits ein Feuer ausgebrochen, und nach Ende des Vortrags bemerkte man den aufsteigenden Rauch. Da es unmöglich war, die Flammen im Hauptgebäude zu löschen, wurde alles getan, um die umliegenden Gebäude zu retten. So konnte die eigentliche Arbeit der Anthroposophie unvermindert fortgesetzt werden, trotz des schrecklichen Rückschlags. Denn es ging verloren das wichtigste Zeugnis von dem, was die Anthroposophie erreichen kann, wenn eine starke Künstlergemeinschaft sich zusammen dafür einsetzt.

Dieser katastrophale Verlust, gepaart mit der oben beschriebenen Situation in der Gesellschaft, belastete Rudolf Steiner natürlich persönlich stark und er versuchte auf vielfältige Weise der eingetretenen Fäulnis entgegenzuwirken. Schliesslich schien ihm aber kein anderer Weg möglich, als die alte deutsche Anthroposophische Gesellschaft durch eine neue internationale oder allgemeine Gesellschaft zu ersetzen, mit lokalen Zuständigkeiten und Freiheiten und einer zentralen Verwaltung und Hochschule in Dornach unter seiner eigenen Leitung, zusammen mit einer Gruppe von engen, vertrauten Mitarbeitern. Nur so könnte der Zusammenhalt hergestellt werden, um das Goetheanum wieder aufzubauen und die Herausforderungen einer wachsenden Weltbewegung zu bewältigen.

Über die Weihnachtstagung 1923/24, ihre Konstituierung, die Art und Weise, wie die anthroposophische Bewegung ihre Arbeit in der Welt fortsetzen sollte, und die esoterische Grundlage, auf der diese Arbeit aufgebaut wurde, gibt es eine umfassende Literatur. Im Wesentlichen ist es die Art und Weise, wie die Gesellschaft auch heute noch zu funktionieren versucht, auch wenn vieles von dem, was beabsichtigt war, nie verwirklicht werden konnte.

Das Ableben Rudolf Steiners

Nach dem grossen Rückschlag durch den Goetheanum-Brand verdoppelte man die Anstrengungen in den verschiedenen Arbeitsbereichen. Hendrika war nun eine anerkannte Eurythmistin, die mit der Bühnengruppe auf Eurythmie-Tourneen ging und in der Eurythmieschule am Goetheanum Toneurythmie unterrichtete, wo auch Leopold van der Pals Tochter Lea zu ihren Schülerinnen gehörte.

Nun vierzig Jahre alt, gehörte Hendrika zur älteren Generation der Anthroposophen, die Neuankömmlingen den Weg wiesen. Ihr Leben wurde bald von dem Drang beherrscht, die Toneurythmie als unverzichtbare Ergänzung zur Spracheurythmie zu etablieren, und sie wandte sich regelmässig an Rudolf Steiner, um neue Hinweise und Formen zu erhalten.

Für Rudolf Steiner war es jedoch ein Jahr enormer Belastung und Überforderung, die zu einer anhaltenden, etwa sechsmonatigen Krankheit und schliesslich zu seinem Tod am 30. März 1925 führte. Ob Hendrika in dieser Zeit mit Marie Steiner und der Theatergruppe in Deutschland auf Tournee war oder am Goetheanum blieb, können wir nicht sagen. Das Ereignis veränderte jedoch ihr Leben dramatisch.

Der Tod Rudolf Steiners stürzte die gesamte Bewegung in Verwirrung. Was waren wohl seine eigentlichen Absichten? Wie stellte er sich die Entwicklung der Gesellschaft vor? Was sollte aus seinem Erbe geschehen? Die Fragen häuften sich schnell, denn alles war noch so neu, dass es nur wenige Systeme gab und alles von Grund auf ausgearbeitet werden musste. Anstatt die Köpfe zusammenzustecken und zu versuchen, eine Art Konsens über die verschiedenen Fragen zu finden, begannen die Menschen, sich hinter bestimmten Schlüsselpersonen innerhalb des Vorstands einzureihen. Eine Gruppe, zu der auch Hendrika gehörte, stellte sich hinter Marie Steiner. In dieser Phase war Marie Steiner noch mit Albert Steffen und Günther Wachsmuth vereint. Eine andere Gruppe stellte sich auf die Seite von Ita Wegman und Elisabeth Vreede und daneben gab es noch weitere Gruppierungen und persönliche Interessen innerhalb der Gesellschaft.

Aber das war nicht alles. Auch unter den Eurythmisten gab es Reibereien und Eifersüchteleien. Einige der jüngeren Mitglieder der Bühnengruppe sahen diese Zeit des Übergangs als ihre Chance, die Leitung aus den Händen der älteren Generation zu übernehmen. Dornach ist ein kleiner Ort, und ein regelmässiges Einkommen war nicht leicht zu erzielen oder aufrechtzuerhalten, da die Konkurrenz um die verfügbare bezahlte Arbeit gross war. Vor allem Tatiana Kisseleff war davon betroffen und es war Marie Steiner nicht mehr möglich, bei all den anderen Belastungen, sie weiterhin vor diesen Intrigen zu schützen. Kisseleff ging daraufhin nach Paris, wo sie bis kurz vor der deutschen Besatzung Exilrussen in Eurythmie unterrichtete. Die Eurythmieschule hat sie in die Hände von Isabella de Jaager übergeben.

Es scheint, dass Hendrika bald nach Rudolf Steiners Tod einen ähnlichen Interessenkonflikt mit Annemarie Dubach hatte. In einer kurzen Korrespondenz mit und über Annemarie Donath, einer um fünfzehn Jahre jüngeren Eurythmie-Kollegin, mit der sie eine Schülerin teilte, wird ein etwas vager Konflikt geschildert, der sie veranlasste, sich aus der gemeinsamen Lehrtätigkeit zurückzuziehen. Da ihre eurythmische Arbeit einen bedeutenden Teil ihres Einkommens ausmachte, konnte eine solche Situation, die Anzeichen für zunehmende solche Auseinandersetzungen in Dornach zeigte, nicht ignoriert werden.

Obwohl nicht festgestellt werden kann, ob Hendrika Marie Steiner vor oder nach der Bekanntgabe ihres Entschlusses über den tatsächlichen Grund informiert hat, schickte sie, wahrscheinlich auf Anfrage Marie Steiners nach ihren Gründen hin, eine Kopie ihres Briefes an Fräulein Dubach, zusammen mit einem Begleitschreiben, wo beide einfach mit «Donnerstag» datiert und wahrscheinlich am selben Tag geschrieben waren. Um die Kontinuität der Erzählung zu wahren, folgen die beiden Briefe aufeinander.

Donnerstag

Geehrtes Fräulein Donath!

Ihre Handlungsweise macht es nun leider für mich notwendig zurückzutreten und meine Arbeit mit Frl. HN. aufzugeben. Elsje glaubt es mir kaum und möchte ihre Stunden noch weiter haben, aber schon vor einiger Zeit war ich mir klar darüber, dass ich in dieser Weise nicht würde weiterarbeiten können. Würden Sie wissen, wie eine konzentrierte Arbeit zur Schaffung des Unterrichtmaterials für die Toneurythmie notwendig ist, so würden Sie sich wahrscheinlich nicht ohne weiteres meine Formen und das Ganze der Musiksachen haben geben lassen, um die in Ihrer Lauteurythmie-Stunden zu behandeln. Wäre in Wirklichkeit nur ein wahres Interesse in unserer gemeinsamen Schülerin das leitende Prinzip gewesen, so hätten wir auch den Weg gefunden, uns zu verständigen. Stattdessen sind für mich nur höchst unangenehm überraschende Situationen herausgekommen, und ich sehe mich gezwungen, eine Arbeit aufzugeben, die gut und fruchtbar war. Es tut mir sehr leid, dass Sie diesen Schritt für mich notwendig machen.

H. Hollenbach

Und der Deckbrief an Marie Steiner:

Donnerstag

Liebe Frau Doktor!

Da ich in der Sache zwischen Fräulein D. und mir doch einen ziemlich ernsten Schritt habe tun müssen, möchte ich Ihnen eine Abschrift von meinem dies betreffenden Brief zukommen lassen, mit der Bitte, diese durchlesen zu wollen. Wenn Sie einmal, vielleicht noch vor der Abreise oder sonst später, mir die Möglichkeit zu einem Gespräch geben könnten, worin ich Ihre Ansicht über die Weiterentwicklung meines Unterrichtens hören könnte, wäre ich sehr dankbar. In der letzten Zeit habe ich ziemlich meine Klavierstunden gehen lassen, weil es mir schien, dass die Toneurhythmie mich allmählig ganz beanspruchen würde. Weil ich nun aber doch zum wenigstens Zweidrittel meiner Existenz auf Unterrichtgeben angewiesen bin, wäre es mir auch schon deshalb sehr lieb einmal Ihre Ansicht dies betreffend zu hören.

Mit freundl. Gruss
H. Hollenbach

Dieser Konflikt liefert uns die erste Dokumentation über Hendrikas Lage in Europa seit ihrem ersten Brief an Marie von Sivers im Jahr 1911. Vierzehn Jahre lang hatte sie dort gelebt, ohne dass jegliche Aufzeichnungen hinterlassen wurden. Nun folgte der Brief mit den tatsächlichen Informationen, die ihre Zukunft betrafen:

Freitagabend, (Undatiert, aber noch vor März 1926 und dem Brief 02 vom 19. März.)

Liebe Frau Doktor,

Wäre es heute nicht so sehr spät geworden mit der Probe, so hätte ich versucht, einige Worte mit Ihnen zu sprechen. Nun möchte ich aber doch nicht länger warten Ihnen mitzuteilen, dass ich vorhabe, im Frühling nach Südafrika zurückzugehen und sehr hoffe die Eurythmie, und in erster Linie auch die Anthroposophie, dorthin zu bringen und für unsere Sache zu arbeiten.

Meine Arbeit hier scheint abgelaufen zu sein, die ganze Lage so anders geworden, dass es vielleicht auch notwendig ist, dass einige von uns nun ausziehen, um weiter zu geben, was wir hier in so unendlich reichlichem Masse empfangen haben. Ueber Herrn Doktors Arbeit und Lehren zu sprechen, wenn auch in ganz kleinem Umfang und bescheidenster Weise, scheint mir das schönste Vorrecht, das mir werden könnte, aber zu gleicher Zeit ist es notwendig, dass ich mir von Grund auf wieder die äussere Lebensgrundlage schaffe. So schwebt mir vor ein von ganz kleinen Anfängen an sich entwickelndes Konservatorium für Eurhythmie und Musik, in der Stadt, wo meine Mutter noch wohnt, meine Schwester an einer Schule Unterricht gibt und ich selbst zwei Jahre lang gearbeitet habe. Ich möchte Sie dann nur bitten, mir zu erlauben, auch die Grundlagen der Laut-Eurhythmie zu legen, und dazu hier, wie vielleicht auch kurze Zeit in Stuttgart, noch einmal gründlich zu arbeiten in dieser Richtung. Natürlich müsste ich auch einiges in Bezug auf Holländisch und Englisch durchnehmen. Hoffend, dass dieses Ihr Einverständnis finden kann,

Ihre Hendrika Hollenbach

Da Annemarie Dubach-Donath durch diesen Zwischenfall in ein eher ungünstiges Licht gestellt wird, muss zu ihrer Verteidigung gesagt werden, dass wir keine weiteren Kenntnisse über Ursprung oder Verlauf dieses Konflikts haben, oder gar, ob eine Antwort auf Hendrikas Brief erfolgte. Wir können nur feststellen, dass der Konflikt Hendrikas Entscheidung, nach Südafrika zurückzukehren, ausgelöst hat

Annemarie Dubach, wie sie hiess nach ihrer Heirat mit dem Bildhauer Oswald Dubach, war eine eher melancholische, doch hochsensible und vollendete Eurythmistin mit einer oft gefährlich labilen körperlichen Gesundheit. Gerade in diesem Jahr, 1926, wurde sie von Marie Steiner gebeten, das erste Buch über die Grundlagen der Eurythmie zu verfassen, das 1928 unter dem Titel *Die Grundelemente der Eurythmie*[41] erschien, und hatte dadurch selbstverständlich auch freien Zugang zum Archiv und allen Unterlagen. Sie hinterliess auch eine kleine Schrift über ihre Erfahrungen mit Rudolf Steiner[42] aus der Zeit, als sie ein junges Mädchen von 16 Jahren war, nachdem

---

[41] Annemarie Dubach-Donath *Die Grundelemente der Eurythmie* Verlag am Goetheanum; 6th edition 1 Jan. 1988 ISBN 139783723500286

[42] Annemarie Dubach-Donath *Erinnerungen einer Eurythmistin an Rudolf Steiner* Philosophisch-Anthropologischer Verlag; 3. Auflage Jan. 1969

sie Michael Bauer in einem Sanatorium im Tessin kennengelernt hatte und mit ihm zu einem Treffen mit Rudolf Steiner in München gefahren war. Es enthält viele tief bewegende Passagen, die wunderschön beschrieben sind. Hier folgen ein paar Beispiele:

Ich war an jenem Aufführungsabend sehr deprimiert, und alles, was ich machte, kam mir völlig unzulänglich und schlecht vor. Noch während ich auf der Bühne war, stellte ich verzweifelte Überlegungen an: Ich gebe die Eurythmie auf — es wird doch niemals etwas daraus bei mir usw.

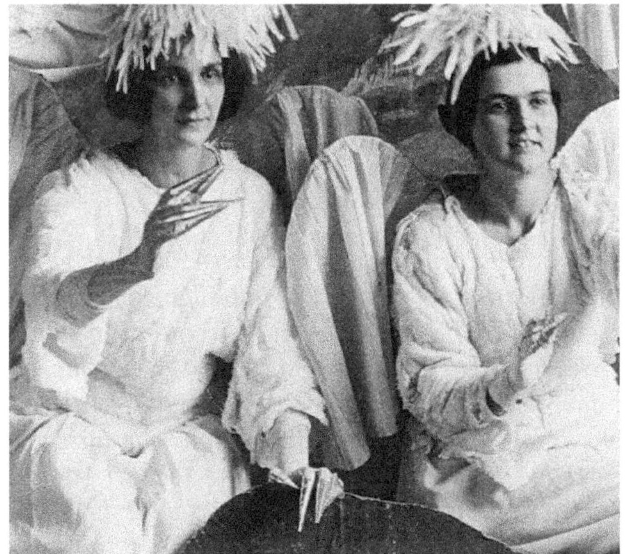

Tatiana Kisseleff, Annemarie Donath als Sirenen

Nach Schluss der Aufführung ging ich, noch mit diesen Gedanken beschäftigt, durch den schon leeren Saal, da traf ich Dr. Steiner. Er streckte mir beide Hände entgegen und sagte mit einem unbeschreiblich warmen Lächeln: "'Haben Sie nur Selbstvertrauen! Mit jedem Male wird es besser werden.»

Wieder erlebte ich wie er einem, ohne Worte, tief in die Seele schauen konnte.

Eine Aussage Rudolf Steiners zu den menschlichen Beziehungen in Dornach:

Im August war es dann so weit, dass ich nach Dornach fahren konnte. Ich sah den Bau zum ersten Mal, die Gerüste standen noch, man ging wie in ein grosses dunkles Labyrinth hinein.

Mein erster deutlicher Eindruck war die blaue Fensterscheibe im Süden, die nicht wie die anderen Fenster mit Brettern zugenagelt war, sondern das reine, tiefe Blau in den dunklen Innenraum strömen liess. In der kleinen Kuppel war der Zwischenboden noch nicht abgenommen, denn Dr. Steiner selber wollte dort noch malen, und zwar an der Figur des germanischen Menschen, mit deren Ausgestaltung er nicht zufrieden war. Es fällt mir dabei ein Ausspruch von Herrn Doktor ein, den ich ungefähr ein Jahr später von ihm hörte. Es war in der Schreinerei, anschliessend an einem Vortrag. Den unmittelbaren Anlass zu diesem Ausspruch gaben Unzufriedenheiten und negative Kritik der Künstler untereinander, wegen der Malerei in der grossen Kuppel. Da sagte Dr. Steiner (ungefähr, nicht ganz wörtlich): «Ja, meine lieben Freunde, ich habe jetzt fast alles in der kleinen Kuppel gemalt, und ich kann ja nun nicht auch noch die ganze grosse Kuppel selber ausmalen. Sie finden die kleine Kuppel jetzt sehr schön, aber ich bin überzeugt, wenn sie nicht wüssten, dass ich dort gemalt habe, so würden Sie es auch scheusslich finden.»

Und ein weiteres Beispiel:

Ein anderes Erlebnis möchte ich hier auch erzählen, obgleich es an der Grenze dessen steht, was man schriftlich mitteilen kann. Aber andererseits wirft es ein so deutliches Licht auf die intime geistige Atmosphäre, die sich in jenen unvergesslichen Arbeitsjahren herausgebildet hatte, dass ich es nicht verschweigen möchte. Ich hatte eines Tages einen sehr grossen Schmerz erfahren und war äusserst betrübt nach Hause gegangen. In der Nacht wachte ich, wie durch meinen Kummer geweckt, aus tiefem Schlaf auf und dachte über die Ereignisse nach. Es kam mir der – sehr jugendliche – Gedanke: ob wohl ein Mensch auf der Erde schon einmal so unglücklich gewesen sei? Und da erinnerte ich mich plötzlich an etwas, was ich in der Schule gelernt hatte, nämlich, wie die Königin Louise von Preussen, auf der Flucht vor Napoleon, in einer kleinen Kammer eines Bauernhauses auf das vereiste Fenster mit ihren Fingern die Worte geschrieben hatte: «Wer nie sein Brot mit Tränen ass ...»

Ich sagte mir das ganze Gedicht in Gedanken auf und schlief dann tief getröstet wieder ein.

Am nächsten Morgen in der Probe kam Frau Doktor auf mich zu, mit einem Blatt in der Hand;

«Dr. Steiner hat hier noch etwas für Sie gezeichnet», sagte sie (wir standen kurz vor einer Reise, und das Programm war eigentlich fertig). Ich sah auf die Zeichnung: «Wer nie sein Brot mit Tränen ass», stand da ...

Es war die wunderbare Form für das «Lied des Harfners» von Goethe. Wie ein Wunder kam mir das Ganze vor.

Ich übte nun das Gedicht in den nächsten Tagen mit Hingabe und konnte es Frau Doktor, die inzwischen schon abgereist war, erst unterwegs zeigen. Es kam noch ins Programm und wurde mein liebstes Gedicht. Später bekam ich auch noch die Formen für die beiden anderen Harfner-Lieder.

Hier das Gedicht:

Lied des Harfners[43]

Wer nie sein Brot mit Tränen ass,
Wer nie die kummervollen Nächte
Auf seinem Bette weinend sass,
Der kennt euch nicht, ihr himmlischen Mächte.

Ihr führt ins Leben uns hinein,
Ihr lasst den Armen schuldig werden,
Dann überlasst ihr ihn der Pein;
Denn alle Schuld rächt sich auf Erden.

Ihm färbt der Morgensonne Licht
den reinen Horizont mit Flammen,
und über seinem schuld'gen Haupte bricht
das schöne Bild der ganzen Welt zusammen.

Und schliesslich, am Ende einer mehrtägigen Reise, bei der sie zu krank war, um die Eurythmietournee mit den anderen fortzusetzen, und Rudolf Steiner sie persönlich im Auto nach Dornach mitgenommen und während der ganzen Fahrt mit grosser Sorgfalt gepflegt hatte:

(...) Unvergesslich ist mir der Augenblick, wo er sich plötzlich – als wir uns Basel schon näherten – zum Fenster wandte, auf die Sonne deutete, die blutrot über der weissen Schneelandschaft unterging, und mit merkwürdig veränderter, fast gebrochener Stimme leise sagte: «Die Sonne ...» Es war etwas in seinem Ton und in der Geste, wodurch man unwillkürlich an den alten Faust denken musste. Wie oft später erinnerte ich mich an diesen Augenblick — es war ja seine letzte Heimkehr nach

---

43 *Lied des Harfners* aus *Wilhelm Meisters Lehrjahre* von J.W. Goethe.

dem Dornach, von dessen Hügel der alte Bau grüsste. War es seine vorschauende Ahnung des kommenden Unglücks, die seine Stimme so tragisch; fast wie die eines Sterbenden klingen liess?

Es war Anfang Dezember – ungefähr vier Wochen später brannte der Bau. Von den ersten Tagen nach dem Brande, von der erhabenen Grösse, mit der Dr. Steiner diesen Schicksalsschlag trug, von der Unerschütterlichkeit, mit der er die Arbeit weitergehen liess, ist viel berichtet worden. Er selber hat ein Jahr später, bei der Weihnachtstagung, das Wort zitiert: «Wenn's etwas gibt, gewalt'ger als das Schicksal – So ist's der Mut, der's unerschüttert trägt.[44]*»*

Mit tiefster Bewunderung und Ehrfurcht konnte man ihn diesen Mut und diesen heiligen Heroismus darleben sehen.

Im Laufe des Lebens kann die Erfahrung eintreten, dass genau dann, wenn man an einem Scheideweg steht, an dem unbequeme, lebensverändernde Entscheidungen, ganz unvorbereitet, getroffen werden müssen, ein Freund, ein Kollege oder eine andere Person einem in einer Weise, die wie ein Verrat erscheinen mag, den fehlenden Anstoss gibt. Anstatt zu versuchen, eine potenziell komplizierte Rechtsfrage über geistige Eigentumsrechte mit den uns zur Verfügung stehenden unzulänglichen Informationen zu beurteilen, möchte der Autor dieses Buches die Situation in diesem Sinn interpretieren. Sie impliziert, dass Südafrika Annemarie Dubach eher Dankbarkeit als Argwohn schuldet.

Der nächste Brief, in dem es um aktuelle Entwicklungen geht, wurde fast ein Jahr nach Rudolf Steiners Tod geschrieben. Offenbar hat Hendrika einen guten Teil dieser Zeit genutzt, um sich aktiv auf ihren Weggang und ihre zukünftige Arbeit vorzubereiten. Aus dem obigen und darauffolgenden Brief entnehmen wir nebenbei die konkreten Daten, durch die wir feststellen können, in welchen Zeiträumen Hendrika in Pretoria lebte, in Ermelo arbeitete und nach ihren Studien in Amsterdam nach Südafrika zurückgekehrt war:

Dornach, 19. März 26

Liebe Frau Doktor!

Vielleicht darf ich Ihnen brieflich ein Bild der jetzigen Lage in Bezug auf meine Pläne geben und Sie herzlichst um Rat bitten. Die Briefe, die

---

[44] Felix Dahn

mich vorige Woche nach Stuttgart, (wo ich eine Woche in der Eurythmieschule hospitierte) wurden nachgeschickt, sind so, dass sich bei meiner Schwester eine starke Gegnerschaft gegen Anthroposophie zeigt, und sie sich entschieden gegen meine Absicht nach Ermelo zu kommen erklärt, weil sie sich fürchtet, dass ihr jetzt harmoniöses Zusammenleben mit der Mutter zerstört werden wird. Die Mutter schreibt nur einige Worte dazu, und sachlich scheint auch Ermelo statt der aufstrebenden Richtung, die es hatte, jetzt in Rückgang begriffen zu sein und kein geeignetes Arbeitsfeld zu bieten. Ich war auf dieses letztere schon einigermassen vorbereitet nach einem Telegramm, was ich als erste Antwort auf meinem Schreiben bekam; jetzt aber zeigt es sich, dass ich überhaupt nicht nach Hause gehen kann, vorläufig wenigstens nicht, und mich werde entschliessen müssen direkt nach Pretoria zu gehen, wo ich auch die vier letzten Jahre war, ehe ich nach Berlin kam. Dazu ist aber notwendig, dass ich etwas Geld aufnehmen kann, um nicht augenblicklich finanzielle Sorgen zu haben, und dann glaube ich, dass ich ganz sicher die Eurhythmie durchtragen könnte, und auch sehr wahrscheinlich einen kleinen Kreis finden würde von in Anthroposophie interessierten Menschen womit man Studienabende anfangen könnte. Ein Mitglied von uns ist vor einem Jahr dorthin gegangen als Deutscher Vize-Konsul; das würde Verbindungen mit den deutschen Kreisen geben; ich selbst habe Jahrelang in Englischen wie in Holländischen Kreisen auf musikalischem Gebiet gearbeitet (von den beiden Schulen, wo ich Unterricht gegeben habe, habe ich selbst noch die Empfehlungen, die mir mitgegeben wurden, und Schliesse die englische ein, (die Holländische ist ähnlich und bezieht sich auf Gesangsunterricht) und in der Theosophischen Loge habe ich vor meiner Abreise nach Deutschland einige Monate hindurch wöchentlich über Herrn Doktors Lehren gesprochen, und auch noch von Berlin aus, mit Erlaubnis Herrn Doktors Artikel für die kleine Zeitschrift geschickt. So hatte ich viele Verbindungen und weil ich mit meinen Privatschülern und Privatgesangsklassen (zusammen über 100 Kinder und junge Mädchen) öfters Aufführungen gab, war meine Arbeit ziemlich bekannt und würde ich, obschon 14 Jahre dazwischen liegen, wahrscheinlich doch viele Anknüpfungspunkte finden. Obschon ich nun weiss, dass es nicht so leicht ist, in der jetzigen Zeit Geld zu bekommen, kann ich mir andererseits doch kaum denken, dass nur das Finanzielle alles unmöglich machen würde, und vielleicht könnten Sie mir hierin raten. Es scheint mir nicht ausgeschlossen, dass ich in zwei oder drei Jahren schon das, was ich nötig habe zurückbezahlen könnte, aber ganz sicher kann man so etwas nicht voraussagen. Vor allen Dingen aber würde es mir auch nötig sein, Frau Doktor, dass ich fühlen könnte, dass ich Sie moralisch hinter mir habe, wenn ich mich ganz für die Eurhythmie einsetzen will.

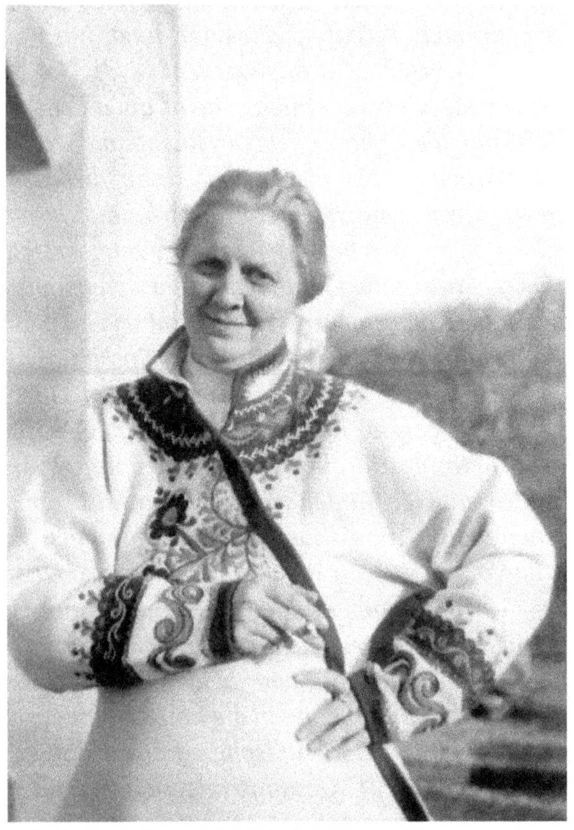

Isabella de Jaager (Bild Archiv Aurea Dienemann)

Frau de Jaager ist zufrieden über meine Arbeit, ich habe holländische und englische Gedichte und auch Musik-Sachen ausgearbeitet und wäre sehr froh, wenn Sie sich meine Sachen einmal ansehen wollten, nur zu einem Urteil über meiner Fähigkeit zum Hinaustragen zu kommen. Wenn das noch sein könnte, ehe Frau de Jaager wieder verreist, vielleicht am Dienstag, weil Miss Risks dann auch wieder da ist, würde das mich freilassen, nach der Ostertagung mich ganz mit den äusseren Vorbereitungen für die Reise zu beschäftigen, die ich bisher nur gelassen habe, ausser des unverbindlichen Besprechens eines Kabinenplatzes.

In Stuttgart habe ich vieles aufnehmen können in Bezug auf Gruppenunterricht auf Grundlage des neuen Kurses und auch in einigen Eurhythmie-Klassen in der Waldorfschule habe ich vieles, was mir nützlich sein kann, aufgenommen. Theoretisch sowohl wie praktisch habe ich mich in diesen letzten Monaten sehr vorbereitet und hoffe nur, dass es mir erlaubt sein mag, wirklich die Anthroposophie und die Eurhythmie hinauszutragen, und auch weiter in unserer Sache mitzuarbeiten. Ich muss mich entschuldigen, dass ich Sie mit diesem langen Brief belästige; ich hoffe, dass Sie mir nicht böse sind; Ihr Urteil und Rat sind mir jetzt doch so sehr nötig.

Mit freundlichem Gruss
Ihre Hendrika Hollenbach

Also erfahren wir, dass Hendrika sowohl mit der Sprach- als auch mit der Toneurythmie arbeiten und unterrichten wollte und den Rest ihrer Zeit in Europa damit verbrachte, Kinderklassen in Stuttgart zu besuchen und mit ihrer holländischen Freundin Isabella de Jaager, nun Leiterin der Eurythmieschule in Dornach, an ihrer eigenen Entwicklung in der Eurythmie zu arbeiten. Auf diese Weise stellte sie sicher, dass sie alles, was sie brauchte hatte, um sich in Südafrika niederzulassen. Ein halbes Jahr später wohnte Hendrika bereits in der Visagie Street in Pretoria. Von dort aus schreibt sie an Marie Steiner folgenden Brief:

Pretoria, 383 Visagiestr.
11 August '26

Liebe Frau Doktor,

Die erste Demonstration der Eurhythmie liegt hinter mir, und ich schicke Ihnen mit derselben Post die Zeitungsreports. Ich hatte es so gemacht, dass ich 350 Einladungen geschickt hatte nach allen wovon man nur einigermassen annehmen konnte, dass sie interessiert sein würden. Mit meiner Rezitatorin, die in Belgien studiert hat, aber in Pretoria geboren und aufgewachsen ist, hatte ich eine Liste aufgemacht, wozu mir von verschiedenen Seiten noch mehr Adressen gegeben worden waren und so konnte ich sicher sein, das Publikum zu bekommen, dass ich haben wollte, und doch konnten durch das Reservieren der Plätze, meine Ausgaben ungefähr gutgemacht werden.

In der kleinen St. Andrews Hall sind ungefähr 250 Plätze, und die Bühne ist fast so gross wie unsere in der Schreinerei und hat schöne blaue Vorhänge. Der Raum zwischen Publikum und Bühne hatte ich etwas mit Palmen ausfüllen lassen, die eine nette Umrahmung der Musiker und Rezitatorin bildeten, und im zweiten Teil hatte ich rot und weiss Fusslicht. Die Übungen machte ich im ziemlich kurzen grün-Seiden Kleid. Zu den Stücken hatte ich von schönfarbiger japanischer Seide, die man hier sehr billig bekommt, Kleider in verschiedenen Farben, auch Schleier in 5 Farben und für das «Verkleurmannetje» (Kameleon) ein grünes Stölchen. Die Haare sind kurz und hatte ich gut frisieren lassen. Ich schrieb in drei Sprachen, Holländisch, Deutsch, Englisch, kleine Berichte für die Zeitungen über die Entwicklung der Eurhythmie, die auch in den meisten Fällen publiziert wurden, im «Deutsch-

Afrikaner» selbst wörtlich mit meiner Unterzeichnung. Die Holländischen Blätter übersetzten mein «Hochholländisch» ins afrikanische Dialekt; ich hoffe, dass Mrs Pyle oder Frau de Jaager es für Sie übersetzen werden, denn besonders im «Volkstem» werden Sie sich über einiges amüsieren.

Das nächste ist nun, dass ich für eine Theateraufführung von einem Märchen durch Schülerchen meiner Rezitatorin ein kleines Intermezzo eurhythmisch einstudieren werde, mit ungefähr 12 Kindern. Die Aufführung wird im grossen «Opera House» sein, und es wird gut sein, wenn das Publikum gleich Anfang Oktober eine neue Seite der Eurhythmie sieht, nämlich Gruppenarbeit. Eigentlich bezahlende Arbeit wird auch dies noch nicht sein, aber ich werde sehr wahrscheinlich auch diesen Monat noch mit einem Kurs für Erwachsene, und wie ich hoffe, auch einen Kinderkurs anfangen können.

Ich schicke Herrn Steffen die Zeitungen auch, weil er vielleicht ein paar Zeilchen wird brauchen können.

Mit herzlichen Grüssen, auch an allen lieben Eurhyth-mistinnen,
Ihre J. Hendrika Hollenbach

Die Pretoria School of Music and Eurythmy

Hendrika war also nach Südafrika zurückgekehrt, wohl wissend, dass der Weg dorthin mit Schwierigkeiten verbunden sein würde. Abgesehen vom offensichtlichen Widerstand ihrer Familie, die sie weder finanziell unterstützen wollte noch konnte, musste sie einen Weg finden, in der Kulturwüste Transvaal Fuss zu fassen, vorwiegend im Vergleich zu dem reichen kulturellen Leben, in das sie in Europa eingebettet gewesen war. Wie sollte sie beginnen? Wahrscheinlich hatte sie den begrenzten Geldbetrag, den sie sich über Marie Steiner hatte ausleihen können, bei sich, und sie würde sich bemühen, ihn so bald wie möglich zurückzuzahlen. Sie hatte ihre alten Kontakte, aber wer weiss, wie viele davon ihr nach 14 Jahren noch zur Verfügung standen. Das Gleiche gilt für ihre Freunde in der Theosophischen Gesellschaft. Diese bestanden hauptsächlich aus britischen und anderen Einwanderern, und wer weiss, wie viele von ihnen noch in Pretoria lebten oder überhaupt an Anthroposophie interessiert gewesen wären.

Ihre Mutter und alle ihre Geschwister lebten in einiger Entfernung von Pretoria. Das Leben, das sie führten, unterschied sich stark von ihrem. Während ihrer Abwesenheit in Europa scheint sie zumindest mit einigen Mitgliedern ihrer Familie in Kontakt geblieben zu sein, doch erwähnt sie in ihren Briefen immer nur ihre Schwester und den jüngsten Bruder Carel Arnold – nichts über den Tod ihres Vaters und nichts über ihre Brüder Herman und Hans – was sie aus ihrem Leben gemacht haben, ihre Kinder und so weiter. Das ist seltsam, denn sie war die Erstgeborene und sie waren alle im ähnlichen Alter. Obwohl sie für den Verlauf von Hendrikas Leben und Werk keine unmittelbare Bedeutung haben, sind die Schicksale ihrer Geschwister doch von grossem Interesse, denn sie geben einen gewissen Einblick in das Leben in Südafrika in jener Zeit, die dem Zweiten Weltkrieg voranging. Man muss sich vor Augen halten, dass in der Zeit davor, die einzige praktische Verbindung zwischen dem Transvaal und dem Rest der Welt die Eisenbahn und der Pferdetransport war. Sie verband Pretoria mit Johannesburg und von dort mit Durban, Port Elizabeth und Kapstadt, von wo aus Passagierschiffen in die weitere Welt hinausfuhren. Das grosse Landstrassennetz wurde erst nach dem Zweiten Weltkrieg gebaut, und die wenigen Autofahrer benutzten hauptsächlich landwirtschaftliche Sandstrassen mit gelegentlichen Toren, die während der Fahrt geöffnet und geschlossen werden mussten. Ein Ausflug in die Arbeit, das Schicksal und die Einstellung ihrer Brüder und Schwestern kann also Licht auf die Probleme werfen, mit denen Hendrika konfrontiert war, und auch den Platz, den sie im grösseren Kontext des südafrikanischen Lebens und seiner Entwicklung haben.

Neben einigen öffentlichen Aufzeichnungen und Zitaten in Büchern haben wir das Glück, ein Buch von Carel Arnold Hollenbach II, dem Sohn von Carel Arnold, Hendrikas jüngstem Bruder, zu besitzen. Er ist derjenige, der auch die Familienunterlagen zusammengetragen hat, zu denen dem Autor Zugang gegeben wurde. In einem Buch unter dem Titel *Briewe uit die Boere Oorlog*[45] (Briefe aus dem Burenkrieg) hat er aufgrund seines Interesses als Briefmarkensammler, Postkarten und Briefe aus dem Nachlass seiner Nachkommen aufbewahrt. Das erste Kapitel seines Buches beginnt mit einer kurzen Skizze der Familie seines Vaters und wie sie mit dem Burenkrieg verbunden war.

My Oupa

Mein Grossvater Jan Hendrik Hollenbach und seine jüngste Schwester, Maria Katharina Hollenbach, die Lehrerin war, kamen 1889 aus Arnheim nach Pretoria. Er arbeitete als Architekt in der Abteilung für öffentliche Bauwerke der südafrikanischen Republik. Drei Jahre später zog seine Familie nach. Sie hatten fünf Kinder, von denen meine Tante Riek das älteste und mein Onkel Herman das zweitälteste war. Mein Vater war das jüngste Kind und war bei Ausbruch des Burenkrieges dreizehn Jahre alt.

Eine Namensliste des Holländischen Korps findet sich in O.J.O Ferreiras Ausgabe der Krijgsgevangenschap von L.C. Ruijssenaers. 1899 –1902. Der Name meines Grossvaters erscheint dort wie folgt:

---

45 C.A. Hollenbach *Briewe uit die Boere Oorlog - Boer War Letters - Persoonlike en Seldsame Dokumente Rondom die Vryheidsstryd 1899 - 1902*, Driefontein Publikasies 1999 ISBN 0620224320. (Vom Autoren übersetzt)

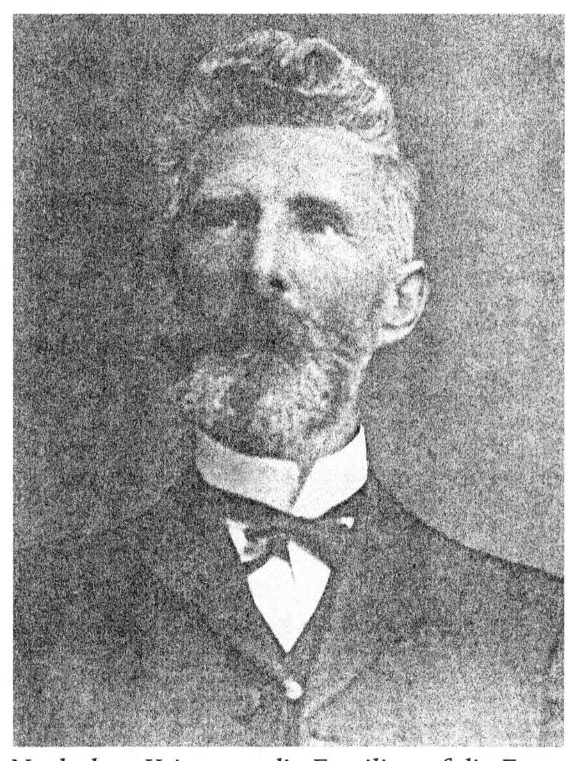

Hollenbach, Jan Hendrik, Geboren: ca. 1852. Ankunft in ZAR: aus Arnheim, Nederlanden 1889. Aufenthaltsort: Pretoria. Beruf: Architekt und Dozent für Strichzeichnungen am State College. Holländisches Korps: Peloton V. Nicht an der Schlacht von Elandslaagte beteiligt. Gestorben: Ermelo, 30.3.1914 (sollte 1915 heissen.)

Mein Grossvater leistete keinen aktiven Felddienst, sondern blieb in Pretoria zurück. Nach dem Krieg zog die Familie auf die Farm Rietvlei im Bezirk Ermelo. Dieser Umzug war wahrscheinlich das Ergebnis von Reparationszahlungen, mit dem Unterschied, dass es keine finanzielle Entschädigung für diejenigen gab, die ihre Arbeit verloren hatten.

Die folgende kurze Passage bestätigt, dass Hendrika während des Burenkrieges nicht in Südafrika, sondern in Amsterdam war. Es lässt sich vermuten, dass sie dort von der Theosophischen Gesellschaft erfahren hat:

Tante Riek

Hendrika Johanna Hollenbach wurde am 26. Mai 1880 geboren. Im Alter von siebzehn oder achtzehn Jahren ging sie zurück in die Niederlande, um Musik zu studieren. Etwa sechs Wochen vor Ausbruch des Krieges schrieb sie eine Postkarte an ihre Mutter (meine Grossmutter), in der sie ihre Besorgnis über die Situation im Transvaal zum Ausdruck bringt.

Arnheim, 31. August 1899

...Gott gebe, dass die Gefahr des Krieges sich wendet und dass alles ein gutes Ende im Frieden findet ...

Sie blieb bis nach dem Krieg in den Niederlanden und kehrte dann nach Pretoria zurück. Viele Jahre lang arbeitete sie als Musiklehrerin und wohnte in einem Haus in der Kotze Street in Sunnyside, Pretoria. Heute ist die Strasse mit hohen Wohnblocks überbaut. Esmé Evrard (Familie der Familie von Alida) erzählte mir, dass sie früher mit meiner Tante Riek Euritme (sic) hatte. Dabei handelte es sich um eine Art rhythmische, harmonische Körperbewegung, von der man damals annahm, dass sie für die Entwicklung der Konzentrationsfähigkeit beim Musikstudium wichtig sei.

Es war jedoch Herman Johan Hollenbach (5.9.1881, Arnheim - 20.1.1961, Pretoria), der sich einen bleibenden Namen erwarb. Während des dreijährigen Burenkrieges war er zunächst Mitglied des niederländischen Korps, dann des Fauresmith-Kommandos, wurde dreimal verwundet und erhielt später das *Lint voor Verwonding* (Ehrenband für Verwundete).

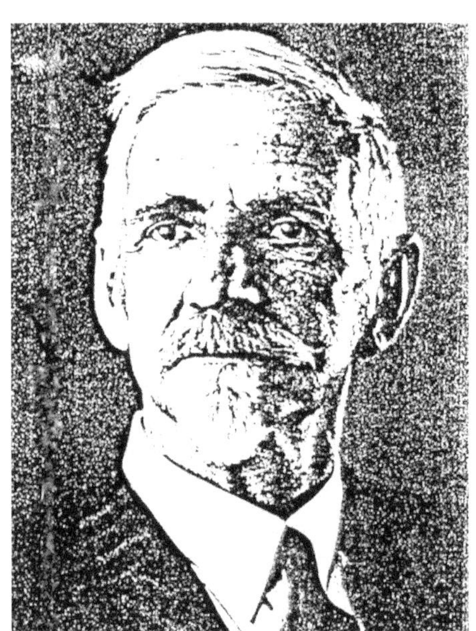

Nachdem er einige Jahre in der Nähe von Ermelo unterrichtet hatte, ging er 1909 nach Pretoria, um ein Vollzeitstudium der Pädagogik aufzunehmen. Da er sich wie der Rest seiner Familie sehr für Musik interessierte, muss er Hendrika gelegentlich über den Weg gelaufen sein. Nach seinem Studienabschluss begann er in Johannesburg zu unterrichten. Als er 1939 in den Ruhestand ging, hatte die Schule in Turffontein, deren Direktor er war, 900 Schüler und 27 Mitarbeiter. Sie wurde zur Mutter von etwa einem halben Dutzend ähnlicher Schulen.

Er heiratete Maria Hendrika Booysen (19. September 1892 - 12. Juli 1980) und die beiden hatten sieben Kinder.

Carel Arnold Hollenbach schreibt über ihn:

Oom Herman

In D.R. Forsyths Gedenkausgabe «Die Medaljerol», (the Roll of Honour) werden 14,413 Namen von 13,751 Bürgern genannt, die mit der Anglo-Boer-Kriegsmedaille (ABO oder Anglo-Boereoorlog-medalje) und 662 Offizieren, die mit der Decoration for Faithful Service (DTD oder Dekorasie vir Troue Diens) ausgezeichnet wurden. Von diesen Männern erhielten 1,050 auch den Orden für im Anglo-Buren-Krieg 1899 –1902 erlittene Verwundungen (LVW Lint vir Verwonding).

Der Antrag von (Herman) auf Verleihung des Lint vir Verwonding im Jahr 1949 lautet wie folgt

Hermansrus, Leslie
26. September 1949
Die Sekretaris vir Verdediging (Verteidigung)
Verdedigingshoofkwartier,
Pretoria

Sehr geehrter Herr,

Ich bin ein Bittereinder des dreijährigen Krieges und habe vor langer Zeit meine Kriegsmedaille erhalten. Auch ich wurde im Laufe des Krieges dreimal verwundet – das erste Mal bei Driefontein in der Nähe von Belmont, OVS, durch den linken Fuss, dann noch einmal bei Witrand, Carolina-Distrikt, durch die rechte Hand und dann bei Smaldeel, OVS, wo ich eine Verwundung durch den Schrapnell einer Bombe zwischen den Schultern erhielt. Nun habe ich in den Zeitungen gelesen, dass wir für jede Verwundung ein Band erhalten können, das wir an der Medaille befestigen können. Ich bitte Sie daher, mir diese Bänder so bald wie möglich zuzusenden – ich möchte sie bei der Einweihung des Voortrekker-Denkmals tragen.[46] *Ich lege Ihnen die Quittung bei, die ich 1921 als Gratifikation erhalten habe - 20 £. Ich würde das Dokument gerne zurückbekommen und würde mich freuen, wenn Sie es zurückschicken könnten, sobald Sie damit fertig sind.*

Mit bestem Dank im Voraus
Ihr treuer Diener H.J. Hollenbach

---

[46] Das Voortrekker-Denkmal befindet sich auf einem Hügel südlich von Pretoria und wurde zum Gedenken an die Voortrekker errichtet, die die Kapkolonie für den Norden Südafrikas zwischen 1835 und 1854 verliessen. Es wurde am 16. Dezember 1949 eingeweiht.

Das offizielle Antragsformular, das er ausfüllen musste, um das Band zu erhalten, bestätigt, dass er in den Kommandos von Fauresmith und Ermelo diente. Die Offiziere, unter denen er diente, waren:

Kommandant Dirk Herzog
Klein Adriaan de la Rey
Kommandant Rooi Jan Davel und
Kommandant W.J. Bührmann (später Senator)

Diese waren bereits seit Langem tot, und er selbst legte eine eidesstattliche Erklärung vor, in der er seine Verwundungen bezeugte. Die vom Generaladjutanten der Union Defence Force unterzeichnete Urkunde mit dem darauf angebrachten Band liess er sich rahmen. Sie hing bis zu seinem Tod in seinem Arbeitszimmer.

Das Archiv der südafrikanischen Streitkräfte mit seinen über 14,000 Antragsformularen für die ABO-Medaille und das DTD ist eine wahre Schatzkammer an Informationen. Jeder Antrag beschreibt den Kriegsverlauf der damit verbundenen Person. Das Formular von Herman Johan Hollenbach bezeugt, dass er an den folgenden Schlachten und Operationen teilgenommen hat:

Rooilaagte, Belmont, Magersfontein, Driefontein, Brandfort, Vetrivier, Vereeniging, Orange Grove, Pretoria, Donkerhoek, Machadodorp, Graskop, Witrand, Generaal Opperman's Schlacht, Bakenlaagte und danach Guerilladienst.

Um auf die Briefe aus dem Burenkrieg zurückzukommen. Ich konnte nur eine Postkarte finden, die von meinem Onkel geschrieben wurde. Sie trägt einen Datumsstempel Hoofdlager, 9. Oktober 1899, also zwei Tage vor Kriegsbeginn. Dieser Stempel ist aus philatelistischer Sicht an und für sich schon wichtig. Die Postkarte ist an seine Eltern (meine Grosseltern) in Pretoria adressiert und lautet wie folgt:

Sandspruit, Freitag

Lieber Vater und liebe Mutter
Wir sind nun an dem uns zugewiesenen Ziel angekommen. Es ist furchtbar kalt und wir trauen uns kaum aus dem Zelt. Ansonsten sind wir bei guter Gesundheit. Das Essen ist zwar etwas dürftig, aber es ist in Ordnung. Hier liegen Kommandos aus Pretoria, Krugersdorp, Middelburg, Heidelberg, Standerton und Ermelo. Hier sind es viel mehr

als in Johannesburg. Wir haben gerade unser Quartier verlegt – in Richtung einer guten Wasserversorgung. Wie geht es Euch und auch den Vögeln?

Diese Postkarte wurde im «Anglo-Boer War Philatelist» vom September 1990 beschrieben, und bei der Einführung der Tatsache, dass die Buren bereits am 9. Oktober 1899, zwei Tage vor Kriegsausbruch, an der Grenze zu Natal stationiert waren, wurde der folgende Kommentar abgegeben.

«Die beiden Republiken erwarteten offensichtlich einen Krieg und waren darauf vorbereitet!»

Nach dem Krieg wurde mein Onkel Herman Lehrer. 1918 wurde er Direktor der Turfonteinse Afrikaansmediumskool (Turffontein Afrikaans-Medium-Schule). Auf seine Initiative hin war dies die erste Schule auf dem Witwatersrand mit Afrikaans als Unterrichtssprache. Darüber hinaus war er ein kultureller Führer, nämlich Gründungsmitglied der Afrikaanse Kunsvereniging (Afrikaans-Kunstvereinigung) in Johannesburg und Mitglied des Handhawersbond (Union der militanten Verteidiger). Es würde mich nicht überraschen, wenn er entweder ein Gründungsmitglied oder eines der ersten Mitglieder des Afrikaner Broederbond war, da er eng mit Männern wie L.J. Erasmus, dem Sekretär dieser Organisation, zusammen-arbeitete. Sein Name erscheint einige Male in Stals «Afrikaners in die Goudstad» (Afrikaners in der Goldstadt).

Es war für mich interessant, im Onderwyserblad (Lehrerblatt) vom Januar 1972 zu lesen, dass er keine Kaki-Uniformen[47] für Schulkadetten zuliess. Er erwirkte eine Ausnahmegenehmigung für das Tragen von blauen Shorts und weissen Hemden.

Mit seinem Engagement für die intellektuelle und kulturelle Förderung der Afrikaans-Sprache und Kultur gehörte er zu den führenden Köpfen der Afrikaner-Nation, die sich um die Hebung des Bildungsniveaus ihres Volkes bemühten. Nur so konnte sein Volk von den politischen Rechten und Privilegien profitieren, die ihm die neue Verfassung der Südafrikanischen Union einräumte. Er betonte, dass er alle seine Landsleute im Bewusstsein

---

47 Kaki war die Farbe der englischen Streitkräfte.

einschloss, und sorgte dafür, dass die benachteiligten Schüler jeden Tag eine Schüssel Suppe und etwas Brot erhielten. Er bestand auch unbedingt auf der Zweisprachigkeit, einem in der Verfassung verankerten Recht, und weigerte sich, irgendwelche an seine Schule gerichtete Briefe auf Englisch zu beantworten.

Er war ein führendes Mitglied der Schulleiterkonferenz des *Transvaalse Onderwysersvereeneging Hoofbestuur* (Transvaal-Lehrerverband) und wurde von seiner Gemeinde und seiner Familie, die neben vielen anderen Nachrufen, die nach seinem Tod in den Zeitungen erschienen, eine bewegende Grabrede für ihn verfasste, als Mitwirkender anerkannt und respektiert.

Aus heutiger Sicht können wir ihn ohne Zweifel als einen der frühsten intellektuellen Führer des afrikanischen Volkes identifizieren, einen fanatischen Reaktionär, frommen Anhänger der Niederländisch-Reformierten Kirche und bekannten Teilnehmer an verschiedenen kulturellen und politischen Organisationen, die den Afrikaans-Nationalismus förderten und die britische Sprache und Präsenz entschieden ablehnten. Zweifellos gehörte er zu den ersten Mitgliedern des Broederbonds, des ausschliesslich männlichen, calvinistischen und nationalistischen Geheimbundes, den Jan Smuts als «gefährliche, gerissene, politisch-faschistische Organisation» bezeichnete, wie sein Neffe andeutet, der auch eines der rigorosesten und erfolgreichsten Affirmationsprogramme der Weltgeschichte anführte. Sie führte zur Gründung der Ossewabrandwag[48], zur politischen Apartheid und schliesslich zum Austritt der Südafrikanischen Union aus dem britischen Commonwealth und zur Gründung der Republik Südafrika. Ein Zitat von ihm, das in einer Afrikaans-Zeitschrift veröffentlicht wurde, verdeutlicht seine fundamentalistisch-konservative Haltung:[49]

> *Die meisten Menschen genossen die Werke der älteren Schriftsteller, wie (Jacob) van Lennep, Dr. Jan ten Brink, Justus van Maurik, Mevr. Bosboom und so weiter. Bücher wie Parias von M. Kruseman und andere, die in diesem Geist geschrieben haben, wurden in*

---

[48] Die Ossewabrandwag, auf Deutsch Ochs Wagen-Brandwache, war eine antibritische Organisation in Südafrika während des Zweiten Weltkriegs, die sich gegen die Teilnahme Südafrikas am Krieg aussprach. 1939 von deutschfreundlichen Afrikanern gegründet, war die Ossewabrandwag ein Rückfall auf den Grossen Treck in Ochsenkarren. Angeführt wurde sie von Johannes van Rensburg, dem ehemaligen Justizminister unter Smuts, der ein Bewunderer Nazideutschlands war.

[49] Aus *Brothers in Arms: Hollanders in the Anglo-Boer War* by Chris Schoeman Random House Struik 2012 ISBN 978-1770223400

diesem Land nicht besonders geschätzt, da die Umstände, die solche Bücher notwendig machten, hier nicht verstanden wurden. Meiner Meinung nach schaden diese Bücher dem moralischen Charakter unseres Volkes mehr als sie ihm nützen.

Mit dieser Haltung – belesen, nachdenklich, selbstgerecht – gehört er zu den führenden Pädagogen einer Generation, die das Apartheidsystem schuf.

Von ihren Weltanschauungen her waren Hendrika und er unüberbrückbar weit voneinander entfernt. Sie hätte sich kaum mit einem «Volk» identifiziert und hatte nichts mit dem calvinistischen Christentum gemein. Obwohl sie Johannesburg regelmässig einige Male im Jahr besuchte, erwähnt sie nie, dass sie bei ihm oder seiner Familie wohnte, sondern nur in einem Hotel und später, als sie auf ihr Visum zur Rückkehr nach Europa wartete, bei der Familie Adler in der Nähe von Johannesburg, bis sie zu ihrem jüngsten Bruder Carel Arnold in Umbogentwini, Natal, ging.

Fast alles, was wir überhaupt über den zweiten Sohn der Familie, Hans Georg Hollenbach (1882 Arnheim - 1945 Ermelo), wissen, verdanken wir den Erinnerungen seines Neffen:

My Oom Hans

Ich erinnere mich an meinen Onkel Hans aus meiner Kindheit. Er war ein grosser, muskulöser Mann, der Cello spielte. Er war Geschäftsführer der Gebrs. Stolp (Gebrüder Stolp), einer Ladenkette mit Hauptsitz in Ermelo und Filialen in einer Reihe von Städten im Osttransvaal. Onkel Hans starb im Jahr 1945.

Ich habe mich oft gefragt, ob Hans Georg Hollenbach, der 1882 geboren wurde und daher bei Kriegsausbruch 17 Jahre alt war, in einem Kommando war. Im November 1995 erhielt ich aus heiterem Himmel einen Telefonanruf von George Vorster.

George Vorster erzählte mir, dass er lange Zeit am Gymnasium von Ermelo unterrichtet hat, dass er in den Ruhestand gegangen ist und sich mit der Organisation des Schularchivs beschäftigt hat. Er war auf der Suche nach Informationen über meine Tante Elise Sophie Hollenbach, die von der Gründung der Schule im Jahr 1915 bis zu ihrer Pensionierung im Jahr 1935 Deutschlehrerin am Gymnasium Ermelo war.

Das war die Gelegenheit, auf die ich schon lange gewartet hatte. Schon seit Langem wollte ich mehr über meine Familie erfahren, die nach dem Burenkrieg von Pretoria zunächst auf die Farm Rietvlei im Distrikt Ermelo und dann nach Ermelo selbst gezogen war. Ich vereinbarte einen Termin für ein Treffen mit George Vorster.

George Vorster war freundlich und hilfsbereit. Er nahm mich mit zu Rudolph Bührmann, der im SAVF-Heim wohnte.[50] *Rudolph Bührmann wurde 1905 geboren und war jetzt 90 Jahre alt. Er kannte meinen Vater und meine beiden Onkel Hans und Herman (Spitzname Boelie) und erzählte, dass Onkel Hans während des Burenkrieges im Sanitätsdienst von Dr. Jurriaanse gewesen war und er nach dem Krieg ein Geschäft auf Rietvlei betrieb. Obwohl sie ein wenig von unserem Vorhaben abweicht, möchte ich die folgende Geschichte erzählen, so wie Rudolph Bührmann sie mir erzählt hat.*

Die britischen Truppen organisierten einen Marathon Ermelo-Kafferspruit-Ermelo und Onkel Hans kam zur Anmeldung. Er lief in Rohlederhosen und hohen Stiefeln und er gewann. Ich konnte das glauben, denn mein Vater erzählte mir, dass Hans als Jugendlicher regelmässig die Posttasche von Rietvlei nach Ermelo und hin und zurück trug,[51] *wobei er die ganze Strecke lief. Mein Grossvater betrieb auf der Rietvlei eine Postagentur. Sie hiess Neu Arnheim, nach seiner Geburtsstadt in den Niederlanden. (Angeblich hatte er den Namen Nieuw Arnhem beantragt, aber die britische Oberherrschaft genehmigte nur die anglisierte Form New Arnhem.)*

Einige Zeit danach erhielt ich den folgenden Brief von Rudolph Bührmann:

SAVF-Huis, Ermelo
23. Februar 1996

Lieber Carel,
ich habe Deinen Brief vom 12. Februar erhalten, in dem Du auch einige weitere Fragen stellst. Es tut mir leid, dass ich mich nicht näher

---

50 Suid-Afrikaanse Vrouefederasie Altersheim der Südafrikanischen Frauenvereinigung

51 Eine Entfernung von etwa 18 Kilometer

erkundigt habe, als die Gelegenheit dazu bestand. Ich muss es als etwas betrachten, das in der Vergangenheit geschehen ist.

Das Feldlazarett Uitkomst befand sich in einem Bauernhaus des Kommandanten Bührmann auf dem Bauernhof Uitkomst, der zum Bauernhof De Emigratie gehörte. Kommandant Bührmann war der Besitzer des benachbarten Bauernhofs Willemsdal. Er heiratete ein Mädchen aus dem Boland (dem Hochland). Für sie war der einzige geeignete Bauplatz auf Willemsdal zu weit entfernt und ausserhalb der Sichtweite der Gebäude von De Emigratie. Dann teilte Grossvater H.T. die +- 500 Morgen mit einem geeigneten Bauplatz für seinen Sohn Willem (Commandant W.H.B.) auf und ein Teil von Klipfontein wurde zu De Emigratie hinzugefügt.

Die CNO-Schule[52]*, die am 9. Februar 1903 eröffnet wurde, wurde ebenfalls auf Uitkomst gebaut. Die Schule zog ein oder zwei Jahre später nach Ermelo um, behielt aber ihren Namen bei. Auf demselben Grundstück befindet sich auch ein Mädchenwohnheim, das Uitkomst Meisjes Tehuis. Aber das hat seine eigene Geschichte.*

Nun zu Dr. Jurriaanse. In der Familie meiner Eltern und auch in der nächsten Generation herrschte eine enorme Wertschätzung und Respekt für die Arbeit von Dr. Jurriaanse, vor allem während des Krieges. Es gibt ein Manuskript von Dr. C. De Jong aus Pretoria über ihn, oder es ist vielleicht schon veröffentlicht worden. Ich vermute, dass darin auch einige Details über Onkel Hans zu finden sein werden. Ich habe einige Informationen von seiner (Dr. J's) Tochter, Frau Anna Visser, Belfast Outetehuis. Daher kann ich Ihnen aus all den Telefongesprächen Folgendes mitteilen.

Dr. Jurriaanse floh aus dem Oranje-Freistaat und landete im Kommando von General Tobias Smuts, wo er Kommandant W.H. Bührmann traf. Er zog dann mit diesem Kommando zusammen. Ob er damals noch seine Feldambulanz hatte, ist nicht klar – das Manuskript von Dr. De Jong wird dies klären können. Laut Frau Visser hat der Arzt das Bein Ihres Onkels Hans «gerettet». Ob es wegen einer Wunde oder

---

[52] CNO-Schulen wurden ab 1903 als Widerstand auf die Anglisierungspolitik von Lord Milner gegründet. CNO steht für Christelik-Nasionale Onderwys oder Christliche Nationale Erziehung, die 1948 bis zu den demokratischen Wahlen von 1994 die vorherrschende Politik des gesamten südafrikanischen Bildungswesens wurde.

einer Entzündung war, ist nicht klar. Er gehörte zu einem Kommando, aber ich weiss nicht, in welcher Funktion. Als das Krankenhaus in Uitkomst eingerichtet wurde, war dein Onkel Hans sein Assistent.

Das Haus von Kommandant Bührmann wurde als Krankenhaus eingerichtet und aus diesem Grund nicht niedergebrannt. Seine Frau und seine Tochter lebten weiterhin im Haus, ebenso wie das Kind seiner Schwester, Grieta Sluiter. Auch sie half dem Arzt. Dr. J. heiratete sie nach dem Krieg. Sie (Frau Visser) erzählte, dass ihre Mutter einmal mithelfen musste, als einem Mann das Bein amputiert werden musste. Sie musste das Bein festhalten, und als sie aufblickte, hielt sie das abgetrennte Bein in ihren Händen. Ob die Operation unter Narkose durchgeführt wurde, ist nicht bekannt. So viel zu Anna Visser.

Meine Stiefmutter, Sarah Smuts, erzählte mir, dass Dr. Jurriaanse ihrem Mann Gideon Smuts eine Kugel oder einen Teil davon ohne Betäubung entfernte.

Das Datum meiner Geburt ist der 28. August 1905.

Herzliche Grüsse und viel Erfolg
J.R. Bührmann Jsn
Im Allgemeinen Rudolph genannt.

PS. Ich mag die Bezeichnung Burenkrieg nicht. Es war der englische Krieg.

Mein Onkel Hans war also definitiv in den Krieg verwickelt.

Hans war also für den Betrieb des Ladens in Rietvlei verantwortlich, was zeigt, dass er seiner Familie nahe blieb, beim Aufbau ihrer Farm und Handelsstation half und weiterhin in Ermelo lebte und arbeitete. Er heiratete Olga Nicholson und ihr einziger Sohn, William Nicholson Hollenbach, fiel im Zweiten Weltkrieg, als er als Pilot in der südafrikanischen Luftwaffe diente.

Was diese beiden Brüder betrifft, so sei daran erinnert, dass Hermann bei Kriegsende 21 und Hans, 20 Jahre alt, waren. Die beiden waren, wie viele ihrer Landsleute, harte, schroffe Individualisten, kompromisslos und mit einer tiefen Abneigung gegen die britische Herrschaft. Ihre Einstellung wurde von Generation zu Generation weitergegeben und prägt bis heute in gewisser Masse die südafrikanische Politik. Die beiden unterscheiden sich von ihren drei anderen Geschwistern – waren sie doch von Anfang an natürliche Gefährten aufgrund ihres Alters, ihres Geschlechts und der Umstände ihrer Erziehung. Im Gegensatz zu Hendrika, die fünf Jahre älter war als Lies und bereits in einem Alter, in dem sie eine verantwortliche Rolle bei der Betreuung des jüngsten Jungen Carel Arnold spielte, blieben die drei anderen bis zum Schluss emotional verbunden, was auch immer ihre individuellen Ansichten gewesen sein mögen.

Elise Sophie (Lies) Hollenbach (1884 Arnheim - 1962 Pretoria) verbrachte ihr Berufsleben als Lehrerin in Ermelo, zuletzt 21 Jahre lang als Deutschlehrerin am Gymnasium von Ermelo, und war nie verheiratet. Aus Hendrikas Briefen geht hervor, dass sie in den Jahren, in denen sie nach der Schule studierte, ein gewisses Interesse an Anthroposophie zeigte und möglicherweise sogar die Leute in der Motzstrasse 17 kennenlernte oder gar Rudolf Steiner hörte. Im Kontext ihrer Arbeit und ihrer Lebensumstände in Ermelo ist es jedoch verständlich, dass Lies von dem Gedanken abgeneigt war, ihre Schwester mit ihrer durch und durch europäische Art, ihren anthroposophischen Überzeugungen und ihrer unverblümten Unabhängigkeit sich inmitten der konservativen, kleinstädtischen Afrikaans-Gemeinschaft um sie herum niederlassen könnte. Das hätte nur allzu leicht zu inneren Konflikten, zu Klatsch und Tratsch in der Stadt führen können, etwas, das eine staatliche Lehrerin nur ungern auf sich genommen hätte. Nachdem Hendrika sich in Pretoria niedergelassen hatte, gab es keine weiteren Probleme zwischen den Schwestern oder ihrer Mutter, und den erhaltenen Briefen nach zu urteilen, scheinen die drei ein grosses Interesse am Leben der anderen gehabt zu haben. Aus diesen Briefen wissen wir, dass Lies und ihre Mutter gemeinsam in Liesens Haus in Ermelo lebten. Hendrikas Vater war 1915 gestorben, aber da Hendrika weiterhin Briefe und Geschenke mit ihrer Mutter zu festlichen Anlässen austauschte, können wir sicher sein, dass die zwischenmenschlichen Beziehungen stets eng blieben.

Das zeigt dieser Auszug aus einer Postkarte, die Hendrika am 3. Juni 1937, kurz vor dem Tod ihrer Mutter, aus Pretoria schickte. Die Vorderseite ist aufgrund der Poststempel grösstenteils unleserlich, aber sie berichtet von ihren Erlebnissen an ihrem Geburtstag ein Monat zuvor.

2. Seite:

... Ich hatte erst drei Klavierstunden zu halten und danach eine Stunde, um eine versäumte Damen-Eurythmiestunde nachzuholen. Aber es kamen herrliche Blumen von Branda, von Frau Van M. (vermutlich Maarseveen) und Ernst und von du Toits und ein Telegramm mit guten Wünschen von Frau Malan. Von Mutter kam schon am

Dienstagnachmittag ein freundlicher Brief, zusammen mit einer Postanweisung, und am Donnerstag kam noch ein schöner Brief von Ellie; und denke ... ein herzlicher Brief von Rita. Es war das erste Mal, dass dies geschah, und von Carel kam auch eine Karte aus Kopenhagen. Ausserdem Eau de Cologne von Frau v. M. und eine Flasche Lavendelwasser von einer der Schülerinnen, ein Taschentuch von Frau Ross. Miss ... kam auch mit Gladiolen und Nelken.

Ist alles in Ordnung mit Euch? Alles Liebe, ok! Und nochmals vielen Dank für dein Geschenk.

Herzliche Grüsse, Riek

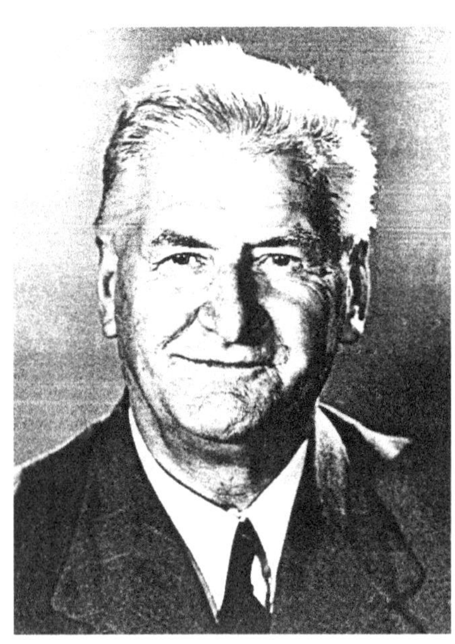

Es scheint, dass die Persönlichkeiten, über die sie schreibt, keiner Vorstellung bedürfen und wahrscheinlich bei früheren Besuchen ausführlich mündlich besprochen wurden. Nach ihrer Pensionierung zog Lies nach Pretoria und wurde ein aktives Mitglied der dortigen anthroposophischen Zweig, wie in einem späteren Kapitel beschrieben wird.

Carel Arnold Hollenbach (20. Januar 1886 Arnheim - 29. Mai 1954 Umbogintwini) war der jüngste Bruder und kommt in dem von seinem Sohn Carel Arnold II. zusammengestellten Familienalbum und der Dokumentation am ausführlichsten vor. Er war zweifellos das lebenslustigste, am meisten weltmännische Mitglied der Familie, reiste viel, korrespondierte mit Menschen in der ganzen Welt, trieb Sport wie Jagen, Segeln und Reiten und verbrachte viel Zeit in dem von ihm erbauten Strandhaus in Umbogentwini, 15 Meilen (ca. 24 km) südlich von Durban. Im September 1915 heiratete er Muriel Maud Uys, und in den nächsten 20 Jahren hatte das Paar elf Kinder. Sein Sohn schreibt Folgendes über ihn:

My Pa

Wie bereits erwähnt, war mein Vater bei Kriegsausbruch 13 Jahre alt und hat nicht mitgekämpft. Sein Beitrag zu dieser Arbeit ist die Tatsache, dass er die oben erwähnten Postkarten aufbewahrt hat. Ich glaube nicht, dass er sie aufbewahrt hat, weil die darauf befindlichen Botschaften von historischer Bedeutung sein könnten, oder weil sie Teil der Familiengeschichte sind. Er bewahrte sie nur auf, weil er ein Briefmarkensammler war und die Postkarten philatelistische Gegenstände waren. Denn die Briefmarken waren aufgedruckt, d. h. die Postkarten wurden am Schalter der Post gekauft. Dieses Hobby meines Vaters versetzte mich in die Lage, mehr als dreissig Jahre nach seinem Tod auf der nationalen Philatelie-Ausstellung in Paarl 1987 eine silberne Auszeichnung mit der Gravur «Die Familie Hollenbach in Suid-Afrika» zu erhalten.

Er starb im Jahr 1955. Tatsächlich wurde sein Hobby in einem kurzen Bericht in einer Zeitung aus Natal unter dem Titel «Steunpilaar Ontval NP» (Säule der Unterstützung fällt weg) erwähnt:

«Der verstorbene Herr Hollenbach hinterlässt eine Witwe und elf Kinder ...

Im Laufe der Jahre hat er eine wertvolle Briefmarken-sammlung aufgebaut.»

Als Carel zu Beginn des Ersten Weltkriegs für den Einmarsch in Deutsch-Südwestafrika angeworben wurde, weigerte er sich, für die Briten – dem ehemaligen Feind – die Deutschen anzuschliessen. Er wurde verhaftet und verbrachte eine kurze Zeit im Gefängnis. Das überzeugte ihn, seine Pläne zu revidieren. Er meldete sich unter der Bedingung, dass er keinen einzigen Schuss gegen einen Deutschen abgeben musste.

Er führte ein Tagebuch über seine Erlebnisse während des Feldzugs durch Südwestafrika von Donnerstag, dem 27. April 1915, bis Mittwoch, dem 4. August 1915, als die Deutschen kapitulierten. Das Tagebuch bestätigt, dass er nur Wild für die Küche schoss.

Nach dem Krieg gründete er in Amersfoort, einer kleinen Stadt etwa 60 Kilometer südlich von Ermelo, sein eigenes Unternehmen: C.A. Hollenbach – Bauunternehmer und Händler für Bau-, Zaun- und Wagenbaumaterialien, Kohle usw. Er entwarf und baute auch mehrere Häuser in Amersfoort, wo er sich mit seiner Familie niederliess und in dessen Haus seine Mutter ihre letzten Tage verbrachte.

Obwohl er die Apartheid-Regierung grundsätzlich unterstützte, waren seine Ansichten flexibler als die seiner älteren Brüder, und er war im Allgemeinen viel weltoffener. Er führte einen regen Briefwechsel mit Menschen in Europa und Südafrika, wobei er eher aktiv und praktisch als intellektuell vorging.

Seine Kinder erinnerten sich an die zentrale Rolle, die die Musik in ihrem gemeinsamen Leben spielte und die er stets förderte, auch wenn nicht erwähnt wird, welche Instrumente sie alle spielten. Ein Konzert und ein Musiker werden auch auf einer der drei Postkarten erwähnt, die ihm Hendrika schickte und den Weg ins Familienarchiv fanden.

Sie schickte sie am 6. November 1930 aus Pretoria:

Herr C.A. Hollenbach
Bus 39
Amersfoort
Sonntag

Lieber Carel,

Heute habe ich von Fräulein Nieuwenhuys gehört, dass Else Pison und ihre Grossmutter zurück sind, aber sie waren auf einem Frachtschiff, mit dem Lies nicht gefahren ist. Ich habe mir überlegt, warum wir noch keinen Bericht gehört haben …

Dann, auf der nächsten Seite:

Sag mir Bescheid, wenn du etwas hörst, ja? Hier ist alles in Ordnung. Kommst du nicht, um Joop zu hören?

… Ist das Konzert gut gelaufen?

Herzliche Grüsse auch an Muriel,
Riek

***

Hendrika hat sich also in Pretoria selbstständig gemacht und musste alles von Grund auf neu aufbauen. Als Erstes, wie wir im vorigen Kapitel gesehen haben, hat sie eine Eurythmie-Aufführung und Demonstration organisiert, um bekannt zu geben, dass sie wieder in Pretoria arbeitete. Als Nächstes organisierte sie eine Eurythmietournee mit Einführungsvorträgen zusammen mit zwei ihrer englischsprachigen Eurythmistenkolleginnen vom Goetheanum, Winifred Grafton und Ingrid Gibb. Sie reisten 1927 dorthin. Wir wissen, dass dies geschah, doch wurden keine Einzelheiten darüber überliefert, wo und welche Auswirkungen es gehabt haben könnte. Sie machte die Eurythmie zumindest bei einer kleinen Anzahl künstlerisch engagierten Menschen bekannt und schuf eine Basis, von der aus sie Schüler und interessierte Freunde anziehen konnte. Zwei Jahre später bringt der folgende Brief Marie Steiner auf den neuesten Stand:

Pretoria, 30. Juni '29,
180 Blackwoodstr.

Liebe Frau Doktor!

Neulich sind einige Snapshots genommen, gelegentlich einer kleinen Schüler-Aufführung, wo ich zwischen Klavier und Gesangsnummern in der Hauptsache Toneurhythmie vorführte. Ich hoffe, es wird Sie interessieren, einige davon zu sehen. Am Ende des Jahres hoffe ich wieder eine grössere Eurhythmie-Aufführung im Stadsaal zu geben, wo auch alle Gedicht-Gruppen und Soli vorgeführt werden sollen. Obschon die Schülerzahl sich nicht sehr vergrössert, sind doch recht begeisterte Eurhythmistchen darunter, und neulich hatte ich die Freude, dass eine der erwachsenen Schülerinnen, die nach Absolvierung des «Technical College» eine Stellung hatte suchen müssen und dadurch vorläufig die Eurhythmie aufgeben musste, mit einer Freundin mich bitten kam um Privatstunden nach Bürozeit. Es hat sich jetzt noch eine Dritte dazu gefunden, und wir hoffen, es zu einer kleinen Klasse auszubreiten. Doch habe ich das Gefühl, dass es gut sein würde, wenn sich allmählich mehr Lehrkräfte ausbilden könnten, sei es denn auch nur, dass Lehrerinnen es mit ihren Schulkindern üben könnten. Ich sprach also mit dem Rektor des Normal College,[53] ihn bittend, die Studenten auf die neu-entstandene kleine Klasse aufmerksam zu machen. Er hatte meiner Aufführung im Stadsaal im letzten November beigewohnt, und davon den Eindruck bekommen, dass Eurhythmie pädagogisch etwas ausserordentlich Gutes sei. Gleich nachher schickte er mir seine beiden Töchterchen, und auch jetzt bei unserem Gespräch schien er durchaus der Meinung zu sein, dass Eurhythmie in der Tat kulturbildend wirken könne in diesem Lande, wies aber darauf hin, dass die Studierenden schon furchtbar überlastet sind und wenig Zeit übrig haben durch die Examen-Forderungen. Er würde aber darauf aufmerksam machen und seine Frau schlug gleich vor, die ältere Tochter teilnehmen zu lassen. Da aber jetzt ein Monat «Winterferien» ist, gehen alle Familien, die es tun können, nach der Küste, sodass ich wohl werde warten müssen bis Anfang August – Jedenfalls hoffe ich, dass das mittlere Mädchen was Sie sehen auf den Bildchen zu drei, sich allmählich zu meinem Assistentchen herausbilden wird. Sie ist erst 15 Jahre alt und

---

53 Pretoria Normal College, heute University of Pretoria Faculty of Education.

muss auch für Lehrerin studieren, was angesichts der geringen Bezahlung der Eurhythmie auch viel besser ist, aber sie ist begabt, liebt es und scheint mir nach vielerlei Richtung hin geeignet. Schön wäre es, wenn sie eine Zeit in Dornach sein könnte, aber die Mutter hat es finanziell schwer, und überhaupt werden wir jetzt daran noch nicht denken können.

Ich hoffe sehr, dass es Ihnen und die Arbeit gut geht.
Es grüsst Sie recht herzlich Hendrika Hollenbach.

Von hier an sind die einzigen Aufzeichnungen, die wir haben, die Briefe, die Hendrika in unregelmässigen Abständen an Marie Steiner schrieb, zusammen mit den Fotos, die sie nach Dornach schickte. Da sie eine faszinierende Dokumentation einer bisher völlig unbekannten Initiative und Zeitspanne der Anthroposophie in Südafrika darstellen, erscheinen sie vollständig und ungekürzt und falls erforderlich, mit einem Kommentar zur Verdeutlichung.

Hendrika war bereits seit drei Jahren wieder in Südafrika, als sie diesen Bericht schrieb, und war 49 Jahre alt. Es war ein einsamer, aufopferungsvoller Weg, den sie eingeschlagen hatte, und die dort durchlebten Kämpfe sind durch die Worte deutlich zu spüren. Alle Menschen, die zu ihrer Gruppe gehörten, waren wesentlich jünger und aus der Sicht ihrer Erfahrung in der Anthroposophie, völlige Anfänger. Sie hatte keine Gleichaltrigen, mit denen sie geistig auf Augenhöhe hätte arbeiten können, und ihre Familie lebte weit weg. Doch von Jammern keine Spur, nur der Wille, die Schwierigkeiten zu überwinden und die aufkeimende Hoffnung, dass eine ihrer Schülerinnen später zu ihrer Assistentin werden könnte.

Das erwähnte 15-jährige Mädchen hiess Ellie van Maarseveen und ihre Familie stammte aus den Niederlanden. Ihre Mutter war eine der ersten in Pretoria, die sich zusammen mit Hendrikas Pianistin, Frau J. du Toit, für die Anthroposophie interessierte und in einer kleinen Gruppe mit Hendrika zusammenarbeitete. Was wir von ihr wissen, ist in diesen Briefen enthalten, aber laut den Unterlagen am Goetheanum wurde sie 1935 Mitglied der Anthroposophischen Gesellschaft in Dornach. Nach Hendrikas Engagement für Ellies Zukunft und ihrer intimen Kenntnis der Familienangelegenheiten zu urteilen, müssen die beiden eng befreundet gewesen sein. Die Geschichte geht zwei Jahre später weiter, als Hendrika den nächsten Brief abschickt, der uns erhalten bleibt. Er wurde fälschlicherweise auf den 12. Juli 1934 datiert, obwohl aus dem Inhalt klar hervorgeht, dass er nur 1931 hätte geschrieben werden können. Dieses Mal stand er auch auf dem offiziellen Briefkopf der Pretoria School of Eurythmy and Music.

School of Eurhythmy and Music.
Miss H. Hollenbach
Phone 2796
578 Pretorius Street
Arcadia
Pretoria 12. Juli '34 (1931 oder 1932)[54]

Liebe Frau Doktor,

Es wird Sie vielleicht interessieren, wieder einmal etwas über die Arbeit hier zu hören. Es war schwer am Anfang dieses Jahres. Der Raum in einer Schule, den ich immer hatte benutzen dürfen für die Klassen, wurde mir plötzlich entzogen durch Schulratsentschluss. Ich musste einen Saal mieten und verlor (wie es oft nach den langen Sommer-Ferien geht) eine Anzahl Schüler, ohne dass genügend Neue dazukamen. Die Arbeit in Johannesburg breitete sich so wenig aus, dass ich mich entschliessen musste, sie aufzugeben, dafür aber fing ich an hier mit einigen Lehrerinnen zu sprechen und mit dem Principal der Schule, wo ich immer gearbeitet hatte (und der meine Arbeit sehr günstig empfohlen hatte bei der ersten Anfrage des Schulrates. Jeder war hilfsbereit, und so kamen bald neue Schüler, und so konnte ich im vorigen Monat wieder eine kleine Aufführung veranstalten mit 37 Schülern. Ich schliesse das Programm ein. Das junge Mädchen, das ich so sehr hoffte, Ende 1932 nach Dornach bringen zu können, entwickelt sich sehr schön. Sie ist von Anfang an bei mir gewesen (also bald 5 Jahre jetzt) und liebt die Eurhythmie sehr. Ende 1932 muss sie das Matriculation-Examen tun, und dann hofft die Mutter, sie auf einige Jahre nach Dornach schicken zu können, um sich für Unterricht in Eurhythmie und Sprachgestaltung auszubilden. Ich hoffe, dass die mehr als sechs Jahre, die sie dann bei mir gewesen ist, es vielleicht möglich machen, dass sie das Diplomstudium in zwei statt drei Jahren absolviert, denn erstens hat die Mutter es schwer, und wird es nur mit grossen Opfern bekostigen können, und zweitens wird es gut sein als hier dann allmählich eine junge Assistentin kommt. Es ist mein grosser Wunsch, sie selbst bringen zu können in den grossen Ferien '32-'33, wo ich mit einem billigen Retour-Billett des Castle Line (dritte Klasse, natürlich)

---

[54] Aus dem Kontext dieses Briefes geht hervor, dass er unmöglich 1934 geschrieben wurde, denn zu diesem Zeitpunkt war H. Hollenbach bereits von ihrer Reise zurückgekehrt. Ausserdem könnte die 4 in der Datumsangabe ursprünglich eine 1 gewesen sein, die später durch eine Markierung entstellt wurde

gerade drei Wochen in Europa sein könnte und dann zeitig wieder hier zurück. Ich möchte so gerne den Bau fertig sehen, die Mysterien-Aufführungen mitmachen, die Fortschritte in der Eurhythmie beobachten, den Sprechchor hören und noch einmal, sei es auch nur für einige Wochen, ganz in Dornach sein. Am schönsten wäre es, wenn ich Ihnen Ellie selbst vorführen könnte. Sie wird dann gerade neunzehn Jahre geworden sein. Sie ist niemals von der Mutter fort gewesen, die sie voriges Jahr in ihren Sommerferien mit einem 2-Monats-Retour mit nach Holland genommen hat, wo es sich herausstellte, dass der Vater (der eine Maschine erfunden hat, wofür er in Holland arbeitet, seine Familie aber nicht im Geringsten unterstützen kann.) sich scharf gegnerisch gegen den ihm neuen Anthroposophischen Ansichten seiner Frau verhielt, und beim Abschied nehmen erklärte: wenn Eli nach Dornach ginge sei sie seine Tochter nicht mehr. Sie selbst hat aber so fest ihren Sinn daraufgesetzt, dass das sie nicht abhalten kann, und die Mutter, die als Lehrerin ihre Kinder selbst unterhaltet, hofft, es doch möglich machen zu können. Sie ist natürlich Anthroposophin.

Die Fotos, die ich einschliesse, sind Vergrösserungen von Snapshots die ich jetzt selber dann und wann von den Kindern nehme. Die älteste Schülerin ist zwanzig. Sie war früher in einer Klasse und nimmt jetzt seit Februar Privatstunden. Meine älteste Klavierschülerin (eine 25-Jährige) spielt auch für die Klasse der Grösseren und hat auch das Bild genommen, wo ich selbst zwischen den Mädchen stehe. Eli steht rechts von mir, ganz auf der Seite. Sie ist doch diejenige, wovon es am meisten schon wird, wie Herr Doktor sagte: Der Körper muss in der Eurhythmie ganz Seele werden.

Es ist, als ob eine tiefere Seele sich offenbart, wenn sie ernstere eurythmische Sachen macht, obschon sie sonst sehr scheu und noch ganz Kind ist. Darum hoffe ich so sehr, sie wirklich nach Dornach bringen zu können. Ich habe nach der letzten Aufführung zwei neue Klavierschüler bekommen und spare schon sehr für die Reise. Ich hoffe so sehr, dass es Ihnen gut geht. Es grüsse Sie sehr Ihre Hendrika Hollenbach.

Aus den Briefen an Günther Wachsmuth entnehmen wir, dass Hendrika und Ellie van Maarseveen diese Reise tatsächlich unternommen haben, vermutlich in der Weihnachtszeit 1932 – 1933, wie sie in dem obigen Brief angibt, wenn in Südafrika die langen Sommerferien sind. Ellie blieb in Dornach an der Eurythmieschule zurück und wurde schliesslich Teil der

Gruppe der Goetheanum-Bühne. Ihre Geschichte setzt sich in späteren Briefen fort, aus denen wir erfahren, dass sie sich bald nach ihrer Ankunft am Goetheanum mit einem niederländischen Arzt namens Wegenaar verlobte und schliesslich mit ihm nach Holland zog. Dort blieb sie, während ihre Mutter weiterhin als Lehrerin in Pretoria arbeitete. Nach dem Krieg bat ihr Mann sie um die Scheidung, woraufhin ihre Mutter zurück nach Holland ging, um bei ihr zu sein.

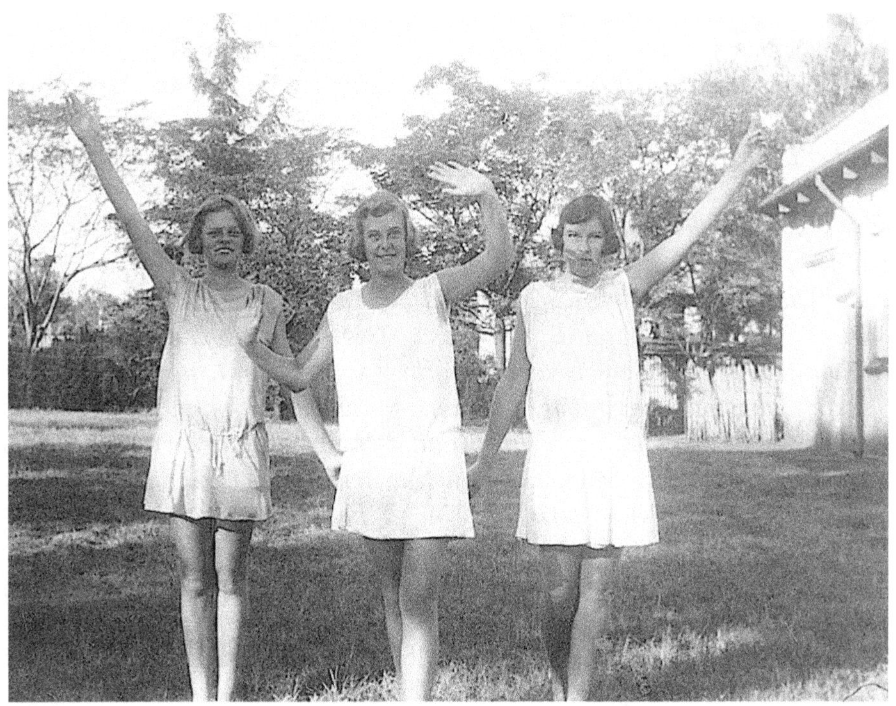

Elie steht in der Mitte

Pretoria 14. Juli (1933)[55]
120 Joubertstr.
Sunnyside

Liebe Frau Doktor,

Obwohl es mir nicht glänzend geht, habe ich neulich doch eine ganz gut aufgenommene Aufführung im Stadsaal geben können. Nicht Eurhythmie allein, sondern auch Chorgesang, ein Damen- und ein Kinderchor. Ich schicke Ihnen ein paar Snapshots, die ich dazumal nahm (April), die meisten hier im Garten genommen. Die Cousine von Eli (die

---

55 Wenngleich die Jahrzahl im Datum fehlt, können wir aus dem Kontext entnehmen, dass der Brief 1933 geschrieben wurde.

jetzt in Dornach auf der Bühne mitmacht) ist jetzt auch schon über 6 Jahre bei mir und wird sehr gut. Ein Teil aus einer Sonate von Beethoven war so, dass ich wirklich mich darüber gefreut habe. Leider ist sie verlobt und wird wohl nächstes Jahr heiraten, und da Eli sich mit Dr. Wegenaar verlobt hat, wird sie wohl auch nicht zurückkommen. Ich schaue mich schon sehr um, ob ich nicht eine Andere nach Dornach schicken könnte. Es sind zwei da, wovon die Ältere es schon machen könnte, aber natürlich, wenn sie nicht Anthroposophen sind, weiss man doch nicht, ob es dazu kommen wird.

Was mich sehr freut, ist, dass ich zum ersten Mal einen richtigen Einführungskursus in Anthroposophie abhalten kann. Zwar ganz klein, aber doch, dass vier junge Leute herzlich interessiert sind, ist schön. Es sind zwei Schwestern du Toit und ein junger Grobler mit seiner Verlobten. Jeden Dienstagabend kommen sie zu mir, und sitzen wir ums Feuer, denn Juli ist hier midwinter. Ich habe mich sehr vertiefen müssen in den grundlegenden Büchern und auch das ist schön, sonst wird es leicht so, dass man nur das «Goetheanum» liest und am Sonntagvormittag einen Vortrag vorliest und sonst nicht viel tut. Leider sehe ich nicht viel von unserem Mitglied in Johannesburg, Mrs Rishworth, aber so dann und wann schreibt sie. Ihre Freundin, Mrs Matthey, ist kurz nachdem sie auch unser Mitglied wurde, nach India verreist und arbeitet jetzt mit in «a branch of the Ramakrishna-Mission». Sehr schade, denn ich fürchte mich, dass sie vorläufig für die Anthroposophie verloren ist und Mrs R. steht wieder allein in Johannesburg. Es wird schon sehr schwierig sein, ein richtiges Zentrum aufzubauen hier, und doch hoffe ich so, dass allmählich die Anthroposophie aufgenommen werden wird!

Die 4 jungen Menschen, die jetzt zu mir kommen, haben alle zuerst einen Enquirer-Course in der Theos. Soc. Mitgemacht, ohne jedoch dort ganz befriedigt zu fühlen oder Mitglied zu werden. Wir werden natürlich sehen müssen, ob mit dem heissen Sommer der Enthusiasmus nicht wieder abflaut. Ich habe intensiv mitgelebt mit allem, was in Dornach vorgefallen ist. War sehr froh, die Denkschrift gerade am Ostermontag zu empfangen, sodass ich den ganzen Tag daran geben konnte, sie durchzuarbeiten. Es wird wohl die einzige Lösung sein, die möglich war. Ich schicke Ihnen und Herrn Steffen und Dr. Wachsmuth viele gute Wünsche aus der Ferne.

Ihre Hendrika Hollenbach

Mehr als anderthalb Jahre sollten vergehen, bevor Hendrika erneut an Marie Steiner schrieb. Dieses Mal in der Afrikaans-Version des Briefkopfes ihrer Schule.

Musiek en Euritmieskool.
Mej. H. Hollenbach
Foon 3989
578 Pretoriusstraat
Arcadia
Pretoria 8.7.34

Liebe Frau Doktor,

Endlich ein kleines Berichtchen über die Arbeit. Das erste Jahr nachdem ich in Dornach war, war ausserordentlich schwer. Jetzt fängt es an, besser zu gehen. Ich habe jetzt 4 Studentinnen bei der Eurhythmie, auch ein 23-jähriges Mädchen, dass es nicht mehr so ganz Kinderarbeit ist. Das freut mich sehr, besonders weil die Gruppe der Grösseren (acht junge Mädchen) harmonisch und interessiert arbeitet.

Auch einige ganz Kleine haben wieder angefangen, und bei der mittleren Gruppe sind nicht mehr so viele, die nicht imstande sind, etwas zu bezahlen, was voriges Jahr eine der grossen Schwierigkeiten war.

Von der kleinen Schüler-Aufführung vor zwei Wochen schicke ich Ihnen das Programm. Es war ein schöner Nachmittag. Fast alles gelang ausserordentlich gut. Ich werde mich jetzt sehr freuen, wenn die Schülerin, die ich in Dornach zurückliess, zurückkommt und neue Impulse in die Arbeit bringt. Hoffentlich wird sie Anfang nächstes Jahr das Diplom bekommen können. Es tut mir leid, dass Sie sie nicht gesehen haben. Es wäre mir eine liebe Idee, wenn Sie Ellie gesehen hätten, ehe sie hierher kommt, aber vielleicht geht das nicht. Mit den Schwierigkeiten in der Gesellschaft habe ich intensiv mitgelebt. Man ist dann dankbar, durch Briefe und Mitteilungsblätter auf der Höhe zu bleiben!

Mit herzlichem Gruss
Ihre Hendrika Hollenbach

1934 spitzten sich die zwischenmenschlichen Beziehungen innerhalb der Leitung der Anthroposophischen Gesellschaft zu, was im folgenden Jahr zum Ausschluss von Ita Wegman und Elizabeth Vreede aus dem Vorstand führte. Hendrika fiel diesen Problemen in mehrfacher Hinsicht zum Opfer, ohne sich jemals aktiv engagiert zu haben. Sie werden im nächsten Kapitel auf der Grundlage eines Briefes behandelt, den sie nach ihrer Rückkehr aus London an Günther Wachsmuth schrieb.

Es gibt noch einen letzten Brief, in dem wir etwas über ihre eurythmische Arbeit erfahren:

Pretoria 24. 11. '37
120 Joubertstr.

Liebe Frau Doktor,

Vielleicht interessiert es Sie die Bilderchen zu sehen von der Gruppe der Schülerinnen mit denen ich die letzte Aufführung gegeben habe. Es war schön jetzt auch eine Gruppe von erwachsenen jungen Mädchen zu haben, alle zwischen 20 und 30 Jahre; darunter drei junge Lehrerinnen. Ich schliesse auch das Programm und Report von Pretoria News ein. Die Aufführung war zugunsten einer allgemein bekannten Wohltätigkeits-Gesellschaft, wodurch es leichter ist, viele Billettes zu verkaufen und man wieder ganz neue Kreise mit der Eurhythmie bekannt machen kann.

Ich hoffe, dass es Ihnen sehr gut geht. Hoffentlich werde ich im Dezember in Johannesburg die dortigen Mitglieder wieder zusammenbringen können, ich werde auf einer Woche dort hingehen, und wir planen einen gemeinschaftlichen Abend, kurz vor Weihnachten von Pretoria und Jo'burg-Mitglieder zusammen.

Mit herzlichem Gruss
Ihre Hendrika Hollenbach

So war also die Geschichte der ersten Eurythmieschule in Südafrika – vielleicht überhaupt in einem nicht europäischen Land. Mehr werden wir über sie wohl sicher nicht erfahren, abgesehen davon, dass Hendrika Hollenbach ihre Schule bis Dezember 1945 weiterführte, ihre Geschäfte in Südafrika auflöste und sich auf den Weg zurück nach Dornach begab.

***

Fotos in dem kleinen Album

Folgende Bilder wurden im Laufe der Jahre an Marie Steiner geschickt, die sie in ein kleines, ledergebundenes Album einfügte. Es befindet sich heute im Rudolf-Steiner-Archiv in Dornach. Es gibt vier Fotos von der ersten Gruppe, zu der auch Ellie van Maarseveen gehörte. Es folgte eine zweite Gruppe, zu der das untenstehende Bild von Hendrika mit einer unbekannten Schülerin gehört, und einige sind von Gruppen verschiedener, kleinerer Kinder.

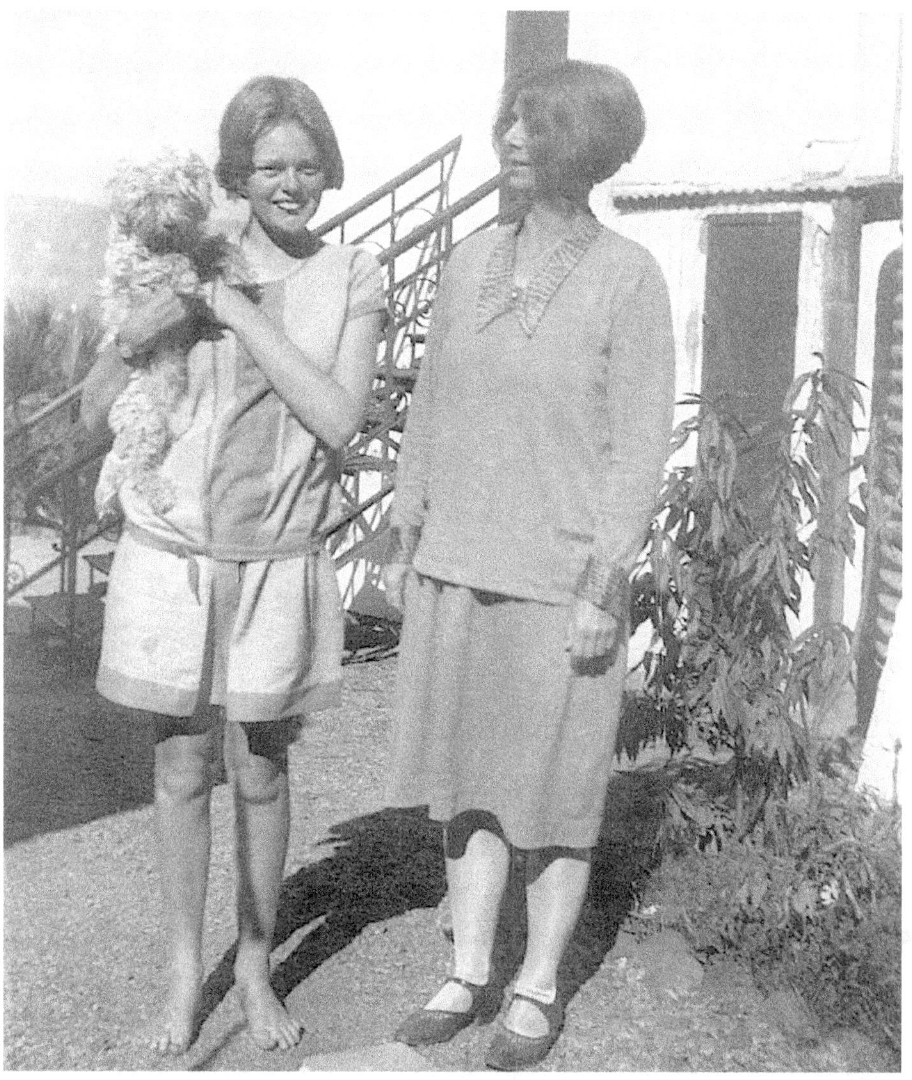

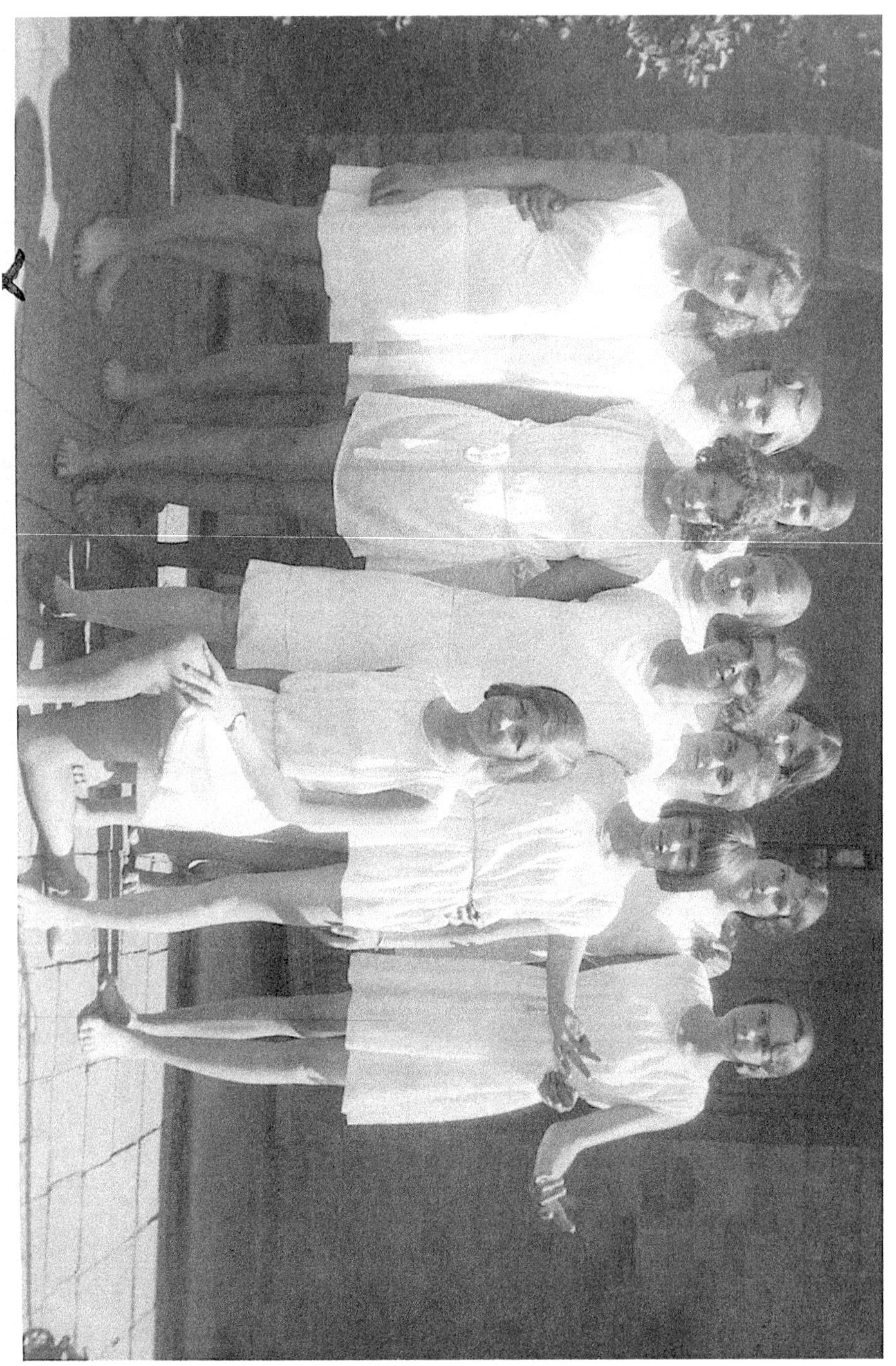

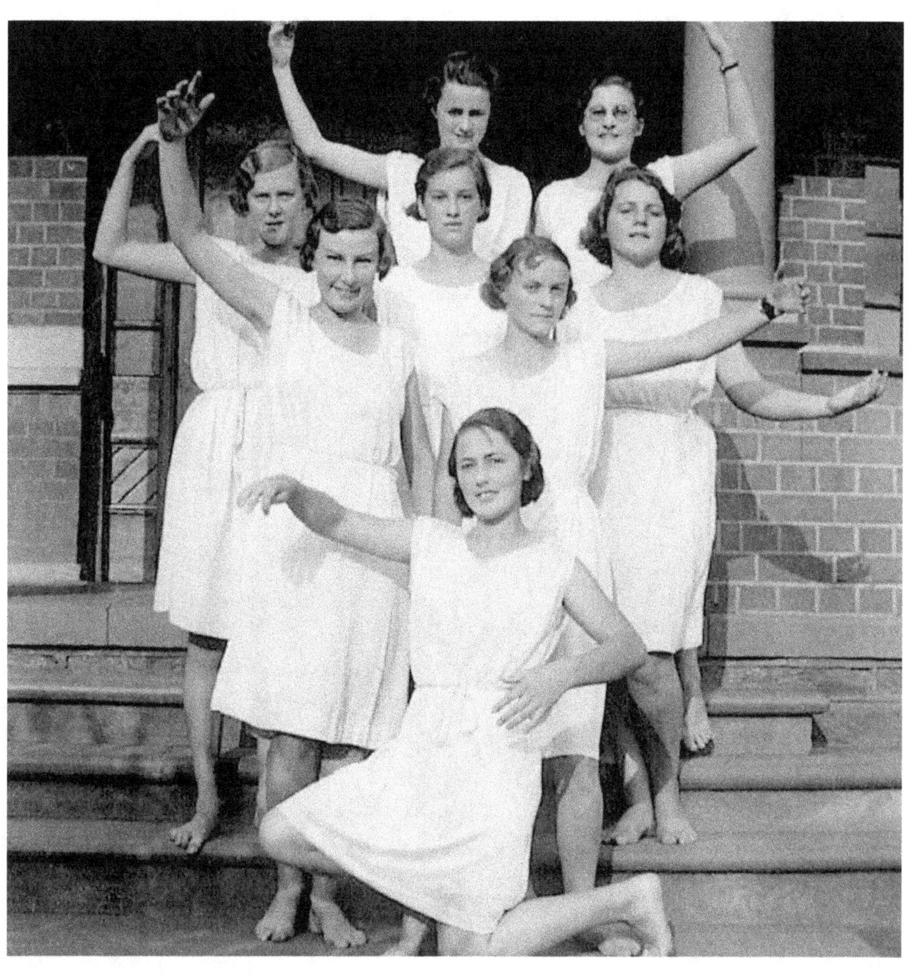

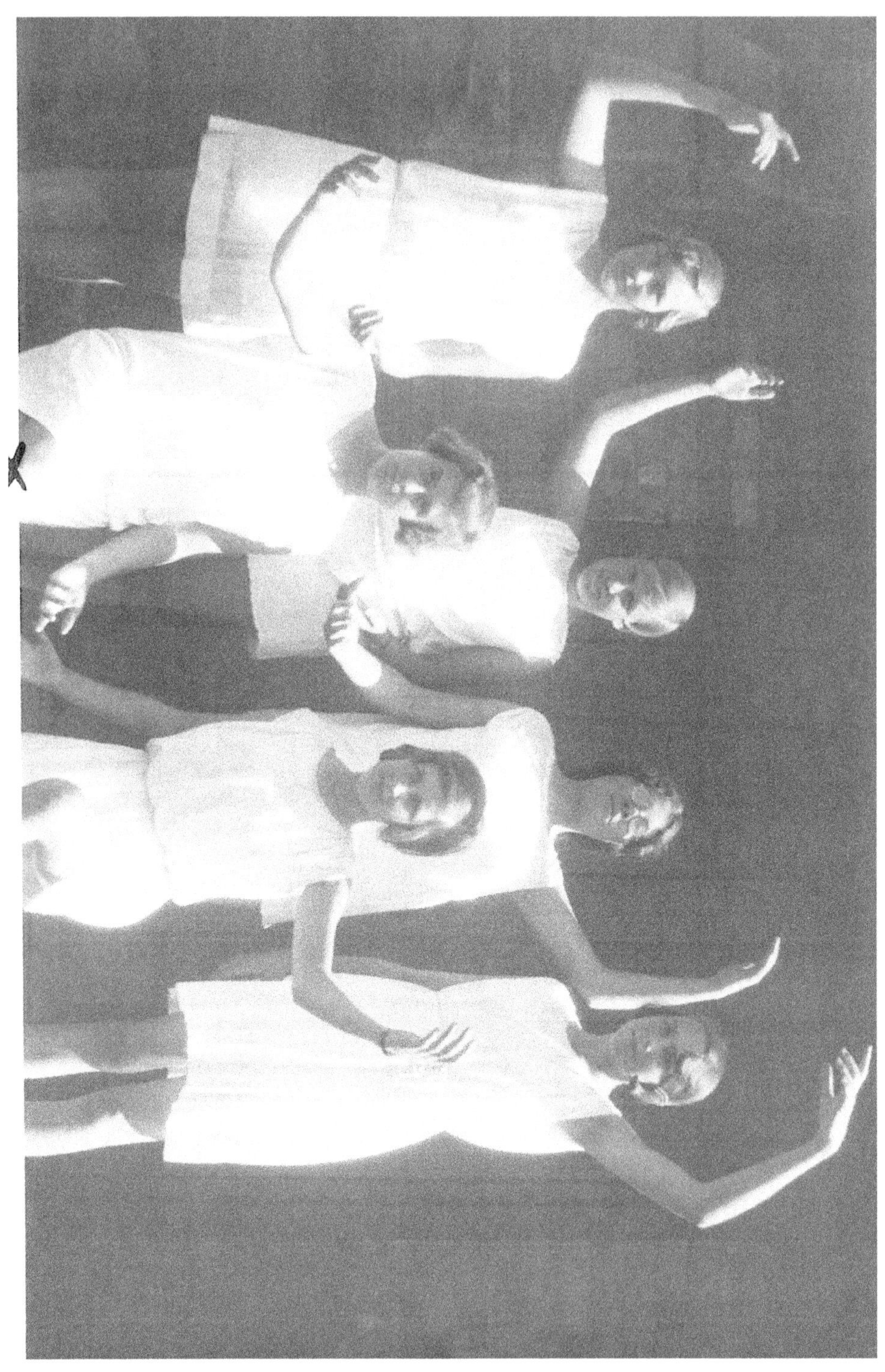

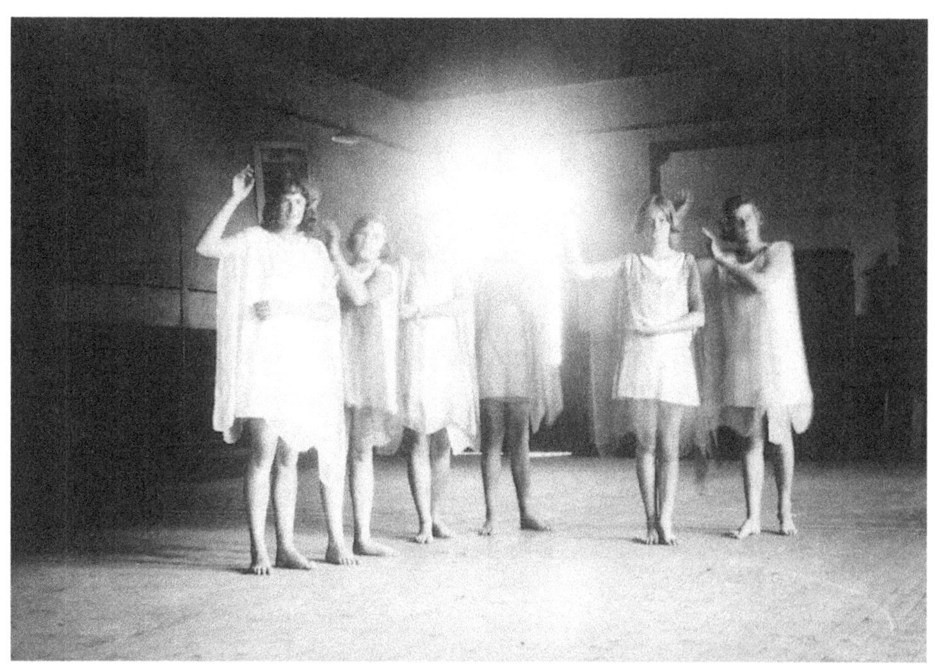

Anscheinend wurde auch in einer Art Turnhalle geübt...

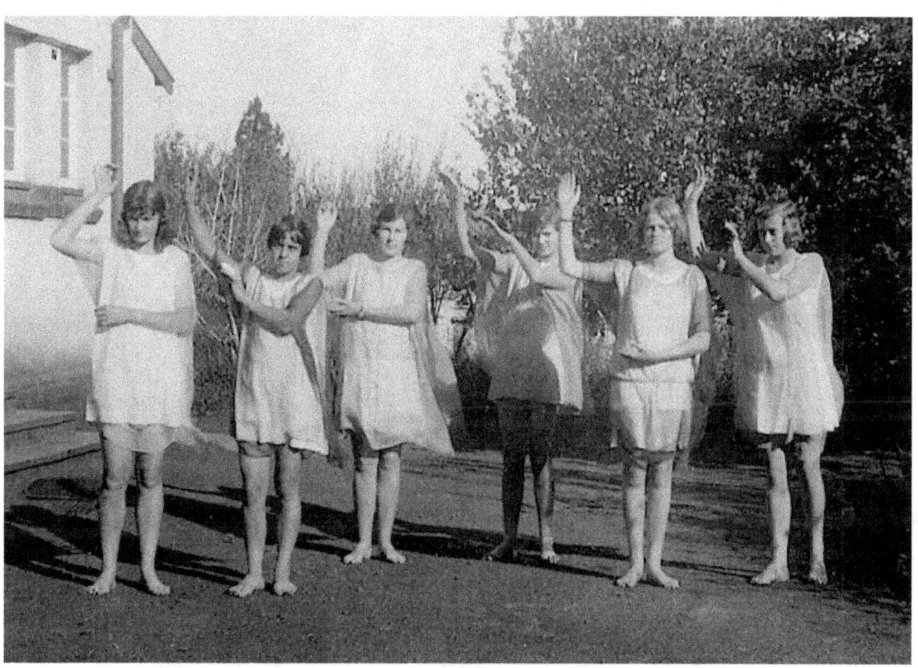

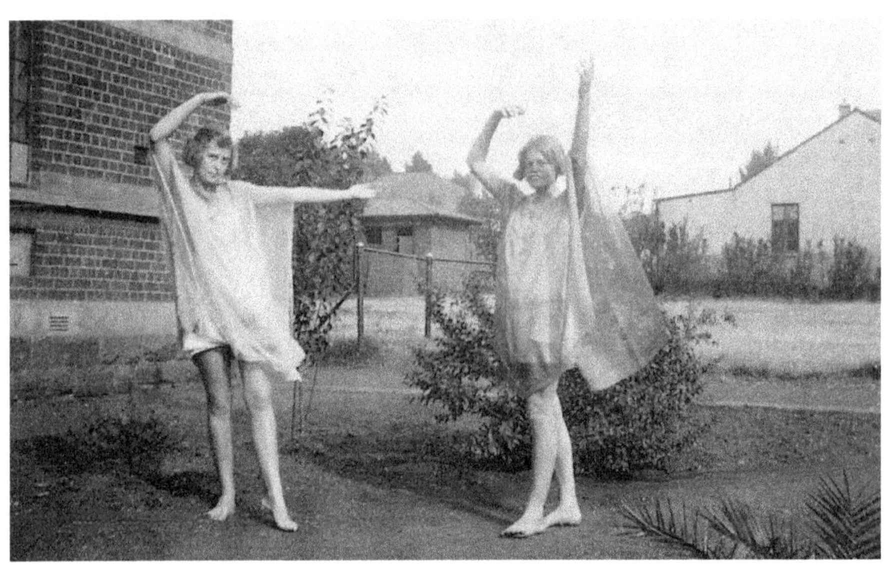

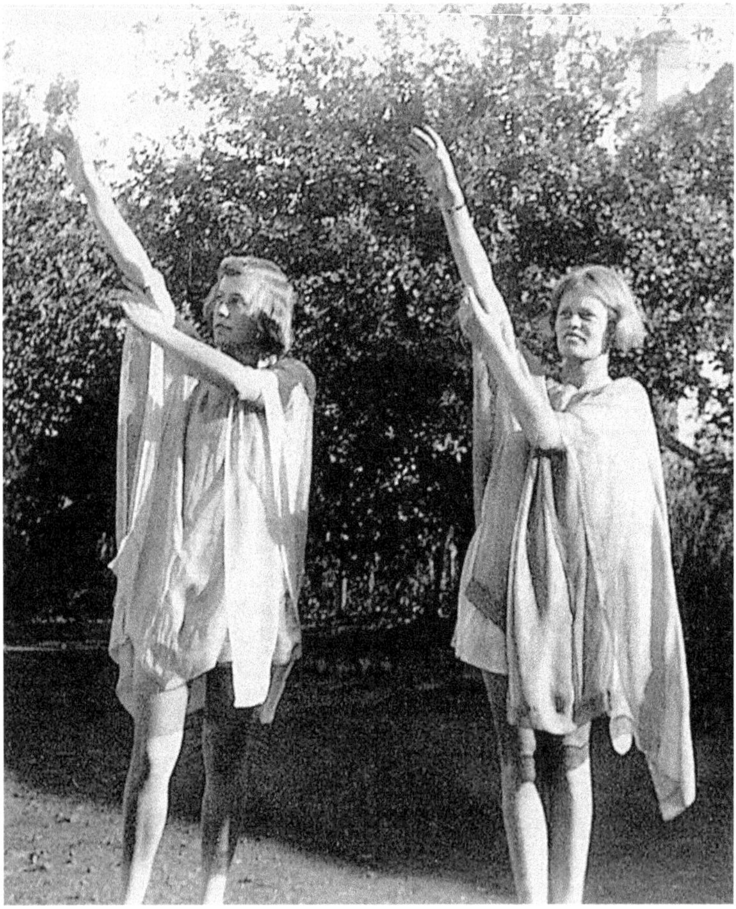

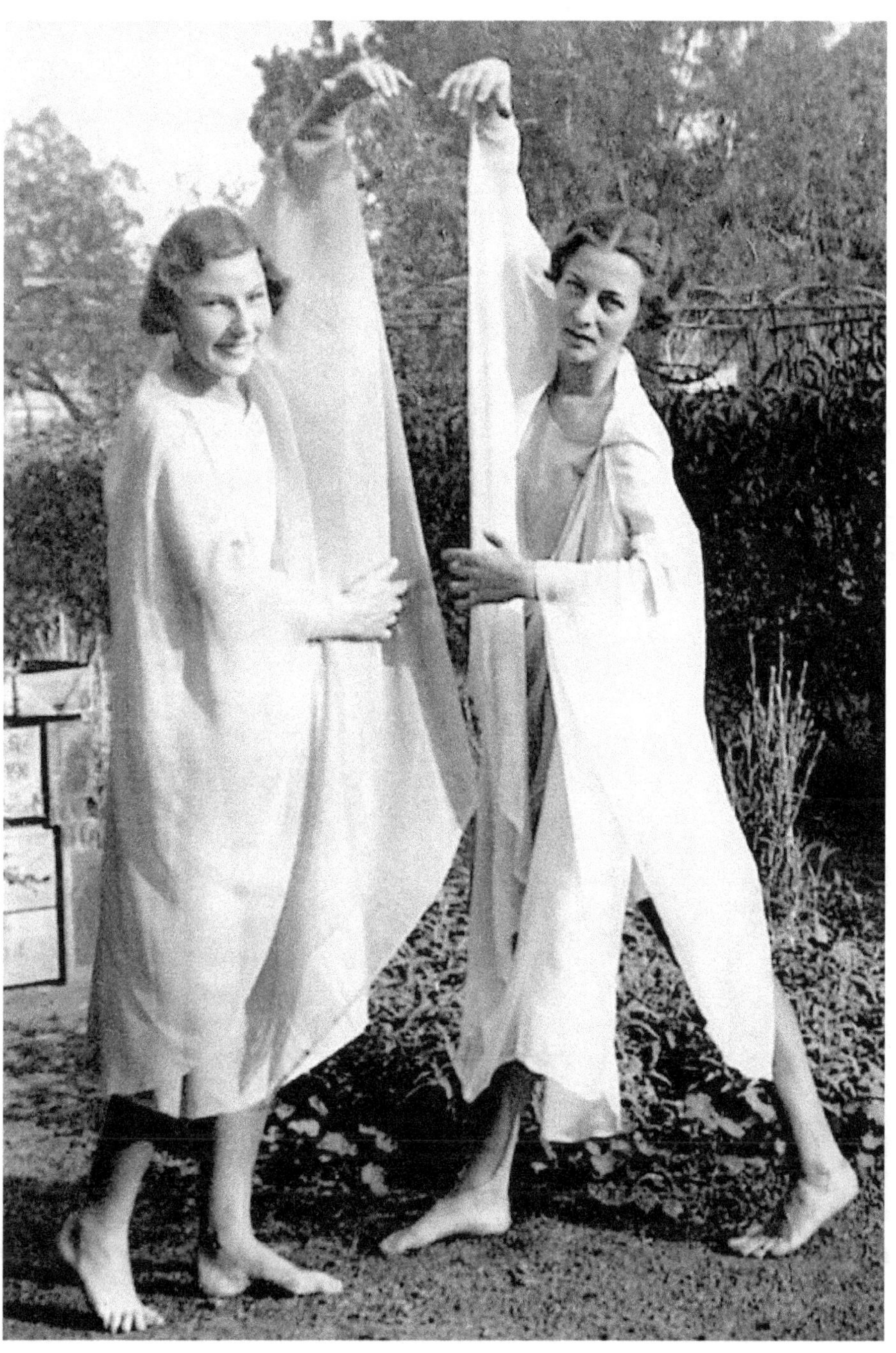

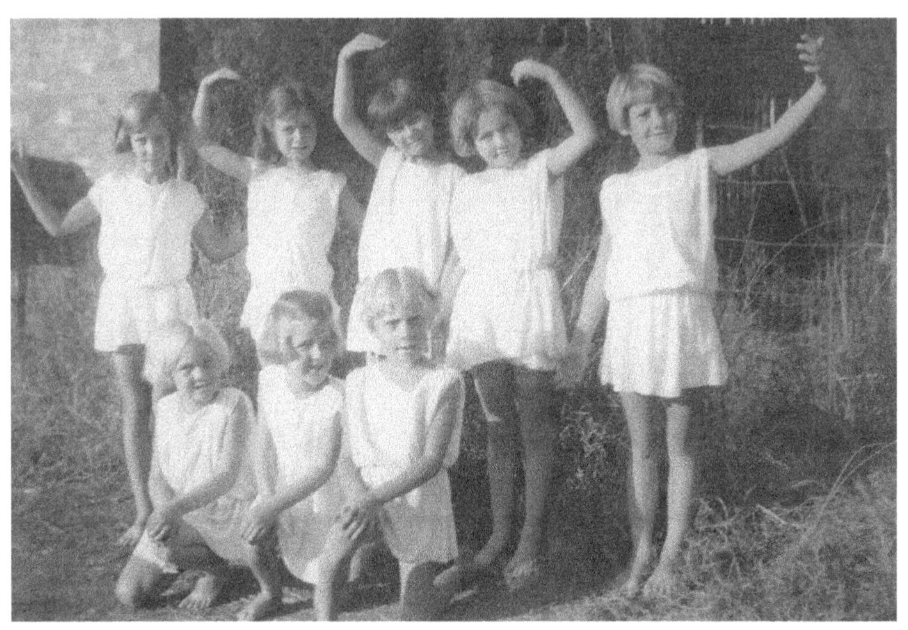

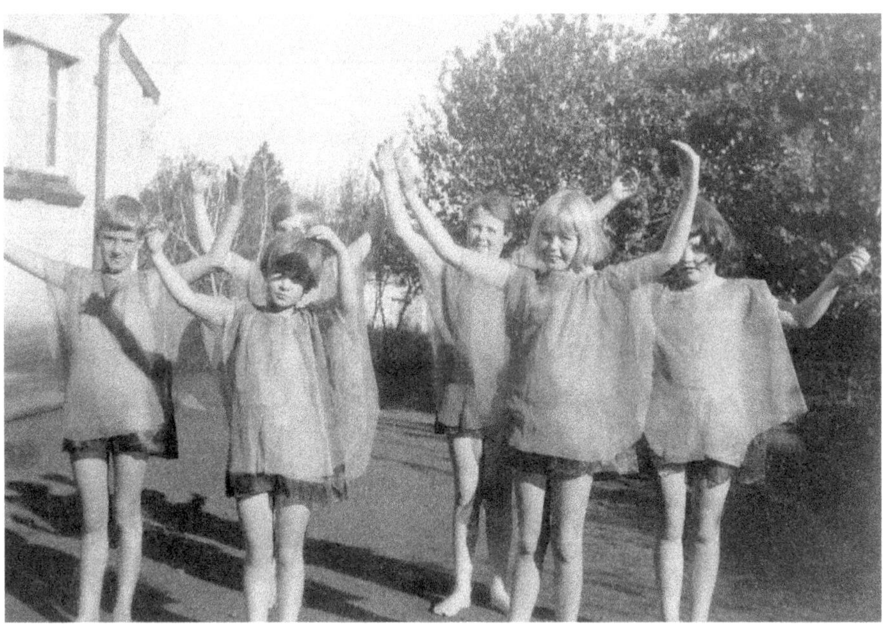

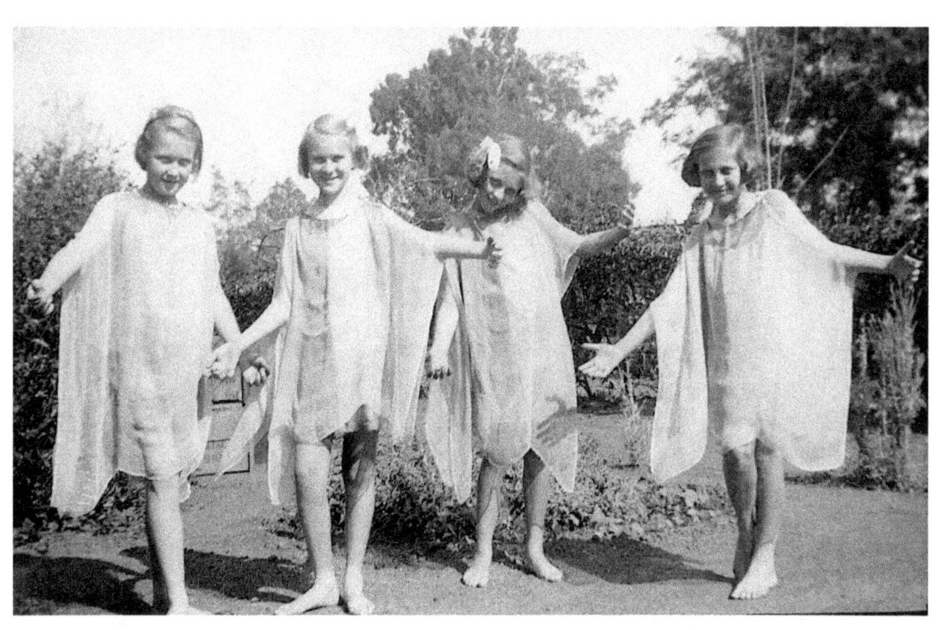

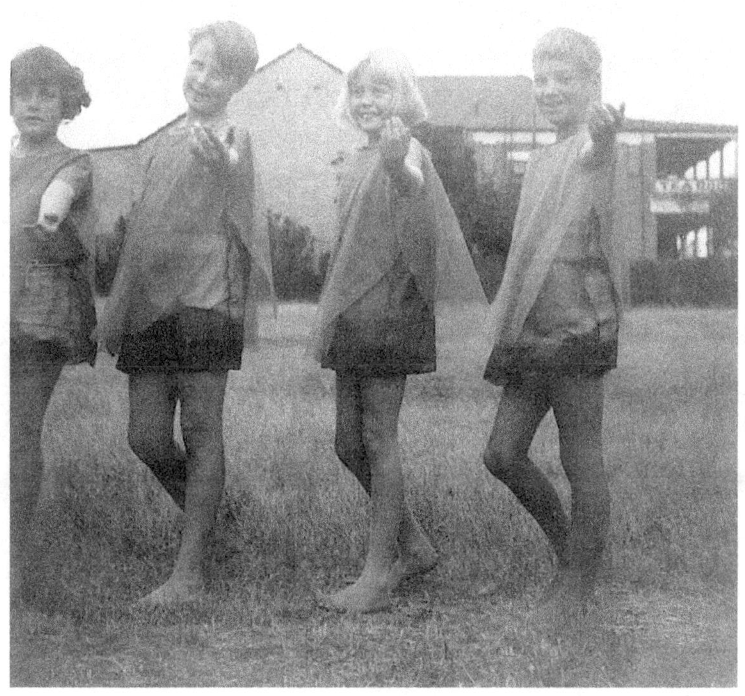

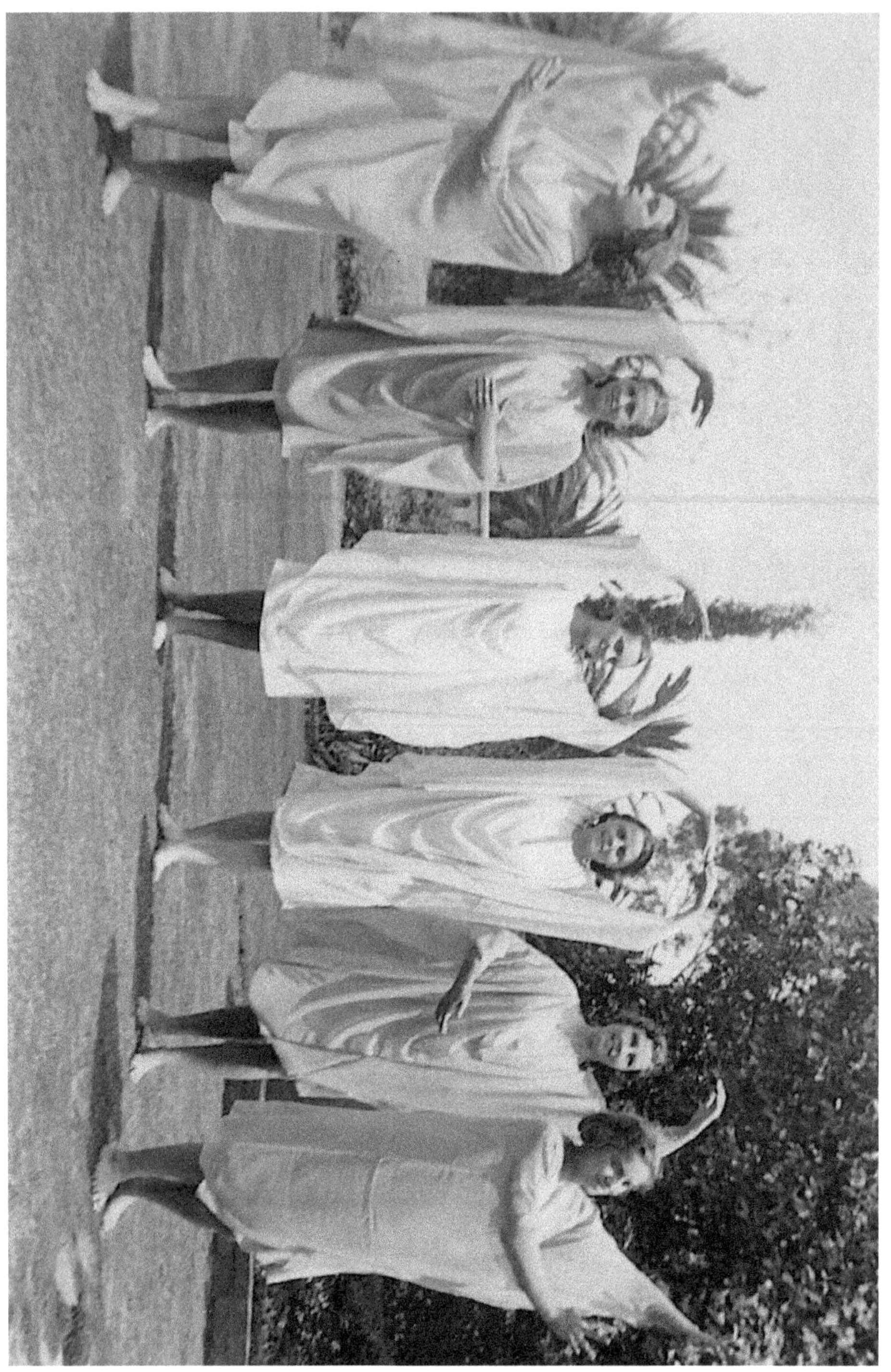

Der erste anthroposophische Zweig Afrikas

Neben dem Betrieb einer Eurythmie- und Musikschule war es von Anfang an Hendrikas Absicht gewesen, das anthroposophische Werk Rudolf Steiners in Südafrika insgesamt zu etablieren. Dies erwies sich als ein viel langsamerer Prozess. In ihrem oben zitierten Brief von 1933, berichtet Hendrika Marie Steiner, dass sie einen Einführungskurs für einige wenige Personen abgehalten habe, was sie vermutlich auch in späteren Jahren wiederholte, und nennt die wenigen Mitglieder, die sich bis zu diesem Zeitpunkt angeschlossen hatten.

Es handelte sich um die Schwestern du Toit, Frau van Maarseveen, Herrn Grobler und Frau Rishworth in Johannesburg. Als sie in Pretoria beitraten, wurden ihre Mitgliedschaft, ihre Namen und Details auch von der Anthroposophischen Gesellschaft in Dornach aufgezeichnet. Als sie die ersten Mitglieder um sich als Gruppe aufnahm, begann Hendrika auch mit dem Sekretariat am Goetheanum zu korrespondieren, vorwiegend mit Dr. Günther Wachsmuth, der die Goetheanum-Verwaltung und -Kasse leitete, über alle Fragen, die das Leben und die Mitgliedschaft ihrer Gruppe betrafen.

Da sie das einzige bekannte Mitglied der Anthroposophischen Gesellschaft war und regelmäßig mit dem Goetheanum kommunizierte, war sie selbstverständlich die Person, die den lokalen Zweig übernahm und von Dornach als Zweigleiterin und Koordinatorin anerkannt wurde. Ausserdem scheint sie eine umfangreiche Bibliothek von Rudolf Steiner-Bücher besessen zu haben, die sie anderen zum Studium auslieh.

Neben den Namen in den Akten des Goetheanums sind die folgenden Briefe die einzigen Aufzeichnungen, die wir über die ersten Menschen haben, denen wir die ursprüngliche Entwicklung der Anthroposophie in Südafrika verdanken.

Die Geschichte beginnt mit den Schwestern du Toit. Sie werden einfach als Frau F. und Frau J. du Toit aufgeführt, sodass wir nicht wissen, wer war wer. Die eine, die ältere Schwester, war Klavierschülerin am College of Music in Pretoria als Hendrika nach Pretoria zurückkehrte, und sie bewarb sich auf eine Anzeige für eine Begleiterin für Hendrikas Eurythmiekurse. Bald begann die junge Pianistin, den Hintergrund der eurythmischen Bewegungen zu hinterfragen, und so fängt die Geschichte an. Daraufhin nahm auch ihre jüngere Schwester an den Kursen teil und so wurden beide in die Anthroposophie eingeführt. Frau van Maarseveen war als niederländische Immigrantin höchstwahrscheinlich mit der Anthroposophie bereits vertraut, als sie Lehrerin in Pretoria wurde, und dies veranlasste sie, ihre Töchter für den Eurythmieunterricht anzumelden. Michiel Grobler, abgesehen davon, dass er ein junges Mitglied mit einer Verlobten war, bleibt ein Rätsel. Miss Vera Rishworth lebte in Johannesburg und war in der dortigen anglikanischen Kirche aktiv, in der ihr Bruder Dekan war, wie wir aus einem späteren Brief erfahren.

Der erste Brief an Günther Wachsmuth, geschrieben am 2. April 1934, mehr als ein Jahr nach ihrer Rückkehr von der Reise nach Dornach im Dezember/Januar 1932/33, beschreibt ihre Lage in Südafrika und ihre Stellung gegenüber den Kontroversen, die die Anthroposophische Gesellschaft in Europa und Grossbritannien am Zerreissen waren. Zweifellos hat sie in Dornach mit Wachsmuth über ihre Lage in Südafrika gesprochen und berichtet, denn der Brief setzt eine gewisse Vertrautheit mit den dortigen Vorgängen voraus.

Pretoria, 2. April 34
518 Pretoriusstr.

Sehr geehrter Herr Doktor,

Nun habe ich eine Bitte. Als ich zuletzt in Dornach war und auch auf der Rückreise, als ich in London war, war mir nicht bewusst, wie ernst die Schwierigkeiten in England schon damals waren. Erst mit der Ankündigung von Herrn Collison[56] *im «Goetheanum» und dem Bericht von Herrn Trummler*[57] *über die Initiative, die zur Gründung der United Groups Branch führte, wurde mir klar, dass auch hier etwas Ähnliches wie in Deutschland vor sich ging. Aus Karlsruhe hatte man mir*

---

[56] Harry Collison 1868 - 1945 war Generalsekretär der Britischen Anthroposophischen Gesellschaft gewesen.

[57] Erik Trummler war ein bekannter Anthroposoph, vor allem in Skandinavien, wo er u.a. anthroposophische Themen in die Volkshochschulen einführte.

regelmässig die Mitteilungen geschickt, und seit letztem Juli haben wir hier ein englisches Mitglied, Miss Nancy Emson, die regelmässig an unseren Treffen und den Lesungen von Rudolf Steiners Vorträgen teilnimmt. Sie war als Mitglied in der Park Road 35 registriert, und obwohl sie Herrn Dunlops[58] *Nachrichtenblatt nicht abonniert hatte, wurden ihr Kopien der verschiedenen Nummern zugesandt, in denen die Korrespondenz über die Veröffentlichung eines zentralen englischen Nachrichtenblatts vom Goetheanum veröffentlicht wurde. Ich sagte, nachdem ich sie durchgelesen hatte, dass ich mir gut vorstellen kann, dass dies für den British Council ein Schock gewesen sein muss, aber wie bei solchen Dingen hängt alles von der inneren Einstellung ab, mit der man damit umgeht. Man hat also den Test bestanden. Zu meiner grossen Freude fand ich, als ich später begann, die allerersten Nachrichtenblätter (in Erinnerung an das Weihnachtstreffen der Stiftung) noch einmal durchzulesen, gleich in N1 Band 1:*

Es ist sehr zu wünschen, dass diese «Nachrichtenblätter für Mitglieder» der verschiedenen Länder in Übersetzung erscheinen.» So konnte ich ihr mitteilen, dass dies von Anfang an, der Wunsch von Herrn Doktor gewesen war, und sie stimmte mir voll und ganz zu, dass dieses Nachrichtenblatt von Herrn Dunlop eine ausserordentlich einseitige Sichtweise vermittelt. Anfang März besuchte mich Frau Binnie, und ich war froh, weitere Einzelheiten von ihr zu erfahren. Sie überliess mir eine Broschüre von Herrn Collison und auch einige öffentliche Vorträge zum Lesen, und als ich diese an sie nach Johannesburg zurückschickte, schrieb sie mir noch einmal und fügte die Mitteilung aus Dornach vom 19. Februar bei. Und hier ist nun meine Bitte. Wenn irgendwelche schwerwiegenden Dinge geschehen, wäre es nicht möglich, dass ich auch informiert werde? Ihr Versuch Nr. 3 des Dornacher Nachrichtenblattes wäre mir z. B. sehr willkommen gewesen und auch diese Mitteilungen sind für mich wichtig zu wissen. Kurz nachdem Frau Binnie hier war, erhielt ich einen weiteren Brief von einer Engländerin in Johannesburg, die immer noch Theosophin ist, aber immer wieder versucht hat, herauszufinden, wo sich die aktuelle Schule von Dr. Steiner befindet.

Sie hat alle Bücher von Dr. Steiner gelesen, die sie in der Theosophischen Loge finden konnte, hat das Rosenkreuz gesehen, hat sich zuerst mit zwei verschiedenen Rosenkreuzergesellschaften in

---

[58] Daniel Nicol Dunlop, Generalsekretär der Anthroposophischen Gesellschaft in Grossbritannien

Amerika in Verbindung gesetzt, hatte aber das Gefühl, dass das nicht das Richtige ist, hat dann in irgendeiner Zeitschrift «Rudolf Steiner Hall» gefunden, hat an 35 Park Road geschrieben, wo man ihr die Adresse von Frau Gibaud gab, und Frau Gibaud gab ihr meine Adresse. Sie hat mich dann zusammen mit einer Freundin besucht. Sie würde gerne Mitglied werden – beide Damen, glaube ich. Frau Gibaud hatte ihr aber schon die Anmeldeformulare geschickt und gesagt, sie würde für sie bürgen, aber Frau Gibaud gehört zur 35 Park Road. Ich habe ihr gesagt, dass wir eine Gruppe haben, die direkt mit Dornach verbunden ist, und dass es schön wäre, wenn diese Gruppe in Südafrika wachsen und sich entwickeln würde. Ich werde auch an Frau Gibaud schreiben, aber sie reist am 14. April nach England. Ich habe sie über die Pfingstkonferenz informiert, nachdem sie mir geschrieben hatte, und ihr (auch) geraten, Herrn Collison gut kennenzulernen und immer alle Gruppen in London zu besuchen.

Frau Binnie schrieb mir auch über einen Artikel von Herrn Meebold im News Sheet.4. Auch in diesem Fall tut es mir sehr leid, dass er 14 Tage lang hier in Pretoria war und nichts von unserer Gruppe wusste, und ich nichts von seinem Besuch in Südafrika. Sie sehen also, lieber Herr Doktor, dass sich hier etwas anbahnt und ich wäre Ihnen daher sehr dankbar, wenn Sie mich auch über die Geschehnisse in Dornach auf dem Laufenden halten könnten. An Herrn Collison habe ich schon vor einigen Wochen geschrieben. Bitte grüssen Sie Frau Dr. Steiner und Herrn Steffen herzlich von mir und sagen Sie ihnen, wie sehr ich mich in diesen Dingen mit Ihnen verbunden fühle.

Auch Ihnen gilt mein herzlicher Gruss,
Ihr H. Hollenbach.

Eine Antwort auf diesen Brief kam am 24. April 1934 aus Dornach, geschrieben von einer der Sekretärinnen.

Liebes Fräulein Hollenbach,
wir danken Ihnen herzlich für Ihren Brief und Ihre Hilfe in den von Ihnen berichteten Angelegenheiten. Wir werden sie gerne auf die Liste derjenigen setzen, welche in Zukunft derartige in Betracht kommende Mitteilungen für englische Mitglieder erhalten. Eine Probenummer des Dornacher englischen News Sheet werden wir Ihnen gerne zusenden und wären Ihnen sehr dankbar, wenn sie unter den in erreichbarer Nähe dort wohnenden englischen Mitgliedern noch einige Abonnenten werben würden. Das Mitteilungsblatt bringt ja auch in regelmässigen

Abständen jährlich mindestens 15 Original Vorträge Doktor Steiners in englischer Übersetzung, ist also verhältnismässig sehr billig und wir wären sehr froh, wenn es recht weite Verbreitung finden würde. Für die eventuellen Fälle von Aufnahmen englischer Mitglieder legen wir Ihnen zunächst einmal fünf Aufnahmeantragsformulare bei. Es wäre gewiss gut, wenn die dort lebenden Mitglieder, der Einfachheit halber, entweder einer südafrikanischen Gruppe angehören oder direkt in Dornach angeschlossen wären. Es wäre auch gut, wenn sie mit Mrs Gibaud und anderen solchen verstreut lebenden Mitgliedern den Kontakt aufrechterhalten könnten. Dass Herr Meebold seinerzeit auch nach Südafrika kam, haben wir selbst erst kürzlich und nachträglich erfahren. Wir werden aber gerne eine Notiz ins Mitteilungsblatt setzen, dass die Arbeitsgruppe in Südafrika uns bittet, auf ihre Existenz hinzuweisen und für jeden Besuch von Durchreisenden froh ist. Mit den besten Wünschen und herzlichem Gruss.

Wir bestätigen dankend den uns übersandten Check über Fr.45 für Mitgliederbeiträge.

Die beiden obigen Briefe lassen unmittelbar die Hand des Schicksals ahnen. Die beiden Gründungspionierinnen der Anthroposophie in Südafrika, Hendrika Hollenbach in Pretoria und Mary Gibaud in Port Elizabeth, wussten zwar jeweils von der Existenz der anderen, standen sogar in Briefkontakt miteinander, waren aber in der Innenpolitik der Anthroposophischen Gesellschaft weit voneinander entfernt. Denn Frau Gibaud hat eine eigene anthroposophische Gruppenarbeit in Port Elizabeth 1926 gegründet, dasselbe Jahr, in dem Hendrika nach Südafrika ging. Sie war eine enge Freundin von Ita Wegman und ein treues Mitglied der Anthroposophischen Gesellschaft in Grossbritannien. Hendrikas Loyalität galt hingegen Marie Steiner und, zumindest noch zu dieser Zeit, Albert Steffen und dem Goetheanum. Die Haltung von Dunlop, Trummler und anderen betrachtete sie mit kritischem Misstrauen. So konnten die beiden Frauen, obwohl sie für dieselbe Sache im selben Land arbeiteten, weit entfernt und unbeteiligt an den Dornacher Ereignissen, nie den Weg zueinanderfinden oder sich, soweit wir wissen, gar begegnen, es sei denn, sie lernten sich kurz vor Frau Gibauds Tod in der Klinik in Arlesheim 1948 kennen, als sie beide in unmittelbarer Nähe voneinander wohnten.

Ironischerweise besass jede von ihnen genau das, was die andere suchte. Frau Gibaud war wohlhabend, in den englischsprachigen Kreisen Südafrikas gut verankert und verfügte über zahlreiche Kontakte im Geschäfts- und Kulturleben. Sie hätte wertvolle finanzielle und organisatorische Unterstützung leisten und es Hendrika vielleicht sogar ermöglichen können, ihre Schule in ein Zentrum in Kapstadt, Johannesburg oder Port Elizabeth zu verlegen, wo die Menschen eher geneigt gewesen wären, so etwas wie die Anthroposophie ernst zu nehmen, als im konservativen niederländisch-reformierten Umfeld von Pretoria. Hendrika hingegen verfügte über ein profundes Wissen der Anthroposophie und Erfahrungen auf dem inneren Schulungsweg, die Frau Gibaud mehr als alles andere ersehnte, und bei der sie sich allein auf ihre Freundschaft mit Ita Wegman und einigen anderen Ärzten der Klinik in Arlesheim stützen musste.

Längere Autofahrten innerhalb Südafrikas waren damals nicht üblich. Die nationalen Asphaltstrassen wurden erst nach dem Krieg gebaut, und wer zwischen den Städten reiste, tat dies mit dem Zug oder dem Schiff. Allein die Fahrt zwischen Pretoria und Johannesburg wurde von Hendrika, die in Johannesburg immer in einem Hotel übernachtete, nur selten unternommen. Es hätte für jeden von ihnen eine viel stärkere Motivation bedeutet, sich auf einen solchen gemeinsamen Weg zu begeben, als nur dem Wunsch des Goetheanum zu folgen, «den Kontakt aufrechtzuerhalten».

Trotz finanzieller Engpässe gelang es Hendrika dennoch, die wachsende Zahl der sich allmählich in Pretoria und Johannesburg versammelten Anthroposophen zu koordinieren, etwa einmal im Jahr zu schreiben, meist über praktische Mitgliederangelegenheiten und die Überweisungen von Mitgliedsbeiträgen, Spenden und sonst gesammelten Gelder zu betätigen

Selbst ein bekannter Vortragsredner wie Alfred Meebold, der bekanntlich die ganze Welt bereiste, wurde vor seiner Ankunft nicht auf anthroposophische Aktivitäten in Südafrika aufmerksam gemacht, obwohl er wohl einige Zeit mit Tourneen und Vorträgen dort verbracht hatte. Tatsache ist, dass bis zu Beginn der 1970er Jahre, man sich in Dornach der Bedürfnisse und Verhältnisse in diesen fernen Ländern nicht bewusst war – einen Zustand, der bis in die 60er-Jahre anhielt.

Biografisch lernen wir einiges aus diesem Brief. Zunächst einmal war Hendrika im Jahr zuvor mit Ellie van Maarseveen in Dornach gewesen und hatte auf dem Heimweg einen Zwischenbesuch in England eingelegt. In Dornach wurde sie davor dann offensichtlich über die menschlichen Schwierigkeiten innerhalb des Vorstands am Goetheanum informiert, die die gesamte Gesellschaft zerrütteten.

Der nächste Brief wurde auf dem Briefkopf der Eurythmieschule geschrieben.

Musiek en Euritmieskool
Mej. H. Hollenbach
Pretoria
27. Juni 1934

Lieber Herr Doktor,

es hat mir Freude gemacht, Ihren Brief, die Probenummer des Newssheet und die Aufnahmeformulare zu bekommen. Neulich war Mrs Rishworth wieder bei mir und wünschte nach dem Studium des Buches «Anthroposophie» Mitglied zu werden. Sie hatte von sich aus «resigned» von der Theosophischen Gesellschaft, wovon sie zwölf Jahre Mitglied gewesen war. Sie scheint mir eine Frau, die es sehr ernst nimmt. ihr Bruder ist «Dean» of Johannesburg (Church of England) und obwohl der ihre Ideen missbilligt, nimmt sie tätig Teil an seiner Arbeit auf sozialem- und Wohltätigkeitsgebiet. The Dean's Shelter[59] *ist eine bekannte Institution in Johannesburg. ich lege ihren Application von Membership ein. die Strasse heisst «Pleinstreet», vielleicht nicht ganz deutlich geschrieben. Ich vermute, dass die Mitgliedskarte direkt an ihre Adresse geschickt wird. ihr Mitgliedsbeitrag werde ich mit der gleichen Post an das Sekretariat schicken. Die Notiz im Goetheanum brachte mir vorige Woche einen Brief aus Berlin von einem Herrn Horst Münzer und heute einen von Erwin Greebe der in Dornach wohnt, wie er schreibt, beide wollen hierherkommen, wenn Existenzmöglich-keiten für sie sind. Ich werde tun, was ich kann.*

Mit bestem Gruss
Ihre Hendrika Hollenbach

Über die nächsten drei Jahre entwickeln sich die Gruppen weiter, wenn auch aus Hendrikas Sicht, frustrierend langsam. In einem Brief vom 2. Februar 1937 schickt sie Geld, das für Marie Steiners 70. Geburtstag am 14. März gesammelt wurde, erklärt aber gleichzeitig in wenigen Sätzen die schwierige finanzielle Lage fast aller Mitglieder in Johannesburg und Pretoria, sie selbst eingeschlossen, mit der vielsagenden Bemerkung: «Mitte Januar kehrte ich aus meinem Sommerurlaub nach Pretoria zurück, und zu dieser Zeit hatten die meisten Leute kein Geld und mussten bis zum Ende des Monats warten (...). Ich habe nicht gewagt, um mehr zu bitten, da ich sehr gut weiss, wie schwierig es ist, mit einem sehr geringen Gehalt auszukommen ...». Der Brief endet mit der Ankündigung einer Reise am 20. Dezember 1936 nach Johannesburg, um mit den dortigen Mitgliedern eine

[59] Was noch von dem Dean's Shelter heute übriggeblieben ist, ist ein Seniorenheim in Johannesburg.

Weihnachtslesung zu halten, was dazu führte, dass die dortige Gruppe von diesem Zeitpunkt an, regelmässig zu Lesungen zusammenkam. Sie erwartete, dass am folgenden Sonntag die Johannesburger zu einem gemeinsamen Treffen mit der Gruppe in Pretoria reisen würden. Aus späteren Berichten geht hervor, dass diese Arbeit seitdem ununterbrochen fortgesetzt wurde.

Wir können also den tatsächlichen Beginn der Anthroposophischen Gruppe von Johannesburg auf den 20. Dezember 1936 datieren. Der folgende Brief zeigt den Fortgang dieser Arbeit.

Pretoria 26. 1. 38
120 Joubertstr.

Sehr geehrter Herr Dr. Wachsmuth,

Kurz vor Weihnachten war ich für eine Woche in Johannesburg, wo ich alle Anthroposophie-Interessierten aufsuchte und zu mir ins Hotel einlud und auf diese Weise den Kontakt wieder herstellen konnte.

Am Sonntag vor Weihnachten hatten wir eine kleine Weihnachtsfeier in der Wohnung der Familie Schneider (Mitglieder aus Kassel, die schon seit über einem Jahr hier sind) und dazu kamen auch aus Pretoria Frau Van Maarseveen, Herr Grobler und die beiden Damen du Toit. Herr Adler, der mit den Waldorflehrern in Hamburg eng befreundet war, möchte gerne Mitglied unserer Gruppe werden; ich lege den Antrag bei. Frau McIvor war im Begriff, auf eine Reise zu gehen und konnte daher nicht an unserer kleinen Feier teilnehmen. Sie wird für einen längeren Zeitraum in Dornach sein.

H. Hollenbach.

1937 waren Michiel Grobler und die Schwestern du Toit in Pretoria noch immer aktiv, während Frau van Maarseveen, zur Zeit des Schreibens, ihre Tochter Ellie in Dornach besuchte. Herr Gabor Tallo war ein ungarischer Architekt, der nach Abschluss seines Studiums einige Zeit am Goetheanum verbracht hatte, um sich mit der organischen Architektur vertraut zu machen, bevor er nach Südafrika aufbrach. Er war bereits Mitglied der Anthroposophischen Gesellschaft und wurde später eines der Gründungsmitglieder der Anthroposophical Fellowship of Southern Africa im Jahr 1959, bevor er, zusammen mit seiner Frau Joan, von Karl König nach Camphill in Schottland eingeladen, zum ansässigen Camphill-Architekten wurde. Die Misses Tracey werden ebenfalls erwähnt als zu dieser Zeit bereits aktiv– zwei Schwestern, die mit ihrem Bruder zusammenlebten, und später das Geld spendeten, wodurch die Waldorfschule in Johannesburg das Grundstück in

Bryanston kaufen konnte, auf dem heute die Michael Mount Waldorfschule steht. Zu dieser Zeit war auch die Familie Schneider aus Deutschland nach Johannesburg gezogen, ebenso wie Karl Adler, über die unten noch mehr folgen soll.

Es gab eine Frau Nieuwenhuys, über die nichts Näheres bekannt ist, und Frau Margarete Danziger, die selbst an das Goetheanum schrieb, um ihren Austritt aus der Gera-Gruppe und ihre anschliessende Flucht aus Deutschland zur Johannesburger-Gruppe zu erklären. Dieses Dokument ist sowohl von menschlichem als auch historischem Interesse:

Margarete Danziger
College Court
140 Regent Street
Bellevue
Johannesburg, 13 /5 /38
Süd-Afrika Union

An die Administration der Allgemeinen Anthroposophischen Gesellschaft
Dornach

Sehr geehrter Herr Dr. Wachsmuth,
hiermit melde ich mich als zur «Gruppe in Süd Afrika» der Anthroposophischen Gesellschaft gehörig an.

Ich war bis 1935 Mitglied des Zweiges Gera in Thüringen und erklärte nach dem Nürnberger Parteitag[60] *aus Rücksicht auf die übrigen Geraer Zweigmitglieder, rückwirkend (ich glaube per Januar 1935) meinen Austritt aus dem Zweig.*

Seit Ende 1936 bin ich in Süd-Afrika. Sie wissen wohl durch Fräulein Hollenbach, dass wir hier in Johannesburg einen kleinen Arbeitskreis haben, zudem Herr und Frau Schneider (Kassel), Gabor Tallo, der Architekt und neuerdings Herr und Frau Adler (Hamburg) gehören. Wir haben wöchentlich einen Zweigabend und treffen uns ein paarmal im Jahr mit den Freunden aus Pretoria.

---

60 Nürnberger NSDAP-Parteitag, auf der die Nürnberger Gesetze über die Juden in Deutschland verabschiedet wurden. Die meisten jüdischen Mitglieder in Deutschland traten zu diesem Zeitpunkt freiwillig aus der Gesellschaft aus, was jedoch kaum einen Unterschied machte, da die Gesellschaft nur eineinhalb Monate später, am 1. November 1935, von den Nazis verboten wurde.

Das Leben in dem neuen Erdteil stellt an jeden einzelnen sehr grosse Aufforderungen, und wir alle sind eigentlich noch nicht recht zur Ruhe gekommen. Aber ich glaube nicht, dass jetzt uns irgendwelche äusseren Schwierigkeiten den Fortgang der Arbeit aufhalten können, was leider im ersten Jahr geschah.

Ich habe sowohl für 1936 wie auch für 1937 keinen Mitgliedsbeitrag gezahlt und kann das leider auch vorläufig nicht nachholen, da ich sehr wenig verdiene. Für 1938 werde ich den Beitrag an Fräulein Hollenbach schicken, die ihn dann gemeinsam für die Gruppe überweist.

Mit herzlichen Grüssen für Dornach
Margarete Danziger

Trotz Hendrikas Bedenken hinsichtlich des langsamen Fortschritts der anthroposophischen Gruppenarbeit in Südafrika war es ihr 1938 gelungen, die Pioniere und Pionierfamilien um sich zu scharen, die nach dem Krieg die Anthroposophie etablieren sollten. Von den ersten Teilnehmern, überwiegend aus niederländischer Herkunft, die in Pretoria zusammenarbeiteten, wurde die Arbeit nun auch in Johannesburg etabliert. Zum ersten Mitglied, Frau Rishworth, gesellten sich zunächst die Tracey Schwestern und dann Frau Danziger und zwei Flüchtlingsfamilien jüdischer Herkunft.

Kurt und Anne Schneider kamen am 6. August 1936 zusammen mit ihren drei Kindern Herbert, Erika und Ruth nach einer beschwerlichen Reise mit vielen Abenteuern aus Deutschland in Südafrika an. Herbert Schneider berichtete ausführlich darüber in seinen Memoiren, die seine Tochter Bernadine aus Tonbändern abtippte, die er um 2008/9 aufgenommen hatte:

«Der Hauptgrund, nach Dornach zu fahren, war nicht nur, das Goetheanum zu sehen, was natürlich ein wunderbares Erlebnis war, sondern wir wollten auch herausfinden, ob und welche Anthroposophen es in Südafrika gab. Man sagte uns, dass es in Pretoria eine Eurythmistin gäbe, die in Dornach bei Rudolf Steiner Eurythmie studiert hatte. Ihr Name war Frau Hollenbach. Wir nahmen ihre Adresse auf und waren sehr froh zu wissen, dass wir eine Kontaktperson in Südafrika hatten, die uns vielleicht über das Leben in Südafrika beraten konnte.»

Die Schneiders waren bereits engagierte Anthroposophen und Mitglieder der Christengemeinschaft in Deutschland, bevor sie auswanderten. Die Gründung der Christengemeinschaft in Johannesburg und Durban ist grösstenteils ihrem Engagement und ihrer Unterstützung zu verdanken.

Karl Adler war 1937 angekommen, seine Frau Zdenka und sein Sohn Lawrence folgten ein Jahr später. Zusammen mit Frau Danziger bildeten sie eine kleine Gruppe von Deutschen, die durch die von der NSDAP verabschiedeten Gesetze plötzlich zu Juden erklärt wurden, obwohl sie sich schon lange zuvor in die deutsche Kultur assimiliert hatten und sich nicht mehr als Juden identifizierten. Sie alle hatten die gefährliche Flucht überstanden und versuchten nun mit spärlichsten Mitteln ein neues Leben in Südafrika aufzubauen. Sie hatten Kontaktinformationen erhalten, wodurch sie Hendrika Hollenbach auffinden konnten und von der anthroposophischen Gruppe dort erfahren. Dies gab ihnen von Anfang an, ein Gefühl der Zugehörigkeit, das Sinn und Zweck ihrem ansonsten unerklärlichen Schicksal verlieh. Vor allem die Familien Schneider und Adler, nachdem sie sich finanziell etabliert und ihr Schicksal mit diesem Land verbunden hatten, in späteren Jahren diejenigen, die ihr Leben der anthroposophischen Arbeit widmeten.

Wenn man die Familie Gibaud, Mutter und Sohn, in Port Elizabeth und die Familien Wegerif und Kotzuba in Kapstadt hinzuzählt, haben wir den Grundstock derer, die später die Arbeit der Anthroposophie etablieren und sie in die südafrikanische Kultur als Ganzes integrieren sollten.

Pretoria 21 Mai 1938
120 Joubertstraat.

An das Sekretariat der anthroposophischen Gesellschaft

Liebe Frau Metzener,

Hierbei schicke ich Wechsel auf Geneva für 66 Fr. für Mitgliedsbeiträge 1935 von Mrs Rishworth, Mrs v. Maarseveen, Miss Nieuwenhuys und mir selbst. Die weiteren 6.- Franken für die englische und deutsche Denkschrift, die mir zugeschickt sind. Leider ist Mrs Matthey augenblicklich in Indien und ich fürchte, dass sie vorläufig die Mitgliedschaft aufgeben will. Sie ist beschäftigt an der «Ananda Ashrama» in Dhaka, Bengal, Indien und weiss augenblicklich noch überhaupt nicht, wie lange sie dort bleiben wird. Also sind wir wieder nur vier. Schade, wo es gerade etwas zu wachsen anfing. Man wird in Dornach es wohl wie eine Befreiung empfinden, dass jetzt die Trennung durchgeführt ist. Es konnte doch auch nicht weitergehen, wie es war.

Mit herzlichem Gruss
Ihre H. Hollenbach

Bitte beachten Sie meine neue Adresse 120 Joubertstrasse

Im Juni 1938 konnte Hendrika 135 Schweizer Franken an Mitgliedsbeiträgen nach Dornach überweisen, wobei folgende Mitglieder aufgeführt sind:

Aus Pretoria:

Frl. Nieuwenhuys
Miss F. du Toit
Miss J. du Toit
Mr M. Grobler
Mrs C. v. Maarseveen
Miss H. Hollenbach
Miss Wessels

Aus Johannesburg:

Mr K. Adler
Miss M. Danziger
Herr und Frau Schneider
Herr Tallo

Pretoria 10. 1.39.
120 Joubertstraat.

Lieber Herr Doktor,

mit den Ferien war ich wieder einige Zeit in Johannesburg, und es teilte Frau Adler, die letzten April von Hamburg nach Südafrika kam, mir Ihren Wunsch mit, Mitglied zu werden. Ich lege den Antrag bei. Wir konnten, ausser Weihnachtsvorträge, den Zyklus Christus und die menschliche Seele durchnehmen, und auch habe ich zur Verlesung gebracht die Ansprache an die Mitglieder Dr. Steiners, aus den ersten Mitgliederblättern. Obschon wir nur 6 waren: Herr und Frau Schneider, Herr und Frau Adler, Fräulein Danziger und ich, haben diese kleinen Versammlungen vielleicht doch wieder einen Impuls gegeben. Tallo ist jetzt mit seiner Frau nach Pretoria übergesiedelt, wo er hoffte eine grössere Arbeit als Architekt zu bekommen, was aber vorläufig noch nicht soweit gediehen ist als er wohl annahm. Ich schicke Ihnen auch einige Zeitungsartikel. Sie können sich vielleicht meinen Schrecken vorstellen, als ich eines Tages in «Die Volkstem» den Artikel von J.L. sah, wo in so nicht-ernstzunehmender Weise über die Abschnitte über Dr. Steiner in Rom Landaus Buch «God Is My Adventure» berichtet wird. Ich ging zum Redakteur und obwohl der selbst nicht da war, versprach man mir, einen Artikel von mir aufzunehmen. Ich schrieb einen langen Artikel, ganz positiv gehalten aber inzwischen war der Redakteur der Seite, worauf diese Bücherbesprechungen vorkommen, zurückgekommen aus seinen Ferien, und der weigerte den Artikel aufzunehmen, weil, wie er sagte, man nicht noch einmal so viel über dieselbe Sache aufnehmen könne. Als ich ihn anrief, sagte er aber, er könnte vielleicht eine Wiederlegung aufnehmen von dem, was ich als unrichtig in JL's Artikel ansah, wenn der wenigstens nicht so lang sein würde. Ich schicke Ihnen beides.

Wir schickten dann den ersten Artikel nach Johannesburg zu dem Tageblatt «Die Vaderland», mit Postkarten von dem Goetheanum. Nachdem ich dann noch einige Male selber zu dem Office gegangen war als ich in Johannesburg war, ist der nun sehr gekürzt erschienen. Auch den Titel hat man geändert, aber das ist wohl nicht so schlimm. Ich lege auch diesen Artikel bei, da es Sie doch vielleicht interessieren wird, was so als erstes durch die Zeitungen hier gegangen ist, und Herr Stuten wird es vielleicht wohl übersetzen können oder einer der anderen Holländer. Jedenfalls wird man es vielleicht am Informationsbüro haben wollen.

Nun hat Tallo mich noch gebeten, Ihnen das folgende mitzuteilen: Er kennt hier einen Herrn De Beer der eine Farm von 450 Acres hat, mit guten Bewässerungsmöglichkeiten. Der sucht jemand der diese Farm aktivieren möchte. Er würde in den ersten drei Jahren keinen Anteil an der Ernte verlangen und danach könnte eine Regelung getroffen werden. Tallo meinte nun, das wäre vielleicht eine Gelegenheit, wenn jemand kommen wollte um die biologisch-dynamischen Methoden hier zu introduzieren. Ich weiss überhaupt nicht ob das gehen würde, ohne dass so eine Person jedenfalls vorläufig ein Gehalt bekommen würde aber ich schreibe es, weil im Falle jemand sich interessieren würde, er diesen Herrn der Beer (den ich nicht kenne) schreiben könnte. Tallo möchte das dann durch ihn selbst gehen lassen, er würde den Brief dann besorgen. Die Adresse Tallos ist 42 Hochstetter House Andriessi, Pretoria.

Wir kommen hier sehr langsam vorwärts, lieber Herr Doktor, aber die kleinen Kreise hier und in Johannesburg kommen doch regelmässig zu Studienabenden zusammen.

Mit herzlichem Gruss
Ihre H. Hollenbach

Rom Landaus *God is My Adventure*[61] war der erste englischsprachige Bestseller, der eine informative und positive Einschätzung Rudolf Steiners enthielt; das entsprechende Kapitel trug den Titel «Occult Truth». Auf diese Weise wurden international viele Menschen erstmals auf die Anthroposophie aufmerksam. Das Buch gibt es bis heute nur in englischer Sprache. Leider sind sowohl die Erwiderungen Hendrikas, sowie der kritische Originalartikel, offenbar nicht erhalten geblieben und konnten in den Archiven nicht aufgefunden werden.

Dornach, den 13. März 1939

Sehr geehrtes, liebes Fräulein Hollenbach,

Herzlichen Dank für Ihren Brief und Ihre tapfere Aktion in der Angelegenheit der Zeitungs-Kampagne. Trotzdem solche Auseinandersetzungen ihre unangenehme Seite haben, so haben sie doch andererseits oft auch das Gute, dass sie manche Menschen auf die Existenz dieser Bewegung aufmerksam machen:

Was die Frage wegen eines biologisch-dynamisch arbeitenden Landwirtes betrifft, so ist mir la Augenblick niemand bekannt, aber ich will es gern im Auge behalten.

Dieser Tage schrieb uns ein Mr Engelbrecht aus Piet Retief Boys Hostel, 22 Market Street (S.Africa), der am Goetheanum Medizin studieren will. Er weiss offenbar noch nichts Genaueres und hält uns für eine Universität im üblichen Sinne, Ich habe ihm zurückgeschrieben, dass er ein Studium bei uns am besten mit einem Studium an der Basler Universität verbinden könnte, wenn er gleichzeitig einen Universitäts-Grad erwerben will. Da ich nicht weiss, wie weit er über unsere Gedankengänge überhaupt orientiert ist, habe ich ihm Ihre Adresse angegeben.

... Bitte übermitteln Sie den dortigen Freunden, die so tapfer mit Ihnen zusammenarbeiten, unsere besten Wünsche.

Mit herzlichem Gruss!

Der unsignierte, maschinengeschriebene Text ist offenbar einen Durchschlag des Sekretariats.

---

[61] Rom Landau *God Is My Adventure - A Book on Modern Mystics, Masters, and Teachers* Landau Press, November 2008 ISBN 9781443730570

Am 1. September 1939 brach mit dem Einmarsch in Polen der Zweite Weltkrieg aus, doch hatte dies zunächst keine Auswirkungen auf Handel und Kommunikation international mit den europäischen Ländern, wie aus dem nächsten Brief hervorgeht, dem letzten vor Eintritt Grossbritanniens und Frankreichs in den Krieg. Entsprechend mutlos erscheint der Brief. Niemand wusste zu diesem Zeitpunkt, wie sich die Dinge in der Schweiz und in der Welt entwickeln würden:

Pretoria 19.11.39
224 Kotzestraat

Administration des Goetheanums

Lieber Herr Doktor Wachsmuth,

wir haben eine kleine Sammlung gehalten um trotz der schlechten Valuta dieses Jahr etwas mehr wie gewohnt schicken zu können. Also einliegend Wechsel auf Genf von 120 Franken. Die Johannesburger werden £5- direkt schicken, schreibt Frau Adler mir. Es tut mir manchmal bitter leid, dass die Arbeit hier so langsam weiterkommt, und dass ich noch stets nicht einmal einen optimistischen Bericht für das Goetheanum schicken kann. Aber doch kommen einige von uns immer regelmässig zusammen zum Studium der Anthroposophie, und ich hoffe auch dieses Jahr im Dezember wieder eine Zeit in Johannesburg mit den Freunden zusammen sein zu können. Möge unser Goetheanum gut durchkommen in diesen schweren Zeiten.

Mit herzlichem Gruss
Ihre Hendrika Hollenbach

Kriegsjahre

Hendrika war zu Beginn des Krieges 60 Jahre alt und immer noch zog sie regelmässig von einer Adresse zur anderen – von der Pretorius in die Joubert Street, dann in die Kotze Street, Trevenna und Mears Streets, doch blieb sie immer im selben Sunnyside-Viertel Pretorias, wo sie aufgewachsen war. Seit ihrem letzten Brief an Marie Steiner aus dem Jahr 1937 erfahren wir jedoch nichts mehr über die Eurythmie- und Musikschule oder darüber, wie sie ihre Tage verbrachte, denn die gesamte Korrespondenz während der Kriegsjahre betraf die Angelegenheiten der Anthroposophischen Gesellschaft und ihre Gruppen und vor allem die finanziellen Transaktionen, durch die es ihr in dieser Zeit stets gelang, Geld von Südafrika in die Schweiz zu überweisen.

Schon zu Anfang der Machtübernahme durch die Nationalsozialisten 1933 durfte das Geld Deutschland nur noch in kleinen Beträgen auf Antrag verlassen. Das Goetheanum, von Anfang an weitgehend auf die Unterstützung der deutschen Mitglieder angewiesen, wurde finanziell stark beeinträchtigt und musste allmählich alle Aktivitäten einstellen. Es fanden nur noch Versammlungen in der Schreinerei statt und das Nötigste, um die internationalen Angelegenheiten der Gesellschaft aufrechtzuerhalten. Dazu gehörten das Nachrichtenblatt «Das Goetheanum» und einige andere Aktivitäten, die nie aufhörten, aber die Mitarbeiter am Goetheanum waren froh über jeden Pfennig, der aus dem Ausland kam. So konnte Hendrika im Jahr 1940 die Abonnements im Voraus überweisen, und zwar 226.– Schweizer Franken zusammen mit einem in englischer Sprache verfassten Brief an das Sekretariat. Dieser Austausch auf Englisch wurde zur Norm, was wahrscheinlich darauf zurückzuführen war, dass jeglicher Briefaustausch mit Südafrika das Büro der Zensurbehörde passierte und Hendrika entweder aus eigener Initiative oder auf entsprechenden Rat hin versuchte, die Dinge so offiziell und unpersönlich wie möglich zu halten. Dies sollte den Prozess erheblich beschleunigen, da die Briefe sonst an einen der fremdsprachigen Zensoren zur Übersetzung weitergeleitet werden müssten, bevor sie das Land verlassen könnten.

Pretoria 29.3.40
224 Kotzestraat,
Sunnyside
Administration

Anthroposophische Gesellschaft.

Beiliegend finden Sie die Beiträge 1940 der Mitglieder in Pretoria und Johannesburg. Die acht Mitglieder in Pretoria haben alle £1,-, also etwas mehr als Fr. 15, –, beigetragen, ebenso Herr und Frau Adler aus Johannesburg. Da die Schneiders und Frau Danziger (Johannesburg) noch nicht in der Lage sind, den Betrag zu überweisen, schickt Frau Tracey £3, was die Schulden der anderen ausgleicht. Ich füge also Überweisungen auf die Standard Bank, Genf, von F. 226. -. Fräulein M. Tracey wurde Mitglied der Anthroposophischen Gesellschaft als sie an der Englischen Woche in Dornach teilnahm, ich glaube im Jahre 1938. Da sie jetzt wieder in Südafrika ist und mit ihrem Bruder, Dr. Tracey, und einer Schwester ein Haus in Johannesburg teilt, möchte sie Mitglied der Gruppe in Südafrika werden, da sie regelmässig mit den Mitgliedern in Johannesburg liest und studiert. Ihre Adresse lautet: Holmchase, P.O. Northlands, Johannesburg.

Mit allen guten Wünschen für die Arbeit des Goetheanum
Mit freundlichen Grüssen H. Hollenbach.

Die Gruppen in Südafrika begannen zu wachsen. Die Schwestern Tracey waren die ersten wirklich bürgerlichen und etwas wohlhabenden Mitglieder in der Gruppe, doch langsam etablierten sich auch die anderen Mitglieder langsam in der allgemeinen südafrikanischen Gesellschaft und wurden so auch mittragend, und die Gruppe schien nicht mehr als aus absolut exzentrischen Immigranten zu bestehen. Auch für das Goetheanum muss die Bedeutung dieser wachsenden Arbeit beträchtlich gewesen sein, denn die Finanzierung aus dem Ausland war nahezu versiegt. Aus Deutschland kam seit über fünf Jahren nichts mehr, die Niederlande, Grossbritannien, Frankreich, Norwegen, Dänemark, Italien und Osteuropa waren entweder abgeschnitten oder in den Krieg verwickelt, und nur noch eine Handvoll Mitglieder zahlte Beiträge an das Goetheanum, sodass die Gesellschaft fast ausschliesslich auf Spenden der Schweizer Mitglieder und einzelne ausländische Mitglieder angewiesen war, die sich noch bemühten, mit Dornach in Kontakt zu bleiben. Viele Menschen in der Schweiz lebten von einem monatlichen Einkommen von weniger als 80 Franken, sodass sie bald nicht mehr für die Heizung und den Unterhalt des Goetheanum-Gebäudes aufkommen konnten, das bald ohnehin von den Schweizer Grenztruppen beschlagnahmt wurde. Was an Arbeit übrig blieb, wurde in die Schreinerei verlegt, die übliche Alternative, wenn dem grossen Gebäude etwas zustiess.

Dies zeigt der nächste Briefwechsel[62] von 1942, wiederum in englischer Sprache, als der in die Schweiz überwiesene Betrag auf etwa SFR. 800 pro Jahr gestiegen war, und der, wie das Sekretariat in seinem Anerkennungsschreiben schreibt, «wir mehr denn je benötigen». Einen erwähnten Brief Hendrikas vom 14. Mai 1942 ist offenbar nicht erhalten geblieben.

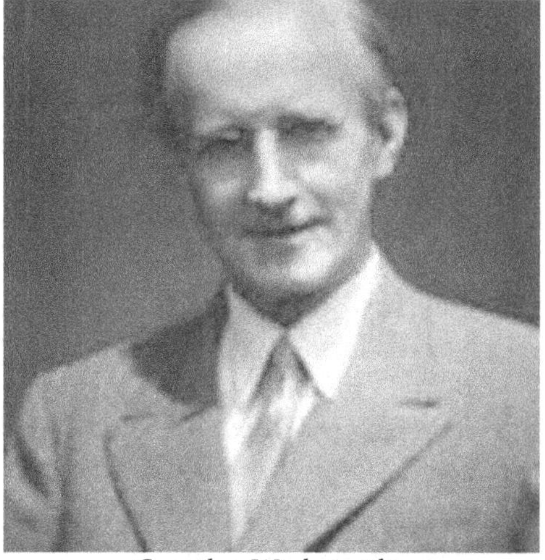
Guenther Wachsmuth

In ihrem Brief vom 14. Mai 1943 berichtet dann Hendrika nicht nur über die Fortschritte, sondern gibt auch einen guten Eindruck von den Zwängen in diesen Kriegsjahren, die für die Koordinierung der Zweigstelle einer internationalen Organisation gegolten haben. Das Sekretariat wird mit «Dear Sir» angesprochen.

Pretoria 14.5.43
Trevenna-Strasse 8.
Verwaltung Anthroposophische Gesellschaft
Dornach, Schweiz.

Sehr geehrter Herr,

Heute Morgen habe ich von der Standard Bank erfahren, dass Kapstadt wieder die Erlaubnis erteilt hat, die Beiträge unserer Mitglieder und die Abonnements der Zeitschriften Das Goetheanum und Anthroposophisches Nachrichtenblatt in die Schweiz zu schicken. Ich vertraue also darauf, dass Sie den Betrag heute oder morgen erhalten werden. Ich habe am 6. dieses Monats 50 Pfund eingezahlt, die per Telegramm überwiesen werden sollten, sobald die Erlaubnis aus Kapstadt eintreffen würde, und heute früh rief man mich an, dass das Telegramm heute verschickt wird. Nur weil ich schon seit etwa zwölf oder vierzehn Jahren Geld für Gebühren und Abonnements über die Standard Bank schicke, darf ich es überweisen. Frau Tracey hat es einmal in Johannesburg versucht, aber es war ihr nicht möglich, Geld aus dem

---

62 Siehe Anhang 2.

Land zu schicken. Deshalb konnten wir auch kein zusätzliches Geld als Weihnachtsgeschenk schicken; das geht nur einmal im Jahr, per Telegramm. Ich füge den Beitrittsantrag von Frau Hubregtse, der Direktorin einer Junior School in Johannesburg, bei. Sie möchte auch das Anthroposophische Nachrichtenblatt abonnieren, das Sie ihr hoffentlich nach Erhalt dieses Briefes zusenden werden. Die Adresse lautet 62 Kingsway Avenue, Auckland Park, Johannesburg. Ihr Mitgliedsbeitrag ist in dem telegrafierten Geld enthalten, und sie wird nächstes Jahr die Zeitschrift abonnieren. Ich bedaure, dass ich nur noch deutsche Anmeldeformulare habe und würde mich freuen, wenn Sie mir einige englische schicken würden. Frau Hubregtse ist Holländerin und versteht Deutsch, aber sie hat englischsprachige Freunde, die auch sehr interessiert sind, weshalb sie die Zeitschrift auch lieber auf Englisch haben möchte. Viele Menschen interessieren sich sehr für die landwirtschaftliche Arbeit. Mein Buch über die biologisch-dynamische Methode geht immer von einer Person zur anderen. Letztes Jahr und auch dieses Jahr fahre ich einmal im Monat nach Johannesburg, wo sich eine kleine Gruppe im Haus von Frau Michael trifft, um einen von Dr. Steiners Vorträgen zu lesen. Frau Michael ist die frühere Gloria Wedgewood, an die sich alle in Dornach gut erinnern werden. Sie möchte, dass ihr Name in die Mitgliederliste der Gruppe in Südafrika aufgenommen wird und schickt ihre Mitgliedsbeiträge. Sie ist vor langer Zeit in Dornach Mitglied geworden und besitzt noch immer eine Mitgliedskarte. Ich hoffe, dieser Brief wird Sie erreichen! Ich war so froh, durch Frau Metzener-Day zu hören, dass mein Brief von 1942 Sie erreicht hat, aber ich fürchte, dass der Brief von 1941 verloren gegangen ist, denn Frau Adler sagte mir letzten Sonntag, dass sie beim Erhalt eines Buches aus Dornach an ihr altes Buchhandelskonto erinnert worden sei. Für dieses Konto, wie auch für mein eigenes altes Buchkonto, war das Geld in dem enthalten, was ich 1941 schickte, und ich versprach ihr, dies zu schreiben. Vielleicht erkundigen Sie sich einfach nach dieser Angelegenheit. Frau v. Maarseveen, die immer die Beiträge an den Verein des Goetheanum schickte, war in den letzten Jahren nicht mehr in der Lage, dies zu tun, aber Miss Tracey aus Johannesburg hat es für sie übernommen. Meine eigenen Fr. 50 sind immer enthalten. Die beiden Mitglieder, die ich dieses Mal nicht erreichen konnte, sind Herr Tallo, der nach Kapstadt gezogen ist, und Fräulein Danziger, die zu den W. Aux. Forces[63] *eintrat, aber krank wurde und in den Krankenstand geschickt*

[63] Women's Auxiliary Forces - Frauen-Hilfstruppen des Südafrikanischen Militärs.

werden musste. Von beiden konnte ich die Adresse nicht herausfinden. Unsere Gruppe in Pretoria trifft sich regelmässig einmal pro Woche. Mehrere Leute lesen Bücher, haben aber noch keinen Kontakt mit der Gruppe. Wir erhalten die Zeitschriften in grossen Abständen – meist drei, vier oder fünf zusammen, und es ist immer eine grosse Freude, Nachrichten aus Dornach zu lesen! Wenn nur nächstes Jahr alles wieder einfacher wäre!

Wir alle senden unsere besten Wünsche und Bewunderung für die Art und Weise, wie die Arbeit geleistet wird! Viele liebe Grüsse an alle Freunde,

Von H. Hollenbach.

Hier erfahren wir, dass Gertrude Hubregtse, später eine Schlüsselfigur der anthroposophischen Arbeit, 1943 in die Anthroposophische Gesellschaft eintrat und sich in der Johannesburger Gruppe engagierte. Sie wurde 1961 Gründungslehrerin der Waldorfschule in Johannesburg, der heutigen Michael-Mount-Waldorfschule, und opferte dabei ihren Ruhestand auf, um die Schule auf Grundlage ihrer Position als Schulleiterin des Erziehungsministeriums zu gründen. Gabor Tallo, inzwischen verheiratet mit Joan Tallo, ist als fünfter uns bekannter Anthroposoph nach Kapstadt gezogen, wo sie sich zu Chris Wegerif und seiner Frau Hermana, sowie Ky und Maria Kotzuba, die 1936 aus den Niederlanden dorthin gezogen sind gesellten.

Dornach 27. Oktober 1943

Liebes Fräulein Hollenbach,

Wir haben uns sehr über Ihren freundlichen Brief vom 14. Mai gefreut, der natürlich mit grosser Verspätung hier eingetroffen ist. Anbei senden wir Ihnen die Mitgliedskarte für Frl. Hubregtse und werden auch die Verwaltung informieren, ihr von nun an das Nachrichtenblatt zu schicken. Mit herzlichem Dank quittieren wir auch den Erhalt von 3 mal Fr. 50. - als Ihre Beiträge an die Goetheanum-Verwaltung von 1941, 42, 43. Im Augenblick sind wir für finanzielle Hilfe besonders dankbar, da die ganze Last des Unterhalts und der Arbeit des Goetheanum auf den Schultern unserer Schweizer Mitglieder liegt, da wir von den meisten anderen Ländern praktisch abgeschnitten sind. Und so wird die Last fast unerträglich. Wir tun alles, was wir können, um die Arbeit bis zum Ende des Krieges fortzusetzen, und in diesem Bemühen hilft es uns sehr, von der tapferen Arbeit unserer Freunde in Südafrika zu wissen. Bitte übermitteln Sie ihnen allen unsere besten Gedanken und herzlichen guten Wünsche. Wir alle sehnen den Tag herbei, an dem wir unsere Freunde aus Südafrika in Dornach wiedersehen werden.

Mit herzlichen Grüssen

Beilagen
1 Mitgliedskarte
6 englische Anmeldeformulare

Der folgende Brief endet ohne Schluss und Unterschrift, was die Vermutung nahelegt, dass es eine zweite Seite gegeben haben muss, die nicht mit der anderen abgelegt wurde. Da Albert Steffen kein Englisch sprach und es nicht um finanzielle oder mitgliedschaftliche Angelegenheiten ging, sondern um Fragen der Anthroposophie selbst, verfasste ihn Hendrika auf Deutsch.

Pretoria 1.4. 44
8 Trevennastr,

Sehr geehrter Herr Steffen,

als ich das erste Mal von Dornach fortging (in 1926), berührte ich im Gespräch mit Frau Doktor Steiner die Möglichkeit dass später, wenn eine kleine Mitglieder Gruppe hier gebildet werden könnte, vielleicht einmal Anfragen zur Mitgliedschaft der ersten Klasse der Freien Hochschule kommen könnten. Frau Doktor sagte, dann müssten sie schreiben. Bisher ist es nicht geschehen, aber am letzten Sonntag sprach Frau Maarseveen mit mir über ihren Wunsch, Mitglied zu werden. Sie sagte mir, es seien jetzt bald 14 Jahre, dass sie Mitglied der Anthroposophischen Gesellschaft ist, und obschon sie, als sie in Dornach war, noch nicht in diese Weise fühlte, fange sie jetzt an, sehr den Wunsch zu haben Mitglied, der Fr. Hochschule zu werden. Ich glaube, dass dies etwas sehr Innerliches ist. Sie lebt still mit ihrem Sohn, ist über 60 Jahre alt, gesundheitlich nicht kräftig, und es scheint eine grosse Sehnsucht nach Verinnerlichung zu kommen. Doch sagte ich ihr, ich müsste zuerst schreiben, ob Sie, als Vorstand, erlauben dass ich ihr die Sprüche übermittle. Vielleicht höre ich hierüber von Ihnen, oder durch Herrn Dr. Wachsmuth. Ich denke manchmal mit Sehnsucht an Dornach, aber man weiss nicht wie lange es noch dauern wird, ehe man die Reise wieder unternehmen kann.

Der Brief bricht hier ab. Albert Steffen antwortete nicht darauf, woraufhin Hendrika einen Monat später Günther Wachsmuth erneut anspricht, wiederum in englischer Sprache:

Pretoria 3. Mai 44
Trevennastraat 8.

Lieber Dr. Wachsmuth,

Ihr Brief vom 27. Oktober hat mich Ende Dezember letzten Jahres erreicht, und es war mir eine grosse Freude, wieder aus Dornach zu hören! Ich habe dem Sekretariat letzte Woche über die Summe geschrieben, die ich über die Standard Bank telegrafiert habe. Es waren £ 53, – aber darin enthalten war Geld von Frau Adler für die Bezahlung ihrer Buchkonten und eines Vortrags, den sie sich schicken liess, vz. «Bibel und Weisheit». Ihre Adresse lautet: P.O. Grasmere. Da Briefe manchmal verloren gehen, erwähne ich sie auch Ihnen gegenüber. Fräulein Danziger hat auch dieses Jahr ihr Abonnement geschickt. Ihre Adresse ist 22 Oster Mansions, Saratoga Avenue, Johannesburg. Wie Sie sich erinnern werden, hatte ich im letzten Jahr keinen Kontakt zu ihr, aber jetzt nimmt sie an der kleinen Studiengruppe bei Schneiders in Johannesburg teil, wo auch Frau Hubregtse, unser neues Mitglied (sie hat sich sehr über ihre Mitgliedskarte gefreut), zur wöchentlichen Lektüre geht.

Es gibt noch eine andere Sache, die ich Sie fragen wollte. Vor einiger Zeit schrieb ich Herrn Steffen über den Antrag von Frau van Maarseveen auf Mitgliedschaft in der 1. Klasse der Freien Hochschule für Geisteswissenschaft. Sollte mein Brief Herrn Steffen nicht erreicht haben, würde ich mich freuen, wenn Sie ihn ihm vorlegen könnten. Sie erinnern sich vielleicht an Frau van Maarseveen, die Mutter der jungen Eurythmistin, die ich nach Dornach brachte und die später Dr. Wegenaar heiratete. Die Mutter macht eine schwierige Zeit durch, da sie sehr selten von ihrer Tochter hört, und da sie sich sehr ernsthaft mit der Anthroposophie beschäftigt und seit über 14 Jahren Mitglied ist, dachte ich, dass ihr Wunsch sehr wahrscheinlich erfüllt wird, möchte aber vom Vorstand hören, ob ich ihr das Mediationsmaterial (Verse) geben darf. Könnten Sie so freundlich sein und mir Bescheid geben?

Unsere kleine Gruppe arbeitet stetig, aber neue Interessenten fallen sehr oft wieder weg, weil andere Interessen dazwischenkommen. Wir sehnen uns alle danach, dass die Zeitschrift wieder kommt. Das letzte Goetheanum haben wir am 23. Januar erhalten.

Mit den besten Wünschen und Grüssen an Sie und den Vorstand,
Mit freundlichen Grüssen,
H. Hollenbach

Auch dieses Mal blieb die Antwort bezüglich der Klassenmitgliedschaft Frau van Maarseveen aus. Doch auch der Krieg ging zunächst in

Europa und dann Anfang September 1945 weltweit zu Ende. Die Korrespondenz wurde einfacher und die langen Verzögerungen bei internationalem Briefwechsel hörten auf. Nachrichten vom Goetheanum begannen wieder ungehindert nach Südafrika zu fliessen.

Pretoria 29.11.45
131 Mears Str.

Lieber Herr Doktor Wachsmuth, zum ersten Mal können wir wieder dem Goetheanum eine Weihnachtsgabe schicken, zwar nicht durch die Bank, weil «Gifts to an Institutionen» noch nicht erlaubt sind, aber jeder für sich als Postanweisung. Ich schicke also £5.-, und hoffe, dass der Postman ist ordentlich am Goetheanum abliefert. Du Toits, Miss Wessels und Frau von Maarseveen werden sicher wohl auch eine Gabe schicken, und ich schrieb auch darüber an Adlers und an Miss Tracey. Adlers sind immer hilfsbereit und Miss Tracey ist natürlich von uns allen diejenige, die am meisten tun kann. Sie hat auch immer die grösste Gabe extra geschickt als ich unsere «Subscriptions» durch die Bank übermittelte. Jetzt erreicht uns auch die Zeitschrift wieder, und sie wissen nicht wie dankbar ich bin, wieder mit leben zu können. Vor einigen Tagen kriegten wir die Nummer vom 28 Oktober mit dem Artikel von Frau Fels über die Michaeli-Tagung. Es war wie eine Erlösung! Wie eine Vorführung zum neuen Wachstum empfindet man das immer. Ich war umso mehr beglückt, da wir gerade vorher einen langen Luftbrief aus Holland bekommen hatten von Frau Dr. Wegenaar, die an ihre Mutter und mich zusammen schrieb über eine Versammlung in Holland (Leyden) wo über die Schwierigkeiten von Dornach berichtet worden war, und ein Brief von Herrn Dr. Boos verlesen worden war. Wohl sah ich, dass sie stark persönlich beeinflusst worden war, aber doch tat es einen sehr weh, und gab eine düstere Stimmung. Wohl hatte ich in dem «Gruss an die Leser im Ausland» von Herrn Steffen etwas wie einen Michaelshauch verspürt, der Zuversicht und Hoffnung gab, aber doch, man sah, dass sehr ernste Schwierigkeiten da waren. Aber wenn die Arbeit in der Weise weitergehen kann wie es in diesem ersten Bericht über die Michaelstagung sich zeigt, kann man voller Hoffnung für die Zukunft sein. Innig hoffe ich allerdings, dass es nicht zu noch eine Spaltung kommen wird, und viele liebe Freunde sich nicht mehr verstehen würden.

Den Brief hat sie nicht unterzeichnet.

Die Schwierigkeiten in Dornach, dieses Mal zwischen Marie Steiner und den beiden anderen Vorstandsmitgliedern, die jeweils ihren eigenen

Kreis von Anhängern hatten, führten jedoch zu einer weiteren Spaltung mit der Gründung der Rudolf Steiner Nachlassverwaltung durch Marie Steiner – einer Stiftung, der sie den gesamten Nachlass Rudolf Steiners vermachte. Diese hatte die Aufgabe, das noch Ungedruckte herauszugeben und für dessen Verbreitung zu sorgen.

Rückkehr nach Dornach

Als der Krieg zu Ende ging, gab es in Südafrika mindestens drei etablierte anthroposophische Gruppen. Zwei davon wurden von Hendrika Hollenbach in Johannesburg und Pretoria geleitet. Die dritte Gruppe war um Mary Gibaud in Port Elizabeth versammelt. Obwohl in Kapstadt einige Anthroposophen lebten, gibt es keine Hinweise, dass dort bis Anfang der 1950er Jahre Gruppenarbeit stattfand. Auch gab es keine Kommunikation zwischen den Gruppen im Transvaal und der in Port Elizabeth. Tatsächlich fand erst Ende der 1950er Jahre das erste überregionale Treffen von Anthroposophen im südlichen Afrika statt.

Die Studiengruppen in Pretoria und Johannesburg bildeten den ersten formellen und organisierten Zweig der Anthroposophischen Gesellschaft, in Dornach angeschlossen und mit Hendrika als Gründerin und Leiterin. Dieser Zweig war vollständig aus Hendrikas 1927 gegründeter Musik- und Eurythmieschule hervorgegangen. Die ersten Mitglieder waren entweder durch ihre Arbeit als Schüler oder als Eltern von Schülern mit der Eurythmiearbeit verbunden. Einige Jahre später kamen die Schneiders, Adlers und Frau Danziger als Flüchtlinge aus Deutschland an. Sie brachten mit sich den Kontakt zu einer Person vor Ort, die ihnen mit Informationen weiterhelfen konnte, auf deren anthroposophische Bücher sie sich verlassen konnten, die sie regelmäßig besuchte und um die sich ihre Diskussionen über Anthroposophie drehen konnten. Anfangs konnten sie nur wenig Unterstützung leisten, weder finanziell noch personell, da sie darum kämpften, sich in ihrer neuen Heimat zu etablieren. Aber später, als sie zur Grundlage für die weitere anthroposophische Entwicklung geworden waren, erinnerten sie sich stets mit Dankbarkeit an die Unterstützung, die sie von ihr erhalten hatten. Sie wurden engagierte Mitglieder, die in den kommenden Jahren eine führende Rolle bei der Etablierung der Arbeit der Gesellschaft, der Waldorfschulen, der biodynamischen und sonderpädagogischen Arbeit und der Christengemeinschaft spielten. Die Jahre der Trübsal lagen mit dem Ende des Krieges hinter ihnen. Bücher konnten wieder bestellt werden, und die Gruppe war nicht mehr auf die Bibliothek angewiesen, die Hendrika selbst besass.

Die Nachrichten aus Dornach waren ebenso beunruhigend wie willkommen, wie die ersten Briefe zeigen:

Dornach den 8. Dezember 1945

Sehr geehrtes Fräulein Hollenbach,

es hat mich ausserordentlich gefreut durch Ihren Brief vom 29. November wieder Nachrichten von Ihnen zu erhalten und zu wissen, dass die dortigen Freunde die schweren Kriegsjahre wohlbehalten überstanden haben. Es hat mich auch berührt, dass sie in so fürsorglicher Weise des Goetheanum gedenken und auf jede mögliche Weise helfen wollen, denn unsere Sorgen, dass Goetheanum praktisch durch zu tragen, sind im Augenblick ganz besonders grosse, weil eben die Überweisung von Spenden aus dem Ausland noch so vielen Einschränkungen unterworfen ist. Bitte sagen Sie allen Helfern unseren herzlichsten Dank.

Da sie in ihrem Brief auch erwähnen, dass Ihnen über Schwierigkeiten berichtet worden sei, liegt hier ein Bericht über die letzte Generalversammlung bei. Die Vorgeschichte ist kurz die, dass Frau Dr. Steiner leider einen «Nachlassverein» gegründet hatte, wovon Herr Steffen und ich und die Gesellschaft erst zwei Jahre nach seiner Gründung etwas erfuhren. Diesem Nachlassverein, der noch dazu als eine Institution ausserhalb der Gesellschaft konstituiert wurde, soll das ganze Werk Rudolf Steiners übergeben werden so dass die Anthroposophische Gesellschaft, der Rudolf Steiner sich selbst und sein Werk bei der Weihnachtstagung verbunden hat, von diesem aussenstehenden Verein nun in Abhängigkeit geraten würde. Dies kann die weitaus grösste Zahl der Mitglieder nicht für richtig finden und nicht akzeptieren und muss auch die Ausschaltung der von Dr. Steiner betrauten Vorstandsmitglieder und der Gesellschaft ablehnen. Da all dies hinter unserem Rücken geschah, erzeugt es jetzt beim Bekanntwerden natürlich sehr starke Schwierigkeiten und das ist es, worum es geht. Wir müssen im Geiste Rudolf Steiners aus prinzipiellen Gründen dafür eintreten, dass das Werk Rudolf Steiners mit der von ihm begründeten Gesellschaft verbunden bleibt und keine solchen Abhängigkeiten eintreten. Das ist es, wofür sich die grösste Mehrzahl der Mitglieder einsetzt. Der Bericht, den sie von Frau Dr. Wegenaar erhalten haben, muss wohl sehr einseitig gewesen sein, zumal sie noch auf einem Brief von Dr. Boss hinweist, der ja Herrn Steffen zur Empörung der Mitglieder, in der allerübelsten Weise angegriffen hat und den die Generalversammlung letztes Jahr durch Beschluss das Recht abgesprochen hat, noch im Namen der Gesellschaft und des Goetheanums zu sprechen. Sie wissen ja als altes Mitglied, dass solche geistigen Auseinandersetzungen in einer geistigen Bewegung immer von Zeit zu Zeit aufgetreten sind und auftreten müssen und Sie können versichert sein, dass wir trotzdem die positive und fruchtbare Arbeit mit grösster Intensität, wie all die Kriegsjahre hindurch, fortführen und steigern werden. Dies geht schon aus dem schönen Verlauf der Michaeli Tagung hervor, der für die vielen Besucher so ausserordentlich beglückend war. Man muss also trotz all der Schwierigkeiten den Mut nicht verlieren und mit der Hilfe und dem Verständnis, dass uns von allen Freunden zukommt, soll es doch möglich sein, die grossen Aufgaben der Zukunft durchzuführen.

Es hat mich sehr gefreut, aus ihrem Brief zu ersehen, dass sie dort mit Freunden die regelmässige Arbeit so schön weiterführen konnten und ich sende Ihnen und allen dortigen Mitgliedern die besten Wünsche für die weitere Arbeit.

Mit herzlichem Gruss
Ihr Wachsmuth

Ein Bericht der Generalversammlung Oktober 1945 folgt separat.

Separat: ein Briefwechsel und ein Protokoll der Generalversammlung im März 1945

Für diejenigen, die mit den späteren Ereignissen zwischen dem Nachlassverein und dem Goetheanum vertraut sind, ist Wachsmuths Antwort bemerkenswert, da er die Verantwortung auf die «grösste Zahl der Mitglieder» und nicht auf eine Entscheidung oder Position des Vorstands selbst schiebt, der allein aus Albert Steffen und ihm selbst bestand. Er ignoriert anscheinend einfach die Tatsache, dass es der Vorstand war, der die Mitglieder informierte und von dem die Handlungsvorschläge stammten.

Unmittelbar nach Kriegsende begann Hendrika ihre Vorbereitungen, Südafrika zu verlassen. Noch vor November 1945 löste sie ihren Haushalt an der Travenna Street auf und zog in eine vorübergehende Wohnung in der Mears Street. Im Dezember, nach Abschluss des südafrikanischen Schuljahres, beendete sie ihre Musik- und Eurythmieschule und somit, im Alter von 65 Jahren, auch ihr Arbeitsleben. Nun wollte sie sich mit einer kleinen Rente in Dornach zur Ruhe setzen. Im Januar 1946 verliess sie Pretoria und lebte bei Karl und Zdenka Adler auf der Farm, die sie südlich von Johannesburg bewirtschafteten, während sie mit der Schweizer Botschaft über ein Visum verhandelte. Die Kämpfe ihrer Pionierarbeit lagen hinter ihr und die anthroposophische Arbeit war in verantwortungsvolle Hände übergegangen. Sie konnte demnach beruhigt die restlichen Jahre ihres Lebens in ihrem geliebten Dornach verbringen. Der Rest ihrer südafrikanischen Korrespondenz befasst sich nicht mehr mit der Arbeit vor Ort, sondern mit dem mühsamen und langwierigen Prozess, 1946 ein Visum für die Schweiz zu erhalten. Es sollte fast das ganze Jahr über dauern, bis sie schliesslich gegen Ende 1946 zurückkehren konnte.

Wann genau ihre Kommunikation darüber begann, ist schwer zu sagen, da mindestens ein Brief in der Serie zu fehlen scheint. Die erste erhaltene Korrespondenz ist die folgende, die aber voraussetzt, dass es bereits einen früheren Austausch gab.

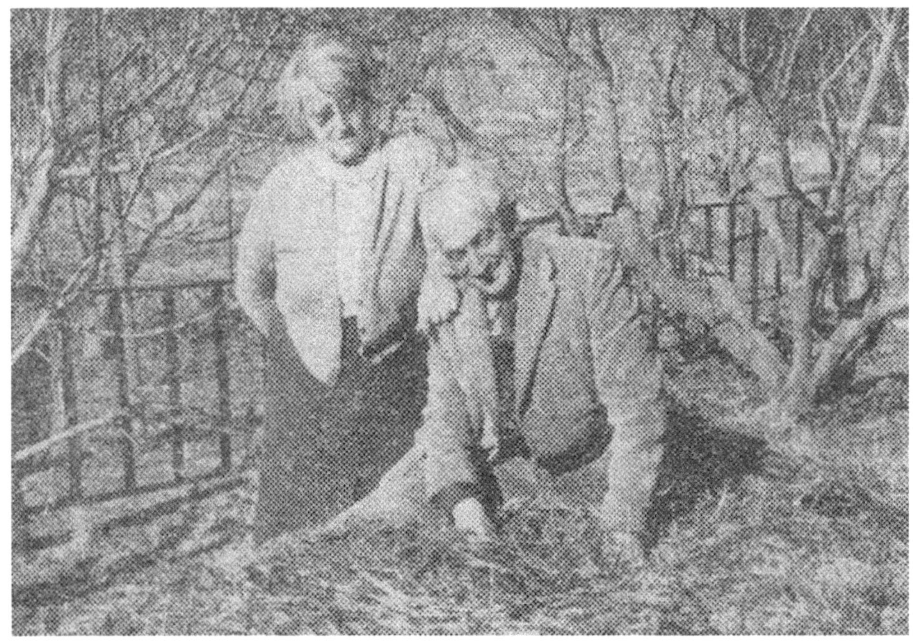

Karl and Zdenka Adler

Lakeview Estate,
c/o Mr and Mrs Adler
23.1.46

Lieber Herr Doktor Wachsmuth,

am Samstag erhielt ich hier die verschiedenen Schriftstücke die mir vom Sekretariat geschickt wurden. Ich war dankbar in dieser Weise Grundlagen zu einem Urteil zu bekommen und mein Wunsch, zu Ostern in Dornach zu sein, um mitzutragen und mitzuleben wurde noch grösser. Nun scheint es aber, dass es sehr schwierig ist, ein Visum vom schweizerischen Konsulat zu bekommen. Schon als ich Ende Dezember da war, sagte man mir, es wäre wohl am besten zu versuchen ein medizinisches Zertifikat zu bekommen (ich bin aber vollkommen gesund) damit man daraufhin sich an die Regierung in der Schweiz wenden könne. Man erwartete aber Änderungen, und so entschloss ich mich zu warten bis ich Ende Januar wieder in Johannesburg sein würde, auf der Durchreise nach im Umbogentwini (in der Nähe von Durban), wo ich einige Zeit bei meinem Bruder zu verbringen hoffe.

Finanziell bin ich unabhängig, da ich ungefähr £10.- pro Monat Einkommen habe, wovon man doch wohl in einfacher Weise wird leben können, und ein paar hundert Pfund extra für unvorhergesehene Fälle. Möchten Sie aber denken, dass es ganz unmöglich sein wird eine längere Aufenthaltsbewilligung zu kriegen, oder dass die Wohnungsnot noch so gross ist, dass es einfach unmöglich sein würde, ein Zimmer zu kriegen, so würde ich bitten, mich zu telegrafieren; vielleicht wollen Sie das auf jedem Falle tun, die Unkosten werde ich bei nächster Gelegenheit decken. Ich stehe in meinem 66. Lebensjahr, und habe immer gehofft, die letzten Jahre in Dornach verleben zu können. Die Geschicke der Gesellschaft möchte ich miterleben und mittragen, also können Sie sich denken, wie sehr ich hoffe, kommen zu können. Ich werde vom 1. Februar an bei meinem Bruder sein: C.A. Hollenbach, P.O. Box 13. Umbogentwini, South Coast, Natal.

Am Ende wurde noch hinzugefügt:

24. Januar.

Lieber Herr Doktor,

Erst heute, wo wir in Lawley sind, bekomme ich ihren Brief. Herzlichen Dank! Meine Arbeit hier wird fortgesetzt werden und ich werde mit allen in Kontakt bleiben. Man hat hier auf der Post diesen Brief schnell für mich wieder geöffnet.

Ihre H.H.

Dornach 8 Dezember 1945

Liebes Fräulein Hollenbach,

Ich erhielt Ihren freundlichen Brief vom 23.1. und habe Ihnen daraufhin folgendes Telegramm gesandt: «Forward your request through Swiss Consul. We support it when arriving here».

Es ist heute nicht leicht, die Einreise und gar längere Aufenthaltsbewilligung in der Schweiz zu erhalten, aber ich denke, dass es bei Ihnen doch wohl bewilligt werden wird, wenn wir den Antrag in Bern unterstützen, was wir gern tun wollen. Sie müssen allerdings den vorschriftsmässigen Weg gehen, d.h. den Antrag auf Einreise und Aufenthaltsbewilligung in der Schweiz durch den für Ihren Wohnort zuständigen dortigen Schweizer Konsul bei der Eidg. Fremdenpolizei in Bern einreichen, wobei Sie angeben, warum Sie einreisen wollen und dass Sie in Dornach Wohnsitz nehmen wollen. Wenn dieser Antrag dann in Bern eintrifft, so sendet ihn die Eidg. Fremdenpolizei automatisch an die Einwohnergemeinde Dornach, welche bei uns anfragt und wobei wir dies dann gern befürworten werden. Dieser Instanzenweg ist einfach vorgeschrieben und bei den heutigen schwierigen Verhältnissen nicht zu umgehen, ganz besonders wenn Sie für längere Zeit einreisen wollen.

Die Eidg. Fremdenpolizei gibt allerdings grundsätzlich keine dauernden Aufenthaltsbewilligungen, sondern meistens nur für 1 Jahr. Man kann dann aber vor Ablauf des Jahres einen Antrag auf Verlängerung stellen, der in Ihrem Falle wohl bewilligt werden würde, wenn Sie nachweisen, dass Sie die notwendigen eigenen Mittel für Ihren Lebensunterhalt haben.

Für die heutigen sehr teuren Verhältnisse in der Schweiz ist allerdings Ihr monatliches Einkommen von 10 £ = ca. S.Fr. 170.- sehr, sehr knapp. Aber Sie können es schaffen, wenn Sie in einem bescheidenen Zimmer wohnen und wenigstens den grössten Teil Ihrer Mahlzeiten selbst kochen. Für das Wohnen in einer Pension oder das Essen in der Kantine usw. würde es bei allen anderen Unkosten kaum reichen, sondern eben nur wenn Sie privat wohnen. Wohnungen sind zwar augenblicklich sehr schwer zu beschaffen, aber ein einzelnes Zimmer werden Sie wohl sicher finden.

Zu Obigem möchte ich noch hinzufügen, dass die Schweizer Regierung von sich aus, auch auf unseren Antrag hin, auf keinen Fall eine telegraphische Einreisebewilligung an das dortige Konsulat erteilt. Der Antrag muss auf jeden Fall von Ihnen ausgehen. Sie können aber den dortigen Konsul bitten, dass er in Bern um telegraphische Beantwortung bittet. In diesem Fall werden Sie wohl hierfür eine bestimmte Summe dort deponieren müssen.

Es wäre ja sehr schön, wenn Sie schon zu Ostern hier sein könnten, doch fürchte ich nach vielfachen Erfahrungen, dass das schwerlich gehen wird. Die behördlichen Mühlen mahlen heute bei dem ungeheuren Andrang solcher Gesuche von allen Seiten nicht so rasch. Aber vielleicht gelingt es Ihnen doch. Es würde uns herzliche freuen, Sie wieder in unserer Mitte zu haben. Ich besinne mich noch deutlich, wie ich im Jahre 1921 bei Ihnen Ton-Eurythmie-Stunden im Glashaus hatte. Das ist nun auch schon ¼ Jahrhundert her. Hoffentlich können Sie also jetzt Ihren plan der Rückkehr in das liebe Dornach verwirklichen.

Bitte sagen Sie Herrn Adler, dass ich mich sehr gefreut habe, einmal wieder von ihm zu hören und zu wissen, dass seine landwirtschaftliche Arbeit befriedigend weitergegangen ist, wofür ich ihm alle guten Wünsche sende. Was den in seinem Brief gemachten Vorschlag auf Ablösung der Gelder durch Sammlung betrifft, so ist dies nicht so einfach. Ich kann dies hier nicht ausführlicher auseinandersetzen. Eine gerichtliche Austragung der Angelegenheit wollen wir selbstverständlich durchaus vermeiden. Es ist jetzt gerade ein Komitee gebildet worden, das über diese Fragen von beiden Seiten beraten soll.

Herr Steffen wird sich sehr freuen, dass Ihnen seine Artikel im Goetheanum so wertvoll waren. Wir werden unserseits alles tun, um diese fruchtbare Art der Arbeit fortzusetzen.

Mit allen guten Wünschen und hoffentlich auf Wiedersehen.

Mit herzlichem Gruss

Das bedeutet wahrscheinlich, dass Hendrika sich von den Adlers in Lakeview Estate, etwa 9 Kilometer vom Hauptbahnhof Johannesburg entfernt, verabschiedete und die Nacht in einer billigen Pension im nahe gelegenen Braamfontein verbrachte, bevor sie am nächsten Tag den Zug an die Küste bestieg.

Sonntag 31. März '46
P.O. Box 13 Umbogintwini,
South Coast, Natal

Lieber Herr Doktor,

vorgestern erhielt ich endlich mein «visaed Passport» zurück. Die Aufenthaltsbewilligung ist allerdings nur für zwei Monate, aber wie sie schrieben, wird das wahrscheinlich verlängert werden können. Ich bin sehr dankbar für die Hilfe, wie die Unterstützung meines Antrags vom Goetheanum aus für mich war, aber war doch enttäuscht, dass es so sehr lange dauerte, ehe die telegrafische Antwort kam. Jetzt bin ich fertig zur Abreise, aber die Schiffsposition ist gerade sehr schlecht. Man fürchtet sich, dass im April überhaupt keine Gelegenheit sein wird zu reisen, und dass erst im Mai wieder Schiffe zur Verfügung kommen werden. Also werde ich froh sein können, wenn ich jedenfalls zu Pfingsten in Dornach werde sein können; man muss nur Geduld zum Warten haben.

Gegen Ende des Jahres wird es 35 Jahre her sein, dass ich zum allerersten Mal von Pretoria nach Berlin reiste um Doktor Steiner zu bitten, mich als Schülerin anzunehmen. Ich kam am 23. September abends an, ging gleich am nächsten Tag, Heiligen Abend, in die Motzstrasse, aber konnte selbstverständlich Herrn Doktor nicht gleich sprechen. Es war erst am 1. März, dass ich das erste lange Gespräch haben durfte, und einige Tage später, am 6. März, dass ich als Schülerin aufgenommen wurde. Also hoffe ich wohl, dass ich in diesem Jahr endgültig werde zurückkommen dürfen. Ich möchte auch mit Herrn Steffen sprechen über den Brief den ich ihm am 1. April 1944 schrieb, in Zusammenhang mit Frau von Maarseveens Wunsch Klassenmitglied zu werden. Ich bekam niemals eine Antwort. Auch in einem Brief an ihnen erwähnte ich dies, aber vielleicht sind Briefe verloren gegangen, oder fand Herr Steffen, dass man nicht brieflich hierauf antworten konnte. Ich habe jedenfalls noch eine Kopie von dem Brief den ich schrieb, und werde damit zu Herrn Steffen kommen und weitererzählen. Ich war so froh, dass sie in ihrem letzten Brief schrieben, dass ein Komitee gebildet worden war um über die schwierigen Fragen von beiden Seiten zu beraten. Wie es doch innigst zu hoffen ist, dass man auf höherem Niveau sich wieder wird verstehen können, und so die Probleme sich allmählig lösen werden.

Mit den besten Wünschen und nochmals Dank,
Ihre H. Hollenbach

So erhielt Hendrika erst Ende März endlich ihr Visum und konnte damit beginnen, eine Überfahrt von Durban über den Atlantik zu organisieren. Ihre Hoffnung, an der Ostertagung in Dornach über Südafrika berichten zu können, hatte sich zerschlagen und sie musste eine unabsehbare Zeit warten. Andererseits ist ein Urlaub in einem Strandhaus in Umbogentwini etwas, wovon die meisten Menschen nur träumen können, so dass man hoffen darf, dass sie die Zeit dort, trotz Heimweh nach Dornach, auch einigermassen geniessen konnte.

Als historisches Dokument ist der obige Brief aber noch aus ganz anderen Gründen bedeutsam. Biografisch gesehen ist er ein Schicksalsmoment, wie es auch ihr erster Brief nach Berlin war. Er weist auf die Abrundung eines Lebenswerkes und eines menschlichen Schicksals. Aus ihm geht hervor, dass sie Südafrika damals im Dezember verliess und am 23. Dezember in Berlin eintraf. Aufgrund anderer Informationen müssen wir davon ausgehen, dass es sich um den Dezember 1911 handelt, wie es in diesem Bericht über ihr Leben angenommen wurde. Es ist wie ein Wink an die Nachwelt von jenen Mächten, die wollten, dass ihre Geschichte gelegentlich einmal erzählt wird.

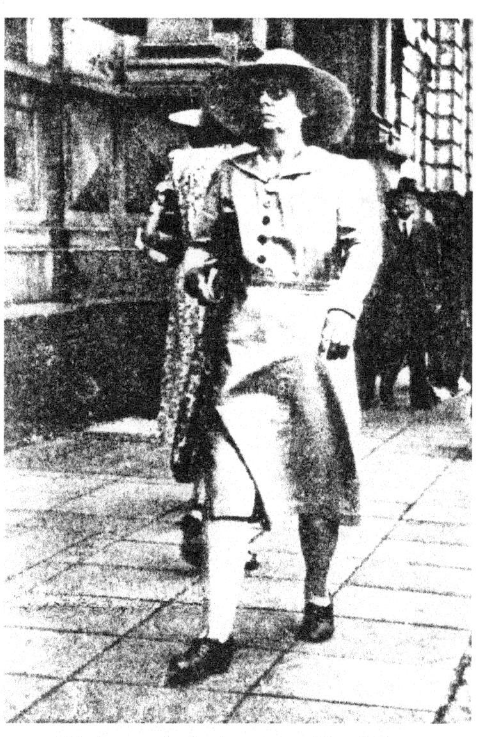
Die letzte Aufnahme von Hendrika

Doch der Brief enthält noch weitere, eher beunruhigende Informationen. Aus irgendeinem Grund hatten weder Albert Steffen noch Günther Wachsmuth jemals auf ihre Anfrage bezüglich der Klassenmitgliedschaft von Frau v. Maarseveen geantwortet. Es scheint ein ausserordentliches Versäumnis zu sein, auf eine derartige Anfrage einer Zweigleiterin einfach nicht einzugehen!

Die letzte Korrespondenz aus Südafrika mit dem Goetheanum, war ein kurzes Schreiben des Sekretariats, dem die Mitgliedskarte für Lawrence Adler beigefügt war und in dem festgestellt ist, dass sie im Juli 1946 noch nicht in der Lage gewesen war, eine Passage nach Europa zu buchen.

23 Juli 1946

Sehr geehrtes, liebes Frl. Hollenbach,

Zufolge Ihrer Befürwortung übersenden wir Ihnen anbei die Mitgliedskarte für Herrn John Lawrence Victor Adler, das neue Mitglied der Gruppe in Süd-Afrika, mit unseren besten Wünschen für seine dortige anthroposophische Arbeit.

Wir haben so sehr bedauert, dass sich Ihre Pläne betreffend Ihrer Reise nach Dornach zurzeit nicht erfüllen liessen und wir hoffen sehr, dass es Ihnen in nicht sehr weiter Ferne doch noch möglich sein wird, die Reise anzutreten.

Wir senden Ihnen unsere besten Wünsche und begrüssen Sie herzlich,

Für das Sekretariat:

Ihr letzter Brief aus Südafrika ging an Marie Steiner. Da sie wusste, dass es Schwierigkeiten zwischen Marie Steiner einerseits und Günther Wachsmuth und Albert Steffen andererseits gab, muss sie sich bewusst gewesen sein, dass Marie Steiner zwar von ihrer bevorstehenden Rückkehr gehört hatte, aber nicht persönlich mit den Herren darüber gesprochen hätte. Der Brief zeigt in anschaulicher Weise den Respekt und die tiefen Gefühle, die Hendrika für jene Frau hegte, die in all den Jahren ihre Mentorin gewesen war. Es ist ein passendes Schlusswort nach 35 Jahren Hingabe an das Werk Rudolf und Marie Steiners.

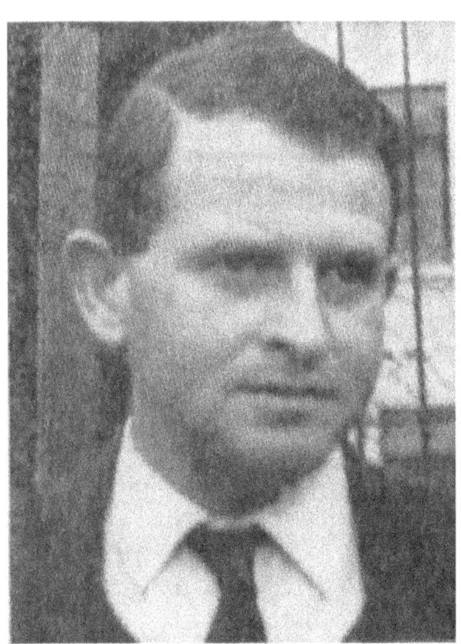
Lawrence Adler

Umbogintwini,
South Coast, Natal
3 August 1946

Liebe Frau Doktor,

Heute ist der letzte Tag der Sommertagung in Dornach. Wie gerne wäre ich dabei gewesen! Aber noch stets wird mir die Überfahrt nicht bewilligt, weil viele um Geschäft, Gesundheits- oder anderen Gründe Vorrang (Priority) geniessen. Und da ist mir in der letzten Zeit wiederholt der Impuls gekommen, Ihnen zu schreiben, besonders wenn ich morgens aufwachte. Natürlich ist es mir sehr zu Herzen gegangen als ich aus Andeutungen in dem «Goetheanum» und auch aus Briefen aus Holland über die Schwierigkeiten in Dornach las. Ich schrieb dann an Dr. Wachsmuth, der mir einiges zur Aufklärung schickte. Das war Anfang des Jahres. Aber aus allem scheint doch nur hervorzugehen, als der tiefste Grund von allem, dass Sie das Vertrauen in Herrn Steffen verloren haben. Und da steht man vor einem Problem was nicht so ohne Weiteres zu lösen ist. Denn mir geben manchmal ein kleines Gedicht oder ein paar Worte von Herrn St. im «Goetheanum» sehr viel, und ich verstehe nicht, wie das Zusammenwirken so schwierig hat werden können. Umso mehr war es mir eine grosse Freude, als ich las wie für die Sommertagung die verschiedenen Gruppen zusammenarbeiteten; jedenfalls würde man das annehmen, nach Einigem was in den Juni-Goetheanums an Mitteilungen erschien. Wie Sie vielleicht gehört haben, hoffe ich wieder ganz nach Dornach zurückzukommen. Es war immer mein Wunsch, die letzten Jahre meines Lebens dort wieder verbringen zu dürfen. Schon vor längerer Zeit schrieb ich Frau de Jaager hierrüber, bekam aber keine Antwort und da habe ich Dr. Wachsmuth um Auskunft gebeten über Lebenskosten und Wohnungsmöglichkeit, der mir schreib, dass obschon £10 (Fr: 170) pro Monat sehr knapp sein würde, ich es würde schaffen können wenn ich in sehr bescheidener Weise leben würde. Da ich die Summe, die in Hypotheken festgelegt ist, dem Goetheanum testamentarisch vermacht habe, hoffe ich sehr, es schaffen zu können und würde wahrscheinlich, nötigenfalls, wieder einige Klavierschüler bekommen können.

Ich habe in Pretoria, bis zum Ende des letzten Jahres, einen grossen Kreis von Schülern gehabt, für Klavier und Gesang: immer grössere Aufführungen geben können, und für die Examen der «University of South Africa» die auf derselben Weise wie die der «Royal Academy of Music» hier abgehalten werden, erfolgreich vorbereiten können.

Mitte Dezember, vor den langen Sommerferien, machte ich Schluss in Pretoria. Ich hatte viele Studentinnen der Universitäten Pretoria und des Normal College, als Schülerinnen, wovon ich einige mit Anthroposophie bekannt machte. Weiter arbeitete ich bis zuletzt mit unserer kleinen Gruppe von Mitgliedern; aber eine kleine Gruppe ist es immer geblieben. Frau von Maarseveen hat die Arbeit dann weitergeführt, aber jetzt geht auch sie fort. Hofft zu ihrer Tochter in Holland gehen zu können, die dort jetzt ganz alleine steht, da Dr. Wegenaar hat scheiden wollen. Miss du Toit wird, wie ich hoffe, dann mit den wenigen Übriggebliebenen weiterarbeiten. Nach meiner Abreise bin ich bei Anthr. Freunden in Johannesburg und auf der Farm «Lakeview Estate» gewesen, und jetzt schon seit Februar bei meinem Bruder hier in Umbogentwini, 15 Meilen von Durban.

Ich hatte gehofft, schon vor Ostern in Dornach zu sein, aber jedes Mal werde ich wieder enttäuscht und ich scheine nur Geduld üben zu müssen.

Jedenfalls hoffe ich doch vor Weihnachten kommen zu können. Es wird dann 35 Jahre her sein, dass ich zum ersten Mal von Südafrika nach Berlin fuhr um Dr. Steiner zu bitten, mich als Schülerin anzunehmen. Ich hoffe sehr, Sie dann begrüssen zu dürfen und ein Gespräch mit Ihnen haben zu dürfen. Mit den besten Wünschen

Ihre Hendrika Hollenbach

Die letzten Jahre

Endlich, gegen Ende 1946, traf Hendrika wieder in Dornach ein, fand eine Unterkunft und kümmerte sich um ihre Aufenthaltsgenehmigung für die Schweiz. Aus ihren Briefen geht hervor, dass sie sich rasch ein Zimmer oder eine kleine Wohnung im Haus Pyle, genannt «Anthea», einrichtete. Das Haus Pyle ist das grosse Wohnhaus am Rüttiweg 61, an der südöstlichen Grenze des Goetheanum-Geländes. Es wurde von William Scott-Pyle nach seiner Heirat mit Mieta Waller, ihrer alten Freundin aus den Tagen der Motzstrasse 17 in Berlin, erbaut, doch als Hendrika ankam, war das Paar bereits in die Vereinigten Staaten gezogen. Die Nähe zum Goetheanum und zu all ihren alten Freunden der Region, sowie die natürliche Schönheit der Umgebung, waren für sie ideal und bestimmt gab es für sie keinen Grund, sich nochmals nach einer anderen Wohnung umzusehen.

Der früheste uns vorliegende Brief stammt vom Februar 1947, wenige Monate nach ihrer Rückkehr.

Dornach 12.2. 47

Lieber Herr Dr. Wachsmuth,

Da es mir scheint, dass Sie noch lange keine Zeit für ein Gespräch haben werden, schreibe ich Ihnen einige Worte, und schliesse die Samen ein, die Frau Adler mir für Sie gab. Sie werden darüber lachen, aber es war gut gemeint und als ich bei Adlers auf der Farm war und die «Gem Squash» so besonders schön waren, und so fein schmeckten, sagte Frau A. plötzlich: «Ob Dr. Wachsmuth die kennt?» Nehmen Sie doch diese Samen für ihn mit!» Und so schleppe ich die nun schon ungefähr ein Jahr mit herum, und Sie können sie vielleicht nicht einmal brachen. Das Prehistoric Art Büchlein tat ich selbst in den Koffer als ich die Ausstellung gesehen hatte, da ich dachte, dass es Sie vielleicht interessieren könnte. Das dritte sind Auszüge aus Briefen von Frl. Danziger, die so gerne nach Dornach kommen möchte. Als wir mit dem Schiff in Kapstadt ankamen, besuchte sie mich noch an Bord und gab mir auch einliegende Photographien um Ihnen zu geben, da sie dachte, dass ein Bild doch gut wäre. Ich sagte ihr ausdrücklich, dass ich keinen Augenblick denken könne, dass man hier einfach eine Stelle für sie habe, aber ich versprach jedenfalls mit Ihnen darüber zu reden.

Dann schliesse ich hierbei ein den Brief, den ich vor ungefähr drei Jahren an Herrn Steffen schrieb. Ich hätte dies lieber mündlich behandelt, aber das scheint nun schwierig zu sein. Ich habe dann nämlich weiter gehandelt. Als keine Antwort kam; wartete ich noch ganz ruhig.

Eines Abends hatte ich mich sehr vertieft in einen Vortrag von Dr. Steiner, worin er mit sehr viel Nachdruck darüber spricht, dass es nötig sei, mehr und mehr die Impulse des Handelns direkt aus der geistigen Welt zu empfangen. Ich ging mit diesen Eindrücken schlafen ohne im Mindesten an die Frage von Frau v. Maarseveen gedacht zu haben. Aber ganz in der Frühe wachte ich auf mit dem ganz bestimmten Eindruck, ich könnte ihr die Sprüche geben. Es war so deutlich, dass ich danach genadelt habe, und wie ich Ihnen schon vorher schrieb, hätte ich das nur Herrn Steffen erzählen wollen, denn ich fand, dass ich es jedenfalls bekannt geben sollte. Als ich, kurz vor meiner Abreise, Frau v. Maarseveen schrieb, ich wollte Herrn Steffen das aufbeichten, schrieb sie, ob es mir lieber sei, dass sie die Spräche, die sie in einem geschlossenen Buch bewahrt, verbrennen oder vernichten würde. Aber das wollte ich nicht. Ich hatte bewusst und verantwortungsvoll gehandelt, so wie ich dachte, dass es recht war. Ob nun Herr Steffen ihr die Karte geben will, weiss ich nicht. Sie ist jedenfalls wohl noch zu dem Opfer bereit. Da ich höre, dass Herr Steffen noch sehr krank ist und keine Besuche empfängt, hätte ich auch dieses mit Ihnen besprechen wollen, und schreibe deshalb darüber. Frau van Maarseveen ist jetzt in Holland und hofft später mit ihrer Tochter, die, wie Sie vielleicht wissen, von Dr. Wegenaar geschieden ist, zusammen wohnen zu können.

Vielleicht können Sie mir hierüber etwas wissen lassen.

Mit herzlichem Gruss
Ihre H. Hollenbach

Ein Tag darauf erfolgte seine Antwort:

Dornach den 13. Februar 1947

Liebes Fräulein Hollenbach,

Es tut mir schrecklich leid, dass wir die Besprechung noch nicht haben konnten, aber ich habe einschliesslich der Sonntage ständig den

16-stündigen Arbeitstag und weiss beim besten Willen nicht wie durchkommen. Nun wollen wir es einmal am nächsten Donnerstag 20. Februar vorsehen, wenn Sie dann gegen 11 Uhr zu mir ins Sekretariat kommen.

Herzlichen Dank für die Samen von Frau Adler, die ich gern Frau Dr. Bessenich fürs Labor geben will. Bitte übermitteln Sie Frau Adler meinen besten Dank.

Zu der Anfrage von Frl. Danziger lässt sich leider, wie Sie schon selbst vermuten, im Augenblick nur sagen, dass es uns beim allerbesten Willen nicht möglich ist, neue Hilfskräfte einzustellen, weil die finanziellen Mittel so schrecklich knapp sind, dass wir nicht einmal wissen, wie wir das bereits Vorhandene durchtragen sollen. Bitte vertrösten Sie deshalb Frl. Danziger auf eine später, hoffentlich einmal bessere Zeit.

Was die Anfrage wegen Frau v. Maarseveen betrifft, so habe ich mich eben bei Frau Metzener erkundigt, die mir sagte, dass die Klassenkarte von hier abgesandt worden sei. Diese ist also vielleicht verloren gegangen. Bitte besprechen Sie dies noch mit Frau Metzener. Auf jeden Fall wurde Frau v. Maarseveen also in die Klasse aufgenommen. Dazu aber, dass Sie, liebes Fräulein Hollenbach, ihr die Klassensprüche schon vorher gegeben haben, muss nun doch pflichtgemäss gesagt werden, dass dies nach den Richtlinien Rudolf Steiners eigentlich nicht zulässig war. Es kann beim besten Willen nicht den Träumen der Freunde überlassen werden, dies zu entscheiden, sondern wir müssen uns da schon an die klaren Richtlinien Rudolf Steiners halten. Aber da nun die Aufnahme in die Klasse tatsächlich erfolgt ist, kann man es ja in diesem Falle nun auf sich bewenden lassen, nur müssten Sie bitte in zukünftigen Fällen doch jedes Mal vorher anfragen, bevor Sie einem Mitglied diese Sprüche geben.

Also auf Wiedersehen bis nächsten Donnerstag.

Mit herzlichem Gruss
GW.

Ob das besagte Treffen jemals stattgefunden hat, wissen wir nicht. Es berührt einen dennoch seltsam, dass die erste Vertreterin aus Südafrika seit den Kriegsjahren so lange auf ein Gespräch mit der Leitung warten musste. Und noch seltsamer, ohne auch nur mit einem Wort auf eine seit drei Jahren ausbleibende Antwort auf ihre Anfrage bezüglich Frau van Maarseveen einzugehen, kennt er keine bessere Erwiderung, als ihr auf die Finger zu klopfen. weil sie die Situation eigenverantwortlich, aber aus heutiger Sicht, durchaus angemessen gehandhabt hat.[64]

Könnte es sein, dass sie als 67-jährige Frau mit winziger Rente, an die sich nach 20 Jahren Abwesenheit kaum noch jemand erinnerte, nicht mehr gross von Interesse war? Doch Hendrika war eine resolute Frau, geistig unabhängig nach jahrelanger anthroposophischer Schulung, und sie begann sofort, die verschiedenen Treffen zu besuchen und verabredete sich mit Marie Steiner, zu deren Sektion sie immerhin gehörte, bald nach ihrer Rückkehr nach Dornach. Aus den uns vorliegenden Unterlagen geht hervor, dass sie Marie Steiner gegenüber loyal blieb, dass sie mit der Gruppe in Johannesburg in Kontakt blieb, sich aber dennoch bemühte, unparteiisch zu bleiben und sich über die Entwicklungen zu informieren.

Warum sie im März 1948 nicht mit Marie Steiner persönlich sprach, liegt daran, dass Marie Steiner während ihres letzten Lebensjahrs nicht mehr in Dornach, sondern auf dem Beatenberg am Nordufer des Thunersees wohnte. Dass der letzte Briefwechsel erst mit diesem Brief im Jahre 1948 beginnt, lässt vermuten, dass die beiden Damen sich zuvor in Dornach mündlich ausgetauscht haben. Was sofort auffällt, ist die Wärme und das Verständnis, das Hendrika zwischen den Zeilen für Marie Steiner und ihrer Lage aufbringt. Auch wenn Marie Steiner im Umgang mit den Menschen innerhalb und ausserhalb ihrer Sektion eine gewisse Unnahbarkeit bewahrt hat, so ist doch die unbedingte Rücksichtnahme und Achtung der ihr Nahestehenden, vor allem in der darstellenden Kunst, aber auch bei den Männern, die in den kommenden Jahren mit ihr arbeiteten, auffallend. Sie erinnert an eine Königin mit einer Schar ergebener Höflingen – doch in diesem Fall eine wahre Königin, die sich ihrer Verantwortung und ihres Ranges voll bewusst ist.

Sonntag 14 März 1948
Dornach
Haus Pyle

---

[64] Während die Arbeit mit den Klassenstunden in Dornach während der ganzen Jahre fortgesetzt und sowohl 1934 als auch bald nach Kriegsausbruch 1939 intensiviert worden war, wurden nach der Ostertagung 1943 keine Klassenstunden mehr abgehalten und die Arbeit der Freien Hochschule für Geisteswissenschaft kam bis 1949 in eine Art Moratorium. Hendrikas Briefwechsel fiel mitten in diese Zeit, was vielleicht ein wenig Wachsmuths Hartnäckigkeit erklärt, Dinge weiterlaufen zu lassen, die ausserhalb seiner Kontrolle lagen. Bis dahin war er auch sicherlich informiert, dass die Arbeit in manchen anderen Zentren, unvermindert weitergegangen war.

Liebe, sehr verehrte Frau Doktor,

Heute Ihr Geburtstag, und eine Woche vor Anfang der Delegiertenversammlung. In der Frühe habe ich sehr an Sie gedacht, und ich möchte Ihnen gute Wünsche und Grüsse schicken. Es muss mit grosser Sorge sein, dass Sie die kommenden Versammlungen entgegensehen. Möge doch gerettet werden was gerettet werden kann, sei es denn auch, dass ein Auseinandergehen doch vielleicht notwendig sein wird. Ilona Schubert erzählte mir von Ihrem Besuch bei Ihnen und auch von Frau Walther hörte ich einiges. Ich war sehr froh als Schuberts mir von den Vereinigten Freien Initiativen[65] *erzählten. In der Weise kommt doch eine grössere Gemeinschaft von Zusammendenkenden- und fühlenden zustande, die vielleicht, wie der «Bund» in den Besant-Tagen, im Falle einer Scheidung eine kräftige neue Organisation werden bilden können. Da ich als Delegierte der südafrikanischen Mitglieder alles mitmachen werde, werde ich wohl sehr intensiv alles miterleben, wie damals, bei der Trennung von der Theos. Soc., wozu ich noch gehörte als ich Ende 1911 nach Berlin kam. Da ich 1935 nicht hier war, kommt mir so vieles aus diesen älteren Zeiten jetzt wieder zurück, auch was Dr. Steiner uns damals in den esoterischen Stunden sagte.*

Ich hoffe, dass es Ihnen nach Umständen gut geht, und grüsse Sie herzlich,

Ihre Hendrika Hollenbach

Aus diesem Brief geht hervor, dass Hendrika den vorbereitenden Prozess, der zur Delegiertenkonferenz führte, nicht mitverfolgt hatte, sondern erst kürzlich davor von Ilona und Günther Schubert von den Vereinigten Freien Initiativen gehört hatte. Das kann nur bedeuten, dass sie im vergangenen Jahr, sich über die Geschehnisse informierte und darauf geachtet hat, sich nicht persönlich in Dinge einzumischen, die ihre Neutralität in Frage stellen könnten. Nun, da sich die Dinge zuspitzten, musste sie in irgendeiner Form Stellung beziehen, und das bedeutete zunächst, Marie Steiner ihre prinzipielle Unterstützung zuzusichern. Von diesem Zeitpunkt an war es nur noch eine Frage der Zeit, bis sie nicht mehr in freier Kommunikation mit denjenigen am Goetheanum verkehren würde, die die Führung von Albert Steffen und Günther Wachsmuth unterstützten. Die Vereinigten Freien Initiativen bildeten die Grundlage für den Trägerverein der

---

[65] Gemeint ist der *Bund zur Pflege rosenkreuzerischer Geisteswissenschaft*, der am 16. Dezember 1911 nach Überlegungen, die im August 1911 als erste Trennung von der Theosophischen Gesellschaft begonnen hatten.

Nachlassverwaltung, der in den nächsten Jahrzehnten die gesamte Herausgabe, Forschung, Archivierung und Veröffentlichung von Rudolf Steiners Schriften und künstlerischem Werk finanzierte und organisierte. Sie existierte Seite an Seite neben dem Goetheanum in Gebäuden auf demselben Grundstück, die beiden Parteien gehörten und von ihnen unterhalten wurden, so dass ihre Koexistenz auf physischer Ebene nie ernsthaft infrage gestellt werden konnte, was auch immer man sich an Absurditäten menschlicher Beziehungen vorstellen kann.

Wir haben nun eine Reihe von eng aufeinanderfolgenden Briefen, in denen der erste Artikel von Hendrika über die Toneurythmie besprochen wird, bis zu seiner Veröffentlichung im Nachrichtenblatt am 19. September 1948. Marie Steiner verblieb in dieser Zeit nur noch in ihrer Wohnung auf dem Beatenberg.

Dornach 11. 8. '48
Anthea, Haus Pyle

Liebe Frau Dr. Steiner,

Schon öfters war mir ans Herz gelegt worden etwas zu schreiben über die allerersten Anfänge der Toneurhythmie, und da ich, durch Fragen die gestellt wurden, und durch Behauptungen, die gemacht wurden, bemerkte, dass Unsicherheit und Missverständnis in Bezug auf dem was Dr. Steiner gegeben hatte, in vielen Fällen besteht, habe ich versucht so genau wie möglich den ersten Werdegang zu beschreiben. Vielleicht finden Sie, dass es von einigem Nutzen sein kann. Ich schicke es also hier mit, und hoffe, dass Sie die Zeit finden werden, sich mit dem Geschriebenen bekannt zu machen. Von Frl. Savitch haben Sie vielleicht gehört, dass ich kurz nach Ostern einen Kurs gegeben habe, wo auch von den Bühneneurythmistinnen Mitmacher kamen die «gern etwas über die alten Zeiten» hören wollten. So musste ich mir Vieles wieder klar vor den Geist holen, und entschloss mich dann, es so genau wie möglich aufzuschreiben.

Mit herzlichem Gruss
Ihre Hendrika Hollenbach.

Beatenberg, 18. August 1948
Chalet Heimat

Liebes Fräulein Hollenbach,

Ihren Aufsatz über die Anfänge der Toneurythmie finde ich ausgezeichnet, sehr gründlich und lebendig dargestellt und das Bild Dr. Steiners in schöner Weise hervortreten lassend. Ich weiss nicht, warum ich beim ersten Vorlesen glaubte, die deutsche Sprache von gewissen Hollandismen reinigen zu müssen, – es lag, glaube ich, nur daran, dass die Schrift schwer leserlich war und der Text der Vorleserin noch ziemlich unbekannt. Nun hat aber dieselbe Vorleserin den Text glatt und schön vorgetragen (Sie wissen wohl, dass ich der schlimmen Augen wegen selbst nicht mehr lesen kann) und da finde ich an der Sprache nichts mehr auszusetzen. Ich würde es für gut halten, wenn Ihr Aufsatz recht bald in einem der Goetheanum-Blätter erschiene; denn es ist ja wichtig, dass es in die Welt hinausdringt und es wäre auch gut, wenn es noch vor Michaeli hineinkäme. Was Sie erwähnen über Hinweise von Dr. Steiner, die in den Vorträgen über Musik zu finden sind, wäre gut, anschliessend an diese Arbeit, mit Herrn Wörsching zu besprechen, der eine Gedenkschrift über Jan Stuten vorbereitet, die hoffentlich bald fertig sein wird. Jan Stuten hatte ja in Aussicht genommen, alles was Dr. Steiner über Musik gesagt hat, auch in Hinblick auf die Zukunft, auszuarbeiten. Er hatte dies im Zusammenhang mit einer Frau v. Lange tun wollen, an die Sie sich vielleicht erinnern. Leider ist er darüber hinweggestorben. Jetzt melden sich Andere für diese Arbeit, und diese werden sich verständigen müssen mit Herrn Wörsching und Herrn Klug, denen ich diese Aufgabe ans Herz gelegt habe, weil ich beide Herren für sehr objektiv halte. Wenn nun Meinungsverschiedenheiten zwischen den dafür Interessierten entstehen, würde ich es bedauern, könnte aber nicht mehr in die Differenzen eingreifen. Frau Kisseleff meint vielleicht, dass mir alles noch so gegenwärtig ist wie ihr, aber das ist nicht wahr, denn ich erlebte zu viel Verschiedenes zu gleicher Zeit und musste mit meinen Gedanken von einem Thema zum andern fliegen. Wenn ich aber etwas so Wahrheitsgetreues lese, wie Ihren Aufsatz, kommt mir alles wieder genau und in Bildern in die Erinnerung zurück.

Also herzlichen Dank, liebes Fräulein Hollenbach und hoffentlich haben wir Ihre Arbeit bald gedruckt vor uns.

Es grüsst Sie herzlich

Dornach 26 August '48
Anthea
House Pyle

Liebe Frau Doktor,

Es war mir eine grosse Freude am vorigen Freitag Ihren Brief zu empfangen. Ich habe den Toneurhythmie-Aufsatz noch am selben Tage Herrn Steffen geschickt. Da Sie mir schrieben, dass Herr Wörsching eine Gedenkschrift über Jan Stuten vorbereite, kam ich am Sonntag dazu zwei

Erinnerungen an Erlebnissen mit Stuten aus den früheren Jahren, die mir bei seinem Tode stark zurückgekommen waren, aufzuschreiben. Ich hatte gedacht, Herrn Wörsching im Konzert zu treffen, und ihn darüber sprechen zu können, hörte aber, dass er in den Ferien sei.

Nun traf ich gestern zufällig Frau Stuten, die mir sagte, dass Herr Teichert mit der Gedenkschrift beschäftigt sei. Auch im Sektionsbüro sagte man mir heute morgen, man wolle den Aufsatz Herrn Teichert schicken, der auch in den Ferien sei. Ich bat dann eine Abschrift machen zu lassen, denn ich will gerne meine geschriebene Kopie mitnehmen um Ihnen vorzulesen, wenn es mir gelingt nächste Woche einige Tage im Beatenberg durchzubringen. Ich habe gestern eine Karte nach «Firnelicht» geschickt, um nach Auskunft über ein Zimmer zu fragen, und wenn Platz für mich ist, werde ich Montagnachmittag von hier gehen, um ein paar Tage in Beatenberg durchzubringen. Ich wäre froh, wenn ich Sie dann Dienstag oder Mittwoch 31 Aug - 1. September besuchen durfte. Ich werde mich von dort aus wohl erkundigen können, welch Zeit Sie mich empfangen könnten.

Mit freundlichem Gruss
Ihre Hendrika Hollenbach

Als der Artikel veröffentlicht wurde, arbeitete Hendrika bereits an dem zweiten, erweiterten Artikel. sowie an den bereits erwähnten Memoiren über Jan Stuten. Zweifellos führten diese Vorhaben zum Wunsch, einige Tage in dem wunderschönen Ferienort auf dem Beatenberg zu verbringen, das wohl ihre letzte Möglichkeit gewesen wäre, Marie Steiner noch am Leben zu sehen. Das hat sie dazu veranlasst, eine Unterkunft im «Firnelicht» zu suchen, wahrscheinlich ein Hotel oder eine Pension, denn im Dorf gibt es noch immer eine Bushaltestelle, die so heisst.

Dornach 28 August '48
Anthea, Haus Pyle

Liebe Frau Doktor,

Es war wie ein Fingerzeig, dass ich heute morgen, kurz nachdem ich eine Karte von «Firnelicht» bekam um zu sagen, dass sie kein Zimmer für mich haben, auch hörte, dass Sie augenblicklich niemand empfangen können, weil es Ihnen nicht so gut geht. Ich habe mich also entschlossen zu warten, und hoffe, dass ich etwas später einmal werde kommen können. Der Artikel über Stuten lege ich ein, die Kopie braucht nicht zurückgeschickt zu werden, da man im Büro einige Durchschläge machen liess.

Es wäre mir allerdings sehr lieb gewesen, zu hören, ob Sie sich auch an diese Alten Geschehnisse erinnern. Vielleicht kommen sie Ihnen zurück, wenn Sie die Beschreibung hören.

Ich hoffe sehr, dass es Ihnen bald besser gehen wird, liebe Frau Doktor, und dass nicht allzu viel Schwieriges noch für Sie kommt.

Mit herzlichem Gruss
Ihre Hendrika Hollenbach

An: Frau Dr. M. Steiner, Chalet Heimat, Beatenberg

Dornach 30 Sept, Anthea, Haus Pyle

Liebe Frau Doktor,

Da jetzt im «Firnelicht» genügend Platz ist, habe ich mich entschlossen, doch noch ein paar Tage in Beatenberg durchzubringen, und hoffe sehr, dass ich Sie dann besuchen darf. Ich werde am Montag reisen, und den ganzen Dienstag und Mittwoch jedenfalls da sein. Würden Sie vielleicht die Güte haben, mir entweder noch nach Dornach oder nach Firnelicht wissen zu lassen, wann Sie mich empfangen könnten?

Mit herzl. Gruss,
Ihre Hendrika Hollenbach

Hat das Treffen jemals stattgefunden? Es gibt keine Aufzeichnungen darüber, aber es gibt auch keinen Grund anzunehmen, dass es nicht stattgefunden hat. Auf jeden Fall ist es schön zu wissen, dass es Hendrika insofern finanziell gut genug ging, dass sie an einen solchen Aufenthalt denken konnte. Der Artikel über Jan Stuten wurde zu ihren Lebzeiten nicht mehr veröffentlicht, aber Hendrika war mit ihrem anderen Projekt beschäftigt, wie ihr letzter Brief an Marie Steiner zeigt – einer der letzten Briefe, mit dem Marie Steiner zu ihren Lebzeiten noch zu tun hatte. Denn etwas über einen Monat später, am 27. Dezember 1948, starb sie allein auf dem Beatenberg. Die Besitzerin des Hauses und letzte Lebensgefährtin rief die Nachbarin herbei, und gemeinsam bereiteten sie ihren Leichnam für die anschliessende Totenwache vor.

Oben auf der Seite des folgenden Briefes wurde notiert: *Frl. Hollenbach will mit Kisseleff sprechen*

Dornach 17.11.48
Haus Pyle – Anthea

Liebe Frau Doktor,

Als Frau Finkh mir die Adresse von Sonja Dreschner gab, mit der Anweisung, ich möchte mich mit ihr in Verbindung setzen, schrieb ich ihr, und bekam bald einen langen Brief zurück. Heute habe ich auf viele ihrer Fragen nach bestem Wissen geantwortet, und auch geschrieben, dass ich Ihnen schreiben würde, um Bericht zu erstatten und nun anzufragen, ob Sie es richtig finden würden wenn ich versuchte eine kleine Schrift zusammen zu stellen, wo genau die allerersten Angaben Dr. Steiners über die Töne, womöglich mit den ersten Zeichnungen der Winkelstellungen der Arme und Beine, und vieles andere aus der ersten Entwickelung, was nicht in anderen Schriften enthalten ist, gegeben werden könnte. Einiges aus dem Aufsatz im Mitteilungsblatt könnte hinzugefügt werden, weil ich habe bemerken können, dass viele, auch hier in Dornach, ihn nicht gelesen haben, nun noch immer mit Fragen kommen die darin eigentlich schon beantwortet sind. Frl. Dreschner schreibt: «das wäre wunderbar und sehr notwendig!» Und durch viele habe ich auch bemerken können, dass grosse Ungenauigkeiten und Unsicherheiten bestehen in Beziehung zu diesen ersten Angaben. Ich könnte versuchen, etwas zu schreiben, und es Ihnen schicken, und falls Sie es wichtig genug finden würden, es zu veröffentlichen, würden Sie vielleicht ein kleines Vorwort dazu schreiben wollen, und angeben, was weiter zu machen wäre. Ich stelle mir etwas vor von der Länge eines kurzen Vortrags, oder von Ihrer Schrift «Aphoristisches zur Rezitationskunst»[66]. Allerdings wäre ich sehr froh, wenn Sie mir angeben könnten wo ich gewisse originale Zeichnungen von Dr. Steiner besichtigen könnte. Ich ging vor einiger Zeit ins Archiv um anzufragen, die Zeichnungen der Intervallformen zu sehen. Es ist nämlich ein kleiner Unterschied zwischen den Formen die ich seinerzeit von jemand die in Stuttgart den Vortrag gehört hatte, abgezeichnet hatte, und die Art wie sie jetzt gemacht werden. Sie sind aber nicht im Archiv, und man wusste nicht, wo ich sie mir würde ansehen können. Ich selber habe noch eine kleine Zeichnung als Korrektion für eine Form von mir (für ein Musikstück), die Dr. Steiner mir einmal gab. So etwas würde auch viele Interessieren. Ausser über allerlei Fragen und Problemen der Toneurhythmie, schreibt Frl. Dreschner über das Wünschenswerte, die Formen der Eurythmie gedruckt bekommen zu können, aber das ist

---

[66] Maire Steiner «*Aphoristisches zur Rezitationskunst*» Verlag Der kommende Tag, 1922

natürlich etwas wozu ich nichts sagen kann. Da aber die allerersten Zeichnungen und Angaben über die Töne niemals publiziert worden sind, glaube ich wohl, dass es richtig wäre, wenn eine kleine Schrift darüber zustande käme, und wenn Sie es mir anvertrauen würden, wäre ich froh diese Aufgabe zu übernehmen. Es grüsse Sie recht herzlich

Ihre Hendrika Hollenbach.

Als dieser Artikel druckreif gewesen wäre, war Marie Steiner bereits verstorben. Der besagte Artikel und obiger Brief sind die letzten Schriftstücke, die sie hinterlassen hat. Eine letzte Notiz aus der Hand von Herman Poppelbaum wurde an folgende Ankündigung an den Vorstand am Goetheanum aus Südafrika angeheftet:

Pretoria,
Südafrika.
14. Juli 1949.

An den Vorstand der Anthroposophischen Gesellschaft in Dornach,

Wir, die Unterzeichneten, möchten Ihnen mitteilen, dass wir mit den in einem Brief vom 1. Juli geäusserten und von Mitgliedern der Anthroposophischen Gesellschaft in Johannesburg unterzeichneten Ansichten übereinstimmen, was die Hauptpunkte betrifft, nämlich:

1) dass der Nachlassverein voll anerkannt werden sollte.

2) dass die Tatsache, dass Frau Dr. Steiner das Vertrauen in den Ersten Vorsitzenden verloren hat, nicht als blosser Irrtum abgetan werden kann.

3) dass es unbedingt notwendig ist, ein Mittel zu finden, das es jedem Mitglied ermöglicht, seine Meinung zu wichtigen Fragen zu äussern.

J.M. du Toit
H. Wessels.
F. S. du Plessis

(Eine Kopie dieses Protokolls an den Nachlassverein)
Mitglieder der Anthroposophischen Gesellschaft.

Angeheftet an den Brief eine Notiz von Dr. Poppelbaum an Dr. Wachsmuth:

Frl. Hollenbach rückt von dem Schreiben Schneider-Gorski-Danziger vom 1.7.49. ab und sieht ein, dass man dem Vorstand keine Antwort zumuten kann. Sie war sogar dagegen, dass das Schreiben mir überreicht wurde.

Sie möchte, dass Dr. Wachsmuth ihre Stellungnahme diesbezüglich erfährt.

Poppelbaum.

So versuchte Hendrika bis zuletzt, in dem Konflikt zwischen der Nachlassverwaltung und der Goetheanum-Leitung, in dem sich die Beziehungen um sie herum polarisierten und zerfielen, ihre Neutralität zu wahren. Das ist ihr aber offenbar nicht gelungen, wie wir dem Nachruf entnehmen, der nach ihrem Tod im Mitteilungsblatt der Nachlassverwaltung und nicht in *Das Goetheanum* erschien. In der Mitgliederkartei des Goetheanum ist lediglich vermerkt: Fräulein Hendrika Johanna Hollenbach, Letzte Adresse: Bezirksspital Dorneck, (heute Spital Dornach) CH-4143 Dornach, gest. 14.09.1950, Mitgliedschaft: 01.1924, Klassenmitgliedschaft: 02.1924, Anthroposophische Gesellschaft, Schweiz.

Sie hat also auch nie ihre Mitgliedschaft in der Anthroposophischen Gesellschaft am Goetheanum aufgegeben, die ihren Sterbeort korrekt erfasst hat.

Wie hätte es auch anders sein können nach all dem, was geschehen war? Marie Steiner war ihre Mentorin von dem Moment an, als sie aus Südafrika schrieb, während ihrer gesamten Arbeit in den Büros der Motzstrasse, vom Beginn ihres Vorstosses in die Toneurythmie, der Begleitung und Unterstützung ihrer Eurythmie- und Musikschule in Pretoria und der endgültigen schriftlichen Veröffentlichung darüber, wie es alles begonnen hat. Der Brief, den Marie Steiner von ihr auf dem Beatenberg erhielt, war einer ihrer letzten. Er erinnerte an all das, was sich im Laufe ihrer Arbeit entwickelt hatte. Eine solche Beziehung zu Rudolf Steiners erste esoterische Schülerin, rechte Hand und die Organisatorin so vieler Initiativen, vor allem im künstlerischen Bereich, gibt man nicht einfach so auf!

Im Gegenteil, unter den Fotografien in dem oben erwähnten Album, in dem Marie Steiner Hendrikas Fotos aus Südafrika gesammelt hat, befindet sich der folgende, von Hendrika geschriebene Vers:

Für Frau Dr. Steiner

In stillen, heiligen Stunden
denke ich an Dich:
Unser grosser Meister
Beschütze dich -
Seine Weisheit
Erfülle Dich -
Seine Kraft
Durchdringe Dich -
Seine Liebe
Trage Dich -
Ehrfurcht und Dankbarkeit
Grüssen Dich!

Für Frau Dr. Steiner

In stiller heiliger Stunde
Denk ich an Dich:
Unser Grosser Meister
Beschütze Dich -
Seine Weisheit
Erfülle Dich
Seine Kraft
Durchdringe Dich -
Seine Liebe
Trage Dich -

Ehrfurcht und Dankbarkeit
Grüssen Dich! -

Nachruf von Fred Poeppig im Nachrichtenblatt des Rudolf Steiner Nachlassvereins

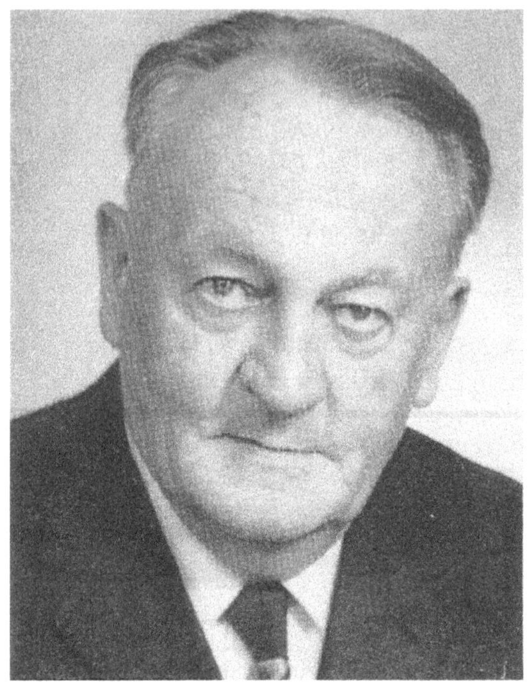
Fred Poeppig

Wir haben in diesem Nachruf den einzigen Bericht von einem Zeitgenossen und Freund Hendrika Hollenbachs. Aus Fred Poeppigs[67] Erzählung geht hervor, dass er sie gut genug kannte, um ihre persönliche Geschichte von ihrer Begegnung mit der Theosophie und Rudolf Steiner gehört zu haben.[68] Sie berührt, allerdings nur andeutungsweise, eines der grossen Geheimnisse ihres Lebens: welche schwierigen Erfahrungen, Höhen und Tiefen haben sie veranlasst, das spirituelle Leben einer in gewohnten Kreisen bürgerlicher Existenz vorzuziehen. Da er selbst eine Zeit lang südlich des Äquators gelebt hat, wusste er, welche Schwierigkeiten eine anthroposophische Karriere in Pretoria mit sich bringt. Und er erklärt auch die traurigen Umstände ihres Todes, von denen wir sonst nichts wissen würden.

In Memoriam Johanna Hendrika Hollenbach

26. Mai 1880 — 14. September 1950

Hendrika Hollenbach wurde vor nunmehr siebzig Jahren in einer holländischen Familie in Süd-Afrika geboren. Dort verlebte sie auch ihre Kindheit und Jugend. Nach der Jahrhundertwende kam sie nach Europa, wo ihr

---

[67] Fred Poeppig gehörte zu den ersten männlichen Eurythmisten, ein weitgereister, gelehrter Schüler Rudolf Steiners und ein produktiver Schriftsteller. Er trat der Nachlassverwaltung bei und wurde der erste Redakteur ihres Mitteilungsblattes.

[68] Fred Pepping war aber offensichtlich nicht mit Einzelheiten der Kindheit von Hendrika Hollenbach vertraut.

das entscheidende Erlebnis ihres Lebens zuteilwerden sollte: die Begegnung mit Rudolf Steiner und der anthroposophischen Bewegung.

Versucht man das Schicksalsnetz dieses Lebens zu überschauen, wie es sich zunächst äusserlich abzeichnet, so findet man es bedingt durch die beiden äusserlich so verschiedenartigen Pole ihres Erdenwirkens, von denen der eine in Süd-Afrika, Pretoria und Johannesburg liegt, während der andere seinen Mittelpunkt am Goetheanum in Dornach hat. Zwischen diesen beiden Polen entfaltete sich die ganz der geistigen Wirksamkeit zugewandte Tätigkeit dieser Persönlichkeit.

Die Begegnung mit Rudolf Steiner in Berlin, die in die Jahre der Loslösung der Anthroposophischen Gesellschaft aus den Zusammenhängen der Theosophischen fiel, war durch Erlebnisse vorbereitet, die tief in ihr Seelenleben eingegriffen hatten, und die man als ein Todes- und Auferstehungserlebnis bezeichnen kann. Aus diesen Voraussetzungen ist es begreiflich, dass sie schon bald in den engeren Schülerkreis Rudolf Steiners aufgenommen wurde. Da sie in diesen Jahren — seit 1911 war sie Mitglied der Gesellschaft — in der Motzstrasse wohnte, im Hause, wo auch Herr und Frau Dr. Steiner ihren Wohnsitz hatten, bot sich ihr reichliche Gelegenheit, mit den führenden Persönlichkeiten, vor allem mit den Begründern der anthroposophischen Bewegung selbst in ein näheres persönliches Verhältnis zu kommen.

Mit der ihr eigenen Zielsicherheit und Willenskraft verband sie sich mit den Zielen der Anthroposophischen Gesellschaft, die sie sogleich auch im äusseren Leben tatkräftig zu verwirklichen strebte. So oblag sie damals einer Übersetzertätigkeit, indem sie Werke Rudolf Steiners ins Englische übertragen half.

Die weiteren Schicksale Frl. Hollenbachs sind so völlig verwoben mit den Werde- und Schicksalsstufen der anthroposophischen Bewegung, dass man nur diese aufzuzählen braucht, um ein Bild ihres ferneren Lebens bis zum Tode Rudolf Steiners zu erhalten. Wir nennen nur die Grundsteinlegung des Dornacher Baues, die Arbeit an dem werdenden ersten Goetheanum-Bau, die Brandkatastrophe, die Weihnachtstagung und den Tod Rudolf. Steiners. Diese Schicksale sind tief eingezeichnet in ihr eigenes Schicksal, sie bilden die Marksteine ihres Lebens.

In den Dornacher Jahren widmete sie sich vor allem der Eurythmie, besonders der Ton-Eurythmie, für die sie durch ihr musikalisches Studium — sie erteilte Klavierunterricht — gut vorbereitet war. Und die meisten der älteren Eurythmisten am Goetheanum werden sich dankbar der Stunden erinnern, die sie von ihr empfangen haben. Sie wurde nicht müde, Dr. Steiner immer wieder, bei jeder nur möglichen Gelegenheit, um neue Angaben,

Formen, Korrekturen für die Ton-Eurythmie zu bitten, sodass ihr vieles, was heute zum bleibenden Bestand der Ton-Eurythmie gehört, zu verdanken ist. Eine kleine Schrift über die Entstehung der Ton-Eurythmie, die sie in den letzten Jahren verfasste, wird hoffentlich bald veröffentlicht werden können.

In diesen Jahren arbeitete sie auch viel mit Kindern, denen sie Musikunterricht und Kurse in Ton-Eurythmie gab. Als sie Frau Dr. Steiner die Früchte ihrer Arbeit vorführte, war diese so begeistert davon, dass sie die Kinderlieder und Gedichte gleich in das Eurythmie-Programm aufnahm, wo fortan des Öfteren Ton-Eurythmie Stücke der Kinder zur Darstellung kamen.

Nach dem Tode von Rudolf Steiner ist Frl. Hollenbach wieder nach Süd-Afrika zurückgekehrt, um die aufgenommenen Impulse in einundzwanzigjähriger aufopferungsvoller Pioniertätigkeit für die geistigen und künstlerischen Ziele der Bewegung fruchtbar zu machen. Der Zweig in Pretoria, den sie ins Leben rief, wird sich dankbar ihrer nie rastenden, beweglichen Hingabe und Tätigkeit erinnern. Wer die Verhältnisse in diesen ausser-europäisch-südlichen Ländern kennt, der weiss, welcher Tatkraft, Entsagung und welchen heiligen Feuers es bedarf, um in diesen Erdgebieten die Flamme der Begeisterung zu entzünden und ein tieferes Verständnis für die Anthroposophie zu erwecken. Nachdem sie das Goetheanum in diesen einundzwanzig Jahren nur einmal kurz aufgesucht hatte, um eine ihrer Schülerinnen in die Eurythmie-Schule zur weiteren Ausbildung zu bringen, kehrte sie erst in hohem Alter zum Goetheanum zurück, um dort ihren Lebensabend zu verbringen. Vieles, was sie sich als Ziel ihres Lebensabends erträumt und ersehnt konnte sich nicht verwirklichen lassen; sie fand das Dornach, das ihre Heimat gewesen, nicht wieder. Doch die in den letzten Jahren durchgemachten Schmerzen und Leiden, besonders der letzten Monate, wo ihr beweglicher Geist an den durch einen Schlaganfall gelähmten Körper gefesselt war, werden zu Geisteskräften sich entfalten, durch die sie sich noch inniger mit den grossen Aufgaben der anthroposophischen Bewegung wird verbinden können, denen ihr ganzes Leben gegolten hat.

Zwei Schicksalsmotive zeichnen sich deutlich in diesem Leben ab: Das Streben nach Weisheit — die Liebe zur Kunst. Es sind zugleich die beiden Grundsäulen, auf denen die anthroposophische Bewegung ruht.

Mit reichen Erdengeistesfrüchten ist ihre so liebenswürdige, tatkräftige, doch stets einsame Seele in die geistige Welt zurückgekehrt, um sich in Gemeinsamkeit mit den ihr vorangegangen Freunden und Trägern der anthroposophischen Bewegung für die Zukunftsziele derselben vorzubereiten.

Hendrikas Vermächtnis

Auch wenn sie nicht mehr in den anthroposophischen Gruppen in Johannesburg und Pretoria aktiv war, konnte Hendrika mit Zuversicht in die Zukunft blicken, denn in ihren Mitteilungen war klar, dass die Arbeit, nachdem sie nun etabliert war, weitergehen würde. Und so ging es auch. Im Laufe des Jahres 1959 traf sich in Port Elizabeth eine Gruppe von Menschen aus dem ganzen südlichen Afrika – Kapstadt, Johannesburg, Pretoria, Port Elizabeth und Rhodesien – und ihre Gespräche führten zur Gründung der Anthroposophical Fellowship of Southern Africa. Ihr erster Rundbrief enthielt den Artikel von Dr. H.G. Schütte aus Pretoria, der in der Einleitung zu diesem Buch erscheint. Es wurden die Personen aus der Gruppe aufgezählt, die die begonnene anthroposophische Arbeit fortsetzten. Mit der Zeit wurde die Gruppe in Johannesburg aktiver, und von dort gingen die ersten Initiativen zur Gründung einer Waldorfschule, der Christengemeinschaft, der anthroposophischen Medizin, Heilpädagogik und der Biodynamik aus. Die Familie Schneider, die Familie Adler, Fräulein Hubregtse, Fräulein Tracy und Gabor Tallo hatten alle mit Hendrika zusammengearbeitet und jeder auf seine Weise die Initiativen angestossen oder unterstützt, die das Werk in den nächsten Jahren begründeten.

Der Rundbrief von Dr. Schütte hatte jedoch eine sehr begrenzte Auflage, und zwei Jahre später war der Name Hollenbach nur noch den wenigen Personen ein Begriff, die sie persönlich gekannt hatten oder weiterhin in der Pretoria-Gruppe arbeiteten. Kurt und Anne Schneider erkannten bald, dass sowohl die Kapstadt als auch die Port Elizabeth-Gruppe glaubten, ihre jeweiligen Gründer seien die Einzigen gewesen, die die Anthroposophie in Südafrika eingeführt hätten, und so versuchten sie, diese Ansicht in einem kurzen Bericht über die Geschichte der Johannesburg-Gruppe in der Anthroposophischen Vierteljahresschrift vom Michaeli 1966, fünf Jahre nach der offiziellen Gründung der Gesellschaft, zu berichtigen:

Ein Beitrag zur «Geschichte der Anthroposophie» in Südafrika

von Kurt und Anne Schneider

Als wir feststellten, dass viele unserer Freunde nicht wissen, wie die anthroposophische Arbeit im Transvaal begann, beschlossen wir, die Vergangenheit aufzuarbeiten.

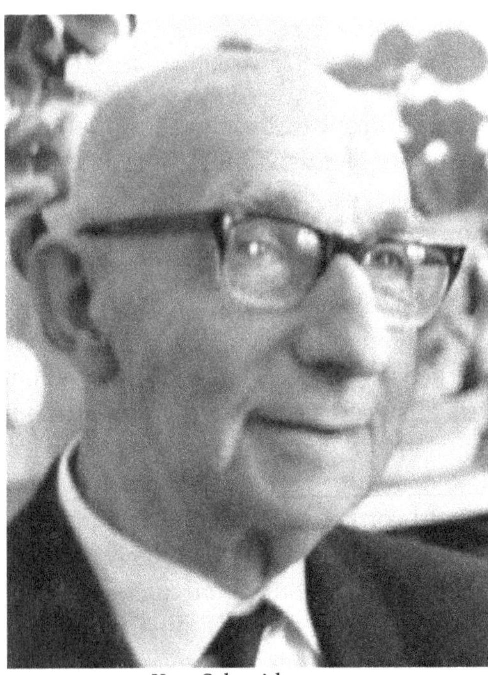

Kurt Schneider

Als wir 1936 Deutschland verliessen und nach Südafrika auswanderten, verbrachten wir ein paar Tage in Dornach, bevor wir in Genua[69] an Bord unseres Schiffes stiegen. Wir erkundigten uns im Sekretariat in Dornach nach Adressen von Anthroposophen in Südafrika und zu unserer grossen Überraschung wurde uns der Name eines Mitglieds der Gesellschaft genannt, das in Pretoria lebte. Natürlich besuchten wir sie bald, nachdem wir uns in Johannesburg niedergelassen hatten. Wir lernten nicht nur Fräulein Hollenbach kennen, sondern auch einen kleinen Freundeskreis, etwa Fräulein du Toit, Frau Du Plessis und Fräulein Hester Wessels, die sich regelmässig zum Studium der Anthroposophie trafen. Fräulein Hollenbach war Musiklehrerin, hatte einige Jahre in Dornach verbracht und verdiente in dieser Zeit ihren Lebensunterhalt als Dolmetscherin einer englischen Dame, die Dr. Steiner auf seinen Vortragsreisen begleitete und für die sie seine Vorträge ins Englische übersetzte. Fräulein Hollenbach hatte in Dornach Eurythmie studiert, insbesondere Toneurythmie bei Dr. Steiner persönlich, und wir besuchten 1937 oder 1938 eine öffentliche Aufführung ihrer Schüler in Pretoria.

---

[69] Im Originaltext steht "Geneva" (Genf) - wahrscheinlich ein Fehler beim Abtippen in der Redaktion.

Einige Monate nach unserer Ankunft in Johannesburg erschien ein junger Architekt in unserer Wohnung, Gabor Tallo, der direkt aus Dornach kam. Er wurde sofort als Mitglied der Familie aufgenommen und wir gründeten die erste Studiengruppe in Johannesburg, die bald durch die Ankunft von Frau Danziger, einer Anthroposophin aus Deutschland, erweitert wurde. Wir lasen regelmässig zusammen und schlossen eine sehr enge Freundschaft. Herr Adler und nach ihrer Ankunft Frau Adler, schlossen sich unserer kleinen Gruppe an und nach einiger Zeit fand Frau Hubregtse ihren Weg zur Anthroposophie und Frau T. Tracy nahm an unserem Studium der Vorträge von Dr. Steiner teil. Während des Zweiten Weltkrieges waren wir natürlich völlig von Europa abgeschnitten und die beiden Gruppen, Pretoria und Johannesburg, trafen sich von Zeit zu Zeit und lasen gemeinsam einen Vortrag.

Nach dem Ende des Krieges kamen Besucher aus Übersee, die ihre Verwandten besuchten und sich während ihres Aufenthalts unserer kleinen Gruppe anschlossen, und so wurde der Kontakt zur Aussenwelt wieder hergestellt. Wir erinnern uns an Frau Aldershof und Frau Denekamp, die beide aus Holland kamen.

Die nächsten Freunde, die sich uns anschlossen, waren Gera Bongers – später Frau Bienewitz – und Alfred Bienewitz, die sehr aktive Mitglieder wurden, und ein wertvoller Gewinn für unsere Arbeit war die Ankunft von Herrn und Frau Gorski, die auch die Existenz von Herrn Basil Gibaud in Port Elizabeth «entdeckten», den wir in den frühen 50er Jahren kennenlernten. Wir wussten nicht, dass er Mitglied war, da seine Mutter Mitglied der Englischen Anthroposophischen Gesellschaft war und uns daher der Name in Dornach nicht bekannt war. Erst danach erfuhren wir, dass die alte Frau Gibaud in Port Elizabeth mit interessierten Menschen die Philosophie Dr. Steiners studiert und dass sie ihrem Sohn eine Vielzahl von Büchern Dr. Steiners hinterlassen hatte.

Durch die Gründung der Association for Handicapped Children – die einige Jahre später von Camphill übernommen wurde – wurde der Name Rudolf Steiner in Johannesburg durch Strassensammlungen, die jährlich für die Rudolf-Steiner-Schule für behinderte Kinder durchgeführt wurden, der Öffentlichkeit bekannt.

Der erste öffentliche Vortrag in Johannesburg – vielleicht sogar in Südafrika – wurde von Dr. Zeylmans v. Emmichoven bei seinem Besuch 1954 gehalten.

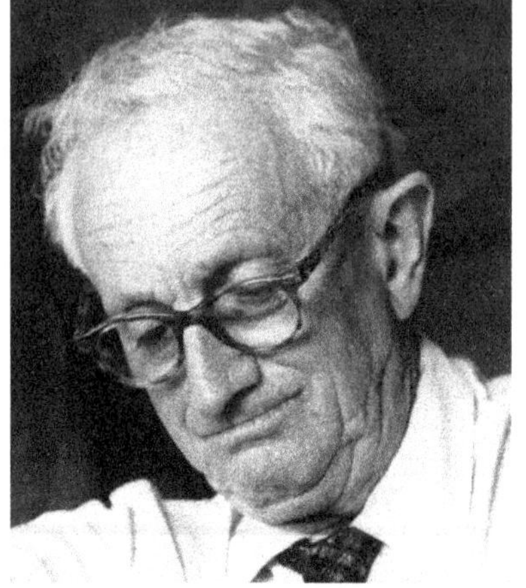

Karl Adler

Kurt Schneider war einer der Hauptorganisatoren bei der Gründung der Anthroposophical Society of Southern Africa und der älteste Sohn, Herbert Schneider gründete die anthroposophische Gruppe in Durban, wo er viele Jahre als öffentlicher Vortragsredner tätig war und eine beachtliche Gruppe von Menschen um sich versammelte.

Karl Adler war 1937 gekommen und seine Frau Zdenka und sein Sohn Lawrence folgten ein Jahr später. Sie waren ebenfalls Flüchtlinge der nationalsozialistischen Judenverfolgung und bereits Anthroposophen, die sich an der nicht mehr existierenden Waldorfschule Hamburg-Altona engagierten.

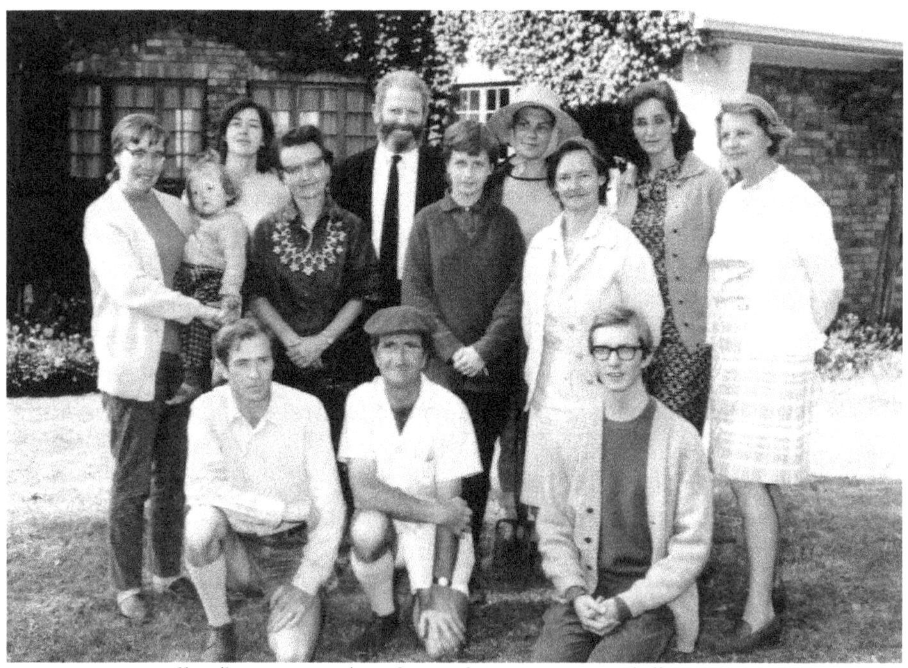

Lawrence Adler (hinten Mitte) und Mitarbeiter von Camphill Hermanus 1973

Die Adlers setzten sich besonders für die biodynamische Landwirtschaft ein und begannen auf die Verwirklichung dieses Ziels hinzuarbeiten, zunächst auf einer Farm in Lakeview Estate, südwestlich von Johannesburg, und später auf einer kleinen Farm, die sie nach Kriegsende in Kempton Park, östlich von Johannesburg, erwarben. Ihr Sohn Lawrence, der von Hendrika persönlich in die Anthroposophie eingeführt worden war, wurde 1946 Mitglied und eröffnete später eine Kunstgalerie im Zentrum von Johannesburg, deren guten Ruf noch heute nachklingt. Sie öffnete den lokalen Markt für südafrikanische Künstler, der zuvor praktisch nicht existiert hatte. Einige Jahre später machte er die Waldorflehrer-Ausbildung und schloss sich schliesslich der Camphill-Schule in Hermanus an, wo er die Camphill Farm Community auf dem angrenzenden Grundstück gründete.

Dort schlossen sich ihm seine Eltern an, die ihre Farm in Johannesburg verkauft hatten und mit dem Erlös das nach Zdenka Adlers Heimatland benannte Haus Bohemia auf dem Gelände der Camphill School bauen liessen.

Gabor Tallo, ein gebürtiger Ungar, studierte in Dornach organische Architektur, bevor er 1934 in Südafrika versuchte, sich im Geschäftsleben zu etablieren. Er zog zwischen Johannesburg, Pretoria und Kapstadt herum und liess sich schliesslich in Kapstadt nieder, wo er seine Frau Joan kennenlernte. Beide waren aktiv bei der Gründung der Anthroposophical Fellowship im Jahr 1959, wo Joan Tallo Herausgeberin des Rundbriefs wurde. Als Dr. Karl König 1960 das Land besuchte, überred Lawrence Adler (hinten Mitte) Camphill-Schottland anzuschliessen, wo Tallo zum Camphill-Architekten wurde.

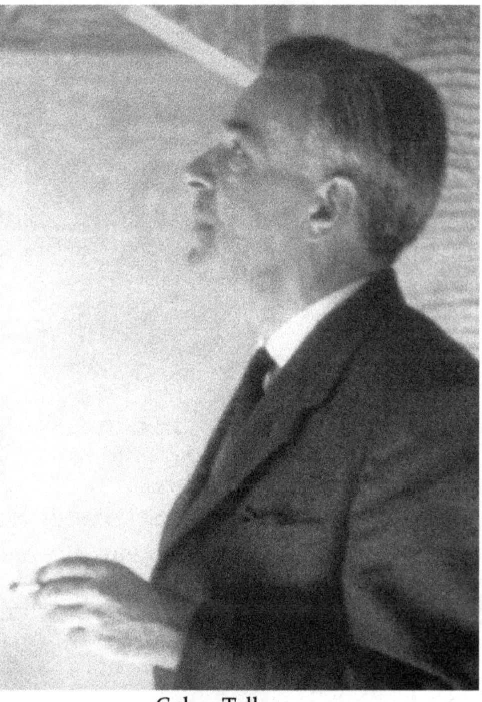
Gabor Tallo

1960 organisierte die Elterninitiative zur Gründung einer Waldorfschule, dass eines ihrer Mitglieder, Cecily Thatcher, die Ausbildung zur Waldorfkindergärtnerin an der Wynstones School in England mitmachen konnte. Im September 1961 eröffnete sie ihren Kindergarten in einer umgebauten Garage im Victory

Park, Johannesburg mit dem Ehrengast Willem Zeylmans van Emmichoven. Im selben Jahr teilte Fräulein Gertrude Hubregtse, die inzwischen als Schuldirektorin im Ruhestand war und allein in Aukland Park lebte, dem Kuratorium des Schul-vereins mit, dass sie bereit sei, «ihren Ruhestand aufzugeben», um die Schule zu gründen und die Klasse zu übernehmen, erinnerte sich Lindy Sothern, lange Zeit Lehrerin an der Michael Mount Waldorfschule:[70]

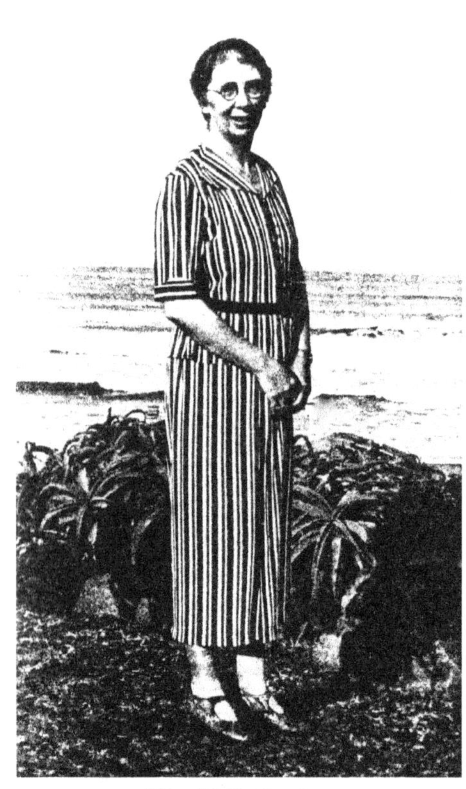
Elise Hollenbach

Sie war ziemlich gebrechlich, nicht mehr jung, als ich sie traf und besuchte, und sie tat es nur für kurze Zeit. Im Jahr 1962 hatte sie eine kombinierte Klasse mit kleinen Kindern. Sie konnten zwei Klassenzimmer in der griechischen Schule, dem Bertolis College, in Parkview, Johannesburg, benutzen, da es in dieser griechischen Gemeinde einen Mann gab, der sich sehr für die Waldorfpädagogik interessierte.

Gertrude Hubregtse wurde am 9. Januar 1893 in Bethlehem im Oranje-Freistaat als Tochter niederländischer Eltern geboren und studierte in Holland. Sie war eine langjährige Schülerin der Anthroposophie und Mitglied der Anthroposophischen Gruppe Johannesburg und der Anthroposophischen Gesellschaft seit 1943.

1955 gab Hendrikas Schwester Elise Hollenbach, damals 71 Jahre alt, ihre Lehrtätigkeit in Ermelo auf, zog nach Pretoria und schloss sich dort der Anthroposophischen Gruppe an. Nach ihrem Tod 1962 erschien in der Osterausgabe der Anthroposophischen Vierteljahresschrift 1963 die folgende kurze Notiz:

[70] Interview mit Lindy Sothern, Johannesburg, September 1914

Nachruf auf Elise Hollenbach

Fräulein Elise Hollenbach ist am 15. Dezember 1962 nach längerer Krankheit in die geistigen Welten hinübergegangen. Frau Hollenbach kam spät zur Anthroposophie, aber nicht weniger begeistert.

Die Waldorfschule Johannesburg dankt Frau Hollenbach ganz besonders für das Vermächtnis von 1000 Pfund, das sie ihr gemacht hat.

Der Nachruf war nicht unterzeichnet und verständlicherweise kurz, da die Menschen kaum etwas über sie wissen konnten. Dennoch war ihr Vermächtnis von 1000 Pfund kein geringes Geschenk, das heute etwa 170.000 Euro entspricht.

Als sie diese Summe vermachte, hatte die Waldorfschule in Johannesburg zu Beginn des Jahres eben ihre Erste Klasse eröffnet.

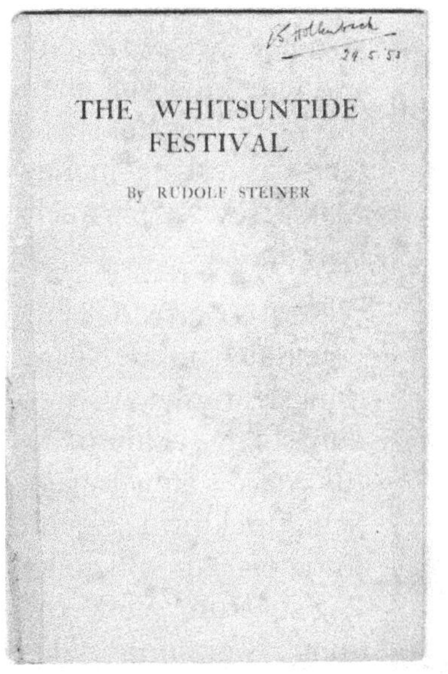

Im Juni 2019 erhielt dieser Autor folgende E-Mail von einer ehemaligen Klassenkameradin der Waldorfschule in Constantia:

Ich habe eine Reihe von Büchern geerbt, die diese Signatur tragen. Kannst du die Initialen identifizieren? Ich habe sie von meinen Eltern geerbt, aber ursprünglich von meiner Patentante Gertrud Hubregtse (die eine der Gründungslehrerinnen des späteren Michael Mount in JHB war). Kennst du etwas über ihre Geschichte, da sie mit H. Hollenbach befreundet gewesen sein muss?»

Wie war die Patentochter von Frau Hubregtse in den Besitz der Bücher von Elise Sophie Hollenbach gekommen? Die Erklärung ist so offensichtlich wie reizend.

Die beiden älteren Damen, die sich spätestens im Jahr 1955 oder '56 kennengelernt haben müssen, waren beide jahrzehntelang im Bildungsministerium vom Transvaal als Oberlehrerinnen tätig und waren beide aus den Niederlanden. Frau Hubregtse kannte wahrscheinlich auch den Bruder von Hendrika und Lies Hollenbach, Herman, der viele Jahre lang Direktor der Afrikaans-Grundschule in Turffontein war, dem gleichen Stadtviertel von Johannesburg, wo auch die Schule von Gertrude Hubregtse war.

Inzwischen war das Reisen zwischen Pretoria und Johannesburg viel einfacher, und als pensionierte Lehrerinnen besassen sie beide gewiss ein Auto. Was würde denn näher liegen, als dass sie mit grossem Interesse den Prozess der wunderbaren neuen Waldorf-Gründungsinitiative verfolgten, die sich vor ihren Augen auftat? In der Tat hatte Frau Hubregtse schon seit einiger Zeit sich mit der Waldorfpädagogik beschäftigt. Bereits im Jahr 1947 hatte sie im Namen einer Gruppe von Freunden an Cecil Harwood in England und Max Stibbe in den Niederlanden geschrieben und sich nach der Möglichkeit erkundigt, eine Waldorfschule in Johannesburg zu gründen. Max Stibbe riet ihr, eine Gruppe von interessierten Eltern zusammenzubringen, um den Weg zu bereiten. 1957 wurde der erste reguläre Ausbildungskurs für Waldorflehrer, der auch einen ausführlichen Malunterricht beinhaltete, von Elisabeth Mulder aus den Niederlanden abgehalten, als sie das Land für mehrere Monate besuchte. Frau Hubregtse war eine engagierte Schülerin. Sie widmete sich vor allem der Farbe und bot später viele Jahre lang in Kew Malkurse für Erwachsene an.

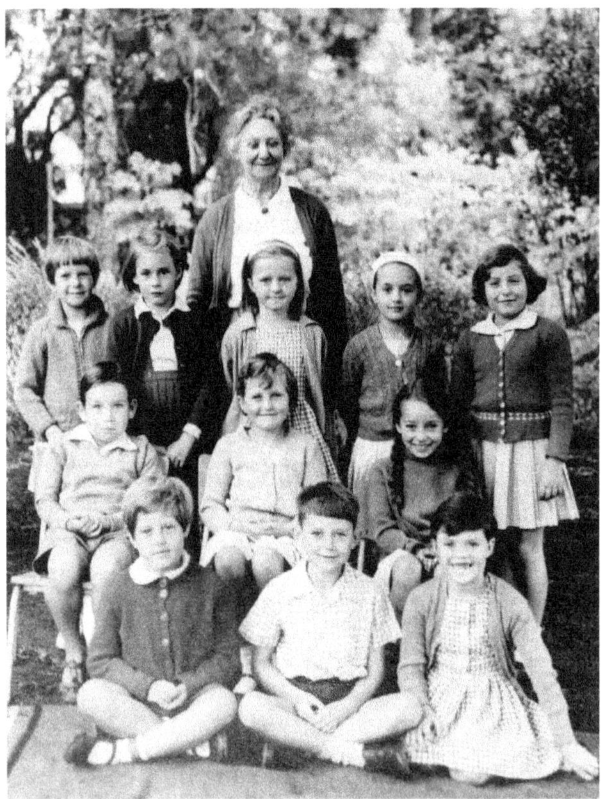

Gertrude Hubregtse mit ihrer Ersten Klasse 1962

Als Gertrude Hubregtse sich anbot, Gründungslehrerin zu werden, stellte sie ihren Status als eingetragene Schuldirektorin für die Initiative zur offiziellen Registrierung zur Verfügung, woraufhin Elise Hollenbach, neun Jahre älter und inzwischen 78, ihr Testament anpasste und der Schule die stolze Summe von 1000 Pfund vermachte. Sie schenkte Fräulein Hubregtse auch ihre anthroposophischen Bücher, zweifellos in der Absicht, sie für eine zukünftige Lehrerbibliothek zu verwenden. In den zwei von der griechischen Schule gemieteten Räumen gab es aber nicht einmal ein Lehrerzimmer, geschweige denn eine Bibliothek. So bewahrte Frau Hubregtse die Bücher zu Hause auf, bis ein fester Raum gefunden werden konnte.

Ein Jahr später, im September 1963, brach Frau Hubregtse in der Schule plötzlich zusammen und überraschte damit alle, auch sich selbst. Sie litt an einer nicht-diagnostizierten Leukämie und fiel daraufhin in ein Koma, aus dem sie nicht wieder erwachte. Evelyn Francis Derry (später Capel), eine Priesterin der Christengemeinschaft, befand sich zu dieser Zeit in Kapstadt und reiste nach Johannesburg, um die erste Trauerfeier der Christengemeinschaft in Südafrika für Frau Hubregtse abzuhalten. Obwohl Fräulein Hubregtse eine grosse Lücke in der Schule hinterliess, gelang es bald, zwei Lehrer aus dem kürzlich gegründeten Camphill Cresset House zu finden, um sie zu ersetzen.

Schliesslich lesen wir zu Ostern 1964 in der Anthroposophischen Vierteljahres-Zeitschrift, mit bezaubernder poetischer Gerechtigkeit, folgende Ankündigung:

FRÄULEIN G. HUBRECHTSE-GEDENKFONDS:

Die Schule dankt allen, die zu diesem Fonds beigetragen haben, herzlich und freut sich, dass die Gedenkstätte in Form einer Bibliothek für die Lehrer eingerichtet werden soll. Der Fonds bleibt offen und weitere Spenden sind sehr willkommen. Bitte senden Sie an:

Hon. Treasurer, Waldorfschulen, Johannesburg,
Für das Lehrerkomitee, F.G. Slaughter.

Zum Zeitpunkt der Niederschrift dieses Buches 2017 war Michael Mount mit etwa 900 Schülern die grösste Waldorfschule in Afrika und eine der grössten der Welt.

Die anthroposophische Gruppe in Pretoria bestand viele Jahre lang, wie Dr. Schütte in seinem Artikel von 1959 darlegte.

Als Max Stibbe[71] 1970 die Waldorfschule in Constantia verliess, sah er sich sofort nach einem neuen Betätigungsfeld um. Schon lange hatte er versucht, die Waldorfpädagogik bei den Afrikaans-sprechenden Intellektuellen und Politikern bekannt zu machen, doch bis dahin ohne Erfolg.

---

[71] Max Stibbe war einer der Gründungslehrer der Frije-School in Den Haag. Er wanderte 1963 nach Südafrika aus, um die Waldorfschule in Rondebosch (später Constantia) zu unterstützen und blieb bis zu seinem Tod 1973 im Land.

Inzwischen hatte er sich mit Dr. Schütte und Jan van Beijma aus der Pretoria-Gruppe angefreundet, die ihn gewiss detailliert über die Geschichte der Gruppe und die Arbeit von Hendrika Hollenbach informiert hätten. So wurde Pretoria ein vielversprechendes Zentrum für den Beginn seiner neuen Initiative.

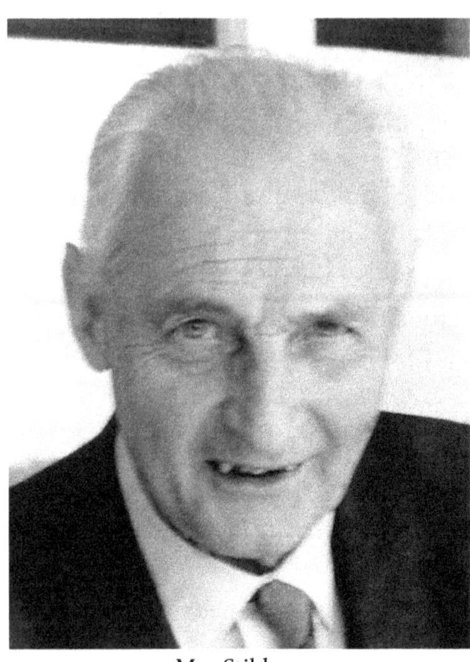
Max Stibbe

Max Stibbe zog 1971 nach Pretoria. Dort begann er durch öffentliche Vorträge für die Anthroposophie und Waldorfpädagogik zu werben. Dabei stützte er sich auf seinen viel jüngeren Freund aus Kapstadt, Eddie Dawes, der ihn zu den Veranstaltungsorten fuhr und allgemein half, die Dinge in Gang zu setzen, während er sich gleichzeitig in seine Lehrtätigkeit an der Michael Mount Waldorfschule einarbeitete. In Pretoria lernte Stibbe Annelie und Huibert Franken kennen, ein junges, frisch verheiratetes Paar, das in der Kunstszene Pretorias sehr engagiert war. Huibert Franken, der bereits etwas von der Anthroposophie gelesen hatte und eine Reihe von Büchern besass, war Sekretär der *Freunde des Kunstmuseums von Pretoria*, deren Adressenliste Stibbe anforderte, um seine Einladungen zu einem Vortrag über *Erziehung durch Kunst* im November 1971 zu verbreiten. Zwei Monate später, im Januar 1972, eröffnete Stibbe seine neue Schule für Kinder mit Lernschwierigkeiten, die in herkömmlichen Schulen keinen Platz fanden. Es waren zwei Kinder, und wieder half Eddie Dawes bei der Organisation. Am Ende des Jahres waren es 45 Kinder. Zunächst unterrichtete er am Vormittag die Hauptfächer und die Frankens übernahmen den Kunstunterricht und andere Fächer – alle acht Klassen auf einmal. Nach sechs Monaten zog seine Freundin und Waldorf-Kollegin aus Kapstadt, Zelia Roelofse, nach Pretoria, und sie konnten sich die Last teilen. Annelie Franken, die zu dieser Zeit ein Kind erwartete und das Kunstgeschäft führte, das sie und Huibert besassen, unterstützte sie mit Schreibwaren und Kunstzubehör und Max Stibbe lebte bei ihnen im Haus. Dort starb er im folgenden Jahr und überliess ihnen die Fortführung seiner letzten Initiative, der sie nun den Namen Max-Stibbe-Schule gaben und die heute als *Waldorf School on Rosemary Hill* bekannt ist.

Huibert Franken war es, der auf einer Reise zur Waldorflehrertagung in Europa Claartije Wijnbergh kennenlernte und einlud, an der Schule in Pretoria an einer neuen Initiative mitzuarbeiten. Denn es war eine örtliche Farmschule für schwarze Kinder eben geschlossen worden, und diese sollte fortan auf der eben angekauften Nachbarfarm, mit Gebäuden für etwa 300 Kinder und ihre Lehrer weitergeführt werden.

Damit schliesst sich der Kreis. Die nächsten Jahre brachten eine vollständige Transformation der südafrikanischen Waldorfschulen von einer überwiegend weissen Kolonialbewegung zu einer Bewegung, die in die differenzierten kulturellen Gegebenheiten Südafrikas integriert und ihnen angepasst ist. Anthroposophie ist nicht mehr eine Gemeinschaft von allzu oft kämpferischen Einwanderern aus verschiedenen Nationen, sondern eine südafrikanische Gemeinschaft mit einer eigenen kulturellen Identität. Diese Einwanderer brachten jedoch die Initiative und das nötige Rüstzeug mit, um alles in Gang zu setzen. Ihr Fokus war auf ihren Beruf und dem persönlichen Lebensunterhalt einerseits, aber gleichzeitig bauten sie nebenbei das anthroposophische Leben auf. Sie kümmerten sich wenig um die Vergangenheit und die Geschichte der Anfänge, denn sie sahen sich weitgehend als den Anfang und als die Pioniere. So geriet der Name Hollenbach in Vergessenheit – vergessen in Südafrika, aber auch in der Schweiz nach 20 Jahren Abwesenheit.

Dann, im 21. Jahrhundert, nach 100 Jahren Anthroposophie, wurde für sie ihre Geschichte plötzlich wichtig. Auch der Name Hollenbach tauchte als einer der Gründerinnen der Eurythmie wieder auf. Im Jahr 2014 erschien in Martina Maria Sams Werk *Eurythmie: Entstehungsgeschichte und Porträts ihrer Pioniere* eine Kurzbiografie.

Glücklicherweise gab es Menschen mit dem Sinn, Briefe und Familiendokumente in ihren Archiven zu sammeln, wo der Autor 2016 im Goetheanum-Archiv neue Informationen entdeckte – die umfangreiche Korrespondenz mit der Goetheanum-Verwaltung während der Jahre des Zweiten Weltkriegs. Im darauffolgenden Jahr wurde weitere Korrespondenz im Rudolf Steiner Archiv gefunden. Frau Greta Hollenbach aus Kapstadt, eine Grossnichte von Hendrika Hollenbach, stellte dem Autor freundlicherweise den Dokumentenband der Familie Hollenbach zur Verfügung, den C. A. Hollenbach II im Dezember 1984 unter dem Titel *Jan Hendrik Hollenbach van Arnhem*, Hendrika Hollenbachs Vater, zusammengestellt hatte.

Auf der Grundlage solcher Informationen konnten die Ereignisse im Leben von Hendrika Hollenbach, ihre Themen, Beziehungen und persönliche Charakterzüge, die diese bemerkenswerte Biografie bestimmten, zusammengestellt werden. Ein kurzer Rückblick und Schlussfolgerungen sollen zum Abschluss der Recherchen das Wesentliche ihrer Geschichte wieder in den Mittelpunkt rücken.

In eine Familie von Pionieren hineingeboren zu werden, schafft starke emotionale Bindungen. Sie entstehen durch die Notwendigkeit, zusammenzuhalten, sich aufeinander zu verlassen, seinen Teil zu leisten und persönliche Verantwortung zu übernehmen. Und wie wir gesehen haben, bestand ihre Familie aus tapferen, unternehmungslustigen Persönlichkeiten, was auch immer man sonst über sie sagen mag. Diese Eigenständigkeit prädestinierte sie zu einer der zahlreicheren Frauen, die zu Beginn des 20. Jahrhunderts, die ihrem Geschlecht zugeschriebene untergeordnete Rolle nicht mehr akzeptierten und beschlossen, ihr Leben selbst in die Hand zu nehmen. Doch das hat sie seelisch sehr mitgenommen, wie Fred Poeppig in seinem Nachruf schreibt:

> *Die Begegnung mit Rudolf Steiner in Berlin, die in die Jahre der Loslösung der Anthroposophischen Gesellschaft aus den Zusammenhängen der Theosophischen fiel, war durch Erlebnisse vorbereitet, die tief in ihr Seelenleben eingegriffen hatten, und die man als ein Todes- und Auferstehungserlebnis bezeichnen kann. Aus diesen Voraussetzungen ist es begreiflich, dass sie schon bald in den engeren Schülerkreis Rudolf Steiners aufgenommen wurde.*

Inmitten des kulturellen Vakuums, das Pretoria nach dem Burenkrieg darstellte, konnte sie ihre Suche nach einem unabhängigen spirituellen Leben fortsetzen und fand dabei die Theosophische Loge in Pretoria, um schliesslich ihren entscheidenden Brief an Marie von Sivers in Berlin zu schreiben, in dem sie ihre Motivation darlegt:

> *Ich sehne mich mit tiefem Ernst danach, ein Schüler in der okkulten Schule zu werden: meine latenten Fähigkeiten zu entwickeln, um stärker und weiser zu werden und eine mächtigere Kraft für das Gute und für den Dienst zu werden, in welchem Bereich des Lebens ich auch immer eingesetzt werde.*
>
> *(...) Und jetzt weiss ich, dass ich meinen Guru suchen darf. Keine subtilen Bindungen halten mich mehr zurück, kein anderer Geist beeinflusst mich in dieser ernsthaftesten aller Fragen.*

Ich stehe allein, bereit zu gehen, bereit, hingebungsvoll zu arbeiten, und bitte um nichts anderes als um das grosse Privileg, geführt und als Schüler angenommen zu werden.

Als ihre Suche jene tatkräftige Unterstützung fand, tauchte sie mit ihrem ganzen Menschenwesen in diesen höchst lehrreichen und verwandelnden Prozess ein, den die frühe Etablierung der anthroposophischen Arbeit und der Aufbau des Goetheanum mit sich brachten. Ihr Engagement und ihre Loyalität dem gegenüber hat sie nie in Frage gestellt. Sie war bereit, jede Aufgabe zu übernehmen, von der sie glaubte, dass sie das Werk unterstützen könnte, und ihre Initiative, eine kleine Gruppe von Kindern in Musik zu unterrichten, leitete die Entwicklung eines ganz neuen Bereichs der Kunst und des beruflichen Strebens ein. Der Beitrag der Toneurythmie zu all dem, was sich seither als darstellende Kunst, pädagogische Praxis, therapeutische Arbeit und soziale Betätigung in der Erwachsenenbildung entfaltet hat, ist für jeden, der mit der Eurythmie in Berührung kommt, leicht zu verstehen.

Es bedurfte nur einer einzigen Konfrontation, um die Kontraproduktivität einer Konkurrenz zwischen den Schülern Rudolf Steiners zu erkennen. Schon zweimal hatte sie einen Krieg erlebt, zog die Konsequenzen und kehrte zurück, um ihr Lebenswerk in Südafrika zu vollenden. Hätten die anderen Mitglieder der Anthroposophischen Gesellschaft nur ebenso weise geurteilt und gehandelt ...

Es war jedoch nicht die Weisheit, die ihr Handeln bestimmte, sondern eine andere, essenziell menschliche Eigenschaft, die für jede Verwandlung notwendig ist und die Rudolf Steiner unablässig bei seinen Schülern förderte. Es ist die Fähigkeit, Initiative zu ergreifen, das, was als richtig und wünschenswert erkannt wird in die Tat umzusetzen. Keine noch so grosse Vernunft hätte Hendrika dazu bringen können, sich auf ein so von Lebenskämpfen erfülltes Unterfangen einzulassen. Doch ihre Idee, eine Eurythmieausbildung, die sie machen wollte, mit einer Musikschule, was ihr zertifizierter Beruf war, zu verbinden, war angesichts des damaligen kulturellen Umfelds in Südafrika für sie die einzige Chance, finanziell zu überleben. Es blieb aber eine One-Woman-Show, und es gab niemanden, der diese Arbeit nach ihrer Rückkehr nach Europa weiterführen konnte. Es war jedoch die Grundlage, anderes aufzubauen und bereitete den Boden für die zukünftige Arbeit der Anthroposophie. Und darin erwiesen sich die zwanzig Jahre ihres persönlichen Kampfes als äusserst erfolgreich.

Hendrika verstand sich bei ihrer Rückkehr nach Südafrika, als Gesandte des Goetheanum, als Repräsentantin eines Impulses, den sie vierzehn Jahre lang zusammen mit Rudolf Steiner und den anderen

Mitarbeitern in der Welt etabliert hatte. Das sieht man an dem Bemühen, sich so vorzubereiten, dass sie den Segen und die Unterstützung Marie Steiners für die Gründung einer Eurythmieschule erhielt, obwohl sie im noch ganz rohen Vorkriegs-Südafrika alles hätte unterrichten können, was sie wollte, ohne dass es jemand hinterfragt hätte. Während ihrer Arbeit für die Anthroposophie vor Ort war sie stets bemüht, mit den anderen Mitgliedern in Kontakt zu bleiben und sie über das Geschehen am Goetheanum auf dem Laufenden zu halten. Diese Professionalität, gepaart mit dem Gefühl der vollen Unterstützung durch die internationale anthroposophische Bewegung, bestimmte ihr Selbstverständnis, aber auch ihr Ansehen in den Augen aller Mitglieder, die sie um sich scharte.

In Freiheit hat sie ihre Entscheidung, sich mit Südafrika zu identifizieren, getroffen. Abgesehen von ihrer unmittelbaren Familie gab es nichts, was sie sonst mit diesem Land verband. Womit sie sich wirklich identifizierte, waren die Bedürfnisse der Anthroposophie, mit dem, was sie als Notwendigkeit für eine anthroposophische Arbeit in Südafrika sah. Ihr Vermächtnis ist kein materielles, wie es der Treuhandfonds ist, den Basil Gibaud der Anthroposophischen Gesellschaft in Südafrika hinterlassen hat – das Einzige, was uns heute noch an sein eigenes Werk und das seiner Mutter, Mary Gibaud, für die Anthroposophie erinnert. Hendrikas Vermächtnis lebte in den Menschen, mit denen sie verbunden war, floss in die Waldorfschule in Johannesburg, in Camphill, in die Gründung einer lokalen Anthroposophischen Gesellschaft im südlichen Afrika, die dem Goetheanum angeschlossen ist. Auch wenn wir es hier mit Imponderabilien zu tun haben, lässt sich doch erahnen, wie die Menschen in Südafrika, die sich nach ihrem Tod noch mit ihr verbunden fühlten, Entscheidungen trafen und handelten, als ob ein Finger des Schicksals, von ihrer Hand gelenkt, sie geleitet hätte.

In seinen frühen Vorträgen vor der Esoterischen Schule hat Rudolf Steiner einen besonderen Aspekt der Mysterienweisheit angesprochen[72]:

> *Gott hat uns einstmals die Natur gemacht, die uns umgibt als mineralische, pflanzliche und tierische Natur. Diese werden wir aufnehmen. Wir können nichts dafür, dass sie da ist, wir können sie uns nur aneignen. Aber was wir selbst in der Welt verfertigen, das ist das, was durch uns selbst unser künftiges Sein darstellen wird.*

---

[72] Rudolf Steiner GA93 *Die Tempellegende und die Goldene Legende* Rudolf Steiner Verlag 1991 Vortrag Berlin, 23. Dezember 1904 ISBN 3727409304

(...) Und da gibt es ein grosses Gesetz (...) das besagt, wovon das Fortschreiten des Bewusstseins in allen künftigen Lebensstadien abhängt. Es trägt nämlich alles dasjenige zur Entwickelung des Bewusstseins bei, was der Mensch nicht für sich selbst allein zur Erlangung dieses Bewusstseins leistet. Es ist dies scheinbar ein paradoxer Satz: Alles dasjenige trägt zur Erhaltung [Entwickelung?] des Bewusstseins eines Wesens bei, was dieses Wesen leistet, ohne dass das Wesen es abgesehen hat auf die Entwickelung des eigenen Bewusstseins.

(...) Es ist also so, dass alle Geheimwissenschaft aus der Erkenntnis besteht, wie man ausser sich selbst selbstlos handeln muss, um in sich selbst die grösste Erhöhung seines Bewusstseins zu haben. Bedenken Sie, dass diejenigen, welche das sehr klar wussten, so weit selbstlos waren, dass sie dafür gesorgt haben, dass ihr Name nicht auf die Nachwelt gekommen ist.

Und ein Werk für sich selbst ist schon die Erhaltung des blossen Namens.

In diesem Sinne mag die Tatsache, dass ihr Name und ihr Engagement viele Jahre lang fast völlig in Vergessenheit geraten sind, an sich schon bezeichnend sein.

Anhang

1. Chronologie

1880 26. Mai, Hendrika Johanna Hollenbach geboren in Arnheim, Niederlande Dezember - Beginn des Ersten Burenkrieges

1881 Geburt des Bruders Herman Johan

März - Ende des Krieges, Unabhängigkeit von Transvaal als südafrikanische Republik

1882 Bruder Hans Georg

1884 Schwester Elise Sophie

1886 Januar Carel Arnold Entdeckung von Gold in Transvaal und Beginn des Goldrausches

1887 Paul Kruger wirbt in Europa für Techniker

1889 Vater Jan Hendrik Hollenbach reist zusammen mit seiner Schwester und ihrem Mann nach Südafrika.

1893 Die Familie folgt und lässt sich in Sunnyside, Pretoria, nieder.

1897 oder '98 Hendrika geht nach Amsterdam, um Musik zu studieren. Wahrscheinlich beginnt sie irgendwann mit dem Studium der Theosophie.

1899 Beginn des Zweiten Burenkriegs

1900 Niederlage der Buren, Pretoria wird besetzt, aber der Guerillakrieg geht weiter

1902 31. Mai Vertrag von Vereeniging

1903 oder '04 Hendrika kehrt nach Ermelo, Südafrika, zurück, nachdem sie sich als Klavier- und Gesangslehrerin qualifiziert hat.

1904 Die Loge der Theosophischen Gesellschaft erhält ihre Charta in Pretoria.

1906 Übersiedlung nach Pretoria als Musiklehrerin. In den nächsten Jahren wird sie Mitglied der Theosophischen Loge.

1909 Wird zur Geschäftsführerin der Theosophischen Gesellschaft in Pretoria. Hält Vorträge über Rudolf Steiner.

1911 Schreibt an Marie von Sivers, dass er nach Deutschland kommt und sich der Esoterischen Schule von Rudolf Steiner anschliesst. Wohnt in der Rissik Street 66.

1911 Dezember Abreise von Südafrika nach Berlin. Kommt Heiligabend an.

1912 März Wird Mitglied der ES und persönlicher esoterischer Schüler von R.S.

1913 Arbeit in München. Nimmt an der Grundsteinlegung für das Goetheanum im Sept. teil

1914 Übersiedlung nach Dornach

1915 18. August-11. September Apollonischer Kurs mit ersten spärlichen Hinweisen zur Toneurythmie

1919 Beginn des Musikunterrichts an der Friedwartschule

1920 Erste Aufführungen von Kindern in toneurythmischen Übungen

1921 Erste Form für Griegs Der Schmetterling.

1926 Planen der Rückkehr nach Südafrika

1926 Beginn der Eurythmieschule. Wohnsitz 383 Visagie Street

1929 Wohnsitz in der 180 Blackwood Street.

1933 Reise nach Dornach mit Ellie van Maarseveen für 3 Wochen im Sommer. Rückkehr über London.

1934 Adresse der Eurythmieschule - 578 Pretorius Street, Arcadia. Wohnsitz 518 Pretorius Street.

1935 Wohnsitz in der 120 Joubert Street, Sunnyside.

1939, Ende. Umzug nach 224 Kotze Street, Sunnyside

1943 Wohnsitz 8 Trevenna Street.

1945 Wohnsitz 131 Mears Street - November und teilweise Dezember

1945 Ende Dezember verlässt er Pretoria, um für zwei Monate bei der Familie Adler in Lakeview Estate zu leben.

1946 Februar, zieht nach Umbogentwini in das Strandhaus ihres Bruders Carel, während sie in der zweiten Jahreshälfte auf einen Liegeplatz auf einem Union Castle-Liner wartet.

1950 14. September stirbt sie im Bezirksspital Dorneck in Dornach

2. Briefe, die nicht im Text enthalten sind

Pretoria 2. Februar 1936
120 Joubertstrasse

Lieber Herr Doktor Wachsmuth,

da ich sonderbarerweise am gleichen Tag die Mitglieds Aufträge der Damen du Toit und des Herrn Grobler,, und auch die zurückgesandte Karte der Mrs Rishworth erhielt, schreibe ich Ihnen noch einmal persönlich, und lege Mrs Rishworth's Brief bei. Es ist ganz eigentümlich, dass mir gerade vorher durch den Kopf gegangen war, wie schwierig es eigentlich sein würde wenn Mrs R. dieses Jahr verlaufen würde Mitglied der Klasse zu werden, denn das war von Anfang an ihr Wunsch und ich hatte gesagt, dass man wenigstens zwei Jahre Mitglied sein sollte ehe man an so etwas denken könnte. Ich hatte aber auch realisiert, dass sie zu wenig verstand, dass es doch auf die eigene Arbeit dabei ankommt und dass man in esoterischen Sachen nur durch intensive innerliche Anstrengung weiterkommt.

P.S. Die Mitgliedsbeiträge der drei neuen Mitglieder werde ich zusammen mit den unseren April oder Mai schicken, schicke aber hiermit den Inhalt unserer Sparbüchse für das Goetheanum

H.H.

2 (Am selben Tag geschrieben und mit dem Obigen mitgeschickt)

Nun kommt unerwartet dieser Brief. Vielleicht ist es besser so, aber es tut einem doch leid. auch tut es mir leid, dass man im News Sheet Office einen Fehler gemacht hat. Ich hatte damals Miss Baker geschrieben, dass wir abonnieren würden, wenn wir das vom 1. Juli tun könnten und Mrs R, sowohl wie ich, schickten 9.50 Fr. für die zweite Hälfte 1934. Sie hat wahrscheinlich nicht erwähnt, dass es für die zweite Hälfte war. Ich habe ihr nun zehn Schilling zurückgeschickt und werde Miss Baker schreiben und ein Pfund schicken, wovon davon ungefähr 9.50 Fr. Donation für das Goetheanum wäre. Ich fand es besser diese Sache so zu behandeln, da Frau R nicht sehr «well-to-do» ist und die News Sheet Rechnung scheinbar ungefähr zusammen gekommen ist mit dem Appeal to All Members. Ich hoffe herzlich, dass unsere Gruppe in Pretoria jetzt gedeihen und wachsen wird. Von Mrs Matthey habe ich niemals die Karte zurückbekommen aber ich fürchte, dass die auch für uns verloren ist als Mitglied

Ich bekomme dann die drei Karten für die neuen Mitglieder zugeschickt, nicht wahr? Und bitte auch einige Application Forms und Statutes.

Mit herzlichem Gruss H Hollenbach.

Pretoria 2.2.37
120 Joubertstr.

Sehr geehrter Herr Doktor,

Wenn auch etwas verspätet, so kann ich Ihnen doch noch S. Fr. 50.- in den Fonds für den Geburtstag von Frau Dr. Steiner schicken. Mitte Januar bin ich aus den Sommerferien nach Pretoria zurückgekehrt, und zu dieser Zeit hatten die meisten kein Geld und mussten bis zum Ende des Monats warten. Da zwei unserer Mitglieder zur Zeit verreist sind (Herr Grobler ist in den Flitterwochen und kommt erst Ende des Monats zurück, und Frau van Maarseveen ist noch in Dornach), habe ich nach Johannesburg geschrieben, wo es jetzt auch einige Mitglieder gibt. Herr Tallo, die Familie Schneider und Frau Danziger schickten je 5 Schilling, und unsere Mitglieder, Frau Tracey und J. du Toit, gaben je 5 Schilling. Fräulein Nieuwenhuys 10 Schillinge und der Rest ist von mir.

Das ist nicht sehr viel, aber wir sind auch nicht in der Lage, sehr viel zu tun.

Gegen Weihnachten werde ich 3 Pfund per Post von unserem Sparkonto in der Main Road schicken. Ich habe mich nicht getraut, um mehr zu bitten, da ich sehr gut weiss, wie schwierig es ist, mit einem sehr geringen Gehalt auszukommen, und alle sind noch sehr neu in der Bewegung.

Ausserdem habe ich, obwohl ich das Geld bereits Anfang Dezember geschickt habe, noch keine Quittung erhalten und hoffe, dass das Geld an der richtigen Adresse angekommen ist. Am 20. Dezember konnte ich mit den Mitgliedern in Johannesburg eine Weihnachtslesung halten und seitdem lesen sie regelmässig zusammen und werden höchstwahrscheinlich nächsten Sonntag zu einem Gemeinschaftsabend hierher kommen. Ich habe eigentlich noch eine Reihe von Fragen.

Kürzlich war ein Mitglied aus Holland hier, aber ich werde schreiben, wenn ich mehr Zeit habe, denn ich muss diesen Brief zur Post bringen, sonst verpasst er die Luftpost.

Herzliche Grüsse, H. Hollenbach.

Pretoria 5.6.38
120 Joubertstraat.

Sekretariat Anthr. Gesellschaft Dornach.
Hiermit schicke ich Wechsel Fr. 135.-

Mitgliedsbeiträge der Mitglieder Gruppe Südafrika.

Frl. Niewenhuys	*Fr.*	*15.-*
Miss F. du Toit		*15.-*
Miss J. du Toit		*15.-*
Mr M. Grobler		*15.-*
Mrs C. v. Maarseveen		*15.-*
Miss H. Hollenbach		*15.-*
Miss Wessels		*15.-*

Alle aus Pretoria. Miss Wessels ist unser neues Mitglied, wofür ich vor einigen Wochen den Mitgliedsantrag schickte.

Weiter aus Johannesburg:

Mr K. Adler	*Fr.*	*15.-*
Miss M. Danziger		*15.-*

Herr und Frau Schneider (Jo'burg) wollten sich als Mitglieder unsere Gruppe melden, können aber dieses Jahr noch keinen Beitrag zahlen, und von Herrn Tallo bekam ich keine Antwort. Der wird also wohl persönliche schicken.

Mit freund. Gruss,
H. Hollenbach

Dornach 6. November 1942,

Sehr geehrtes Fräulein Hollenbach,

vielen Dank für Ihren Brief vom 14. Mai 1942, der uns erst letzten Monat erreicht hat. Wir sind sehr froh zu wissen, wie die Summe von £ 45. -, oder S fr. 766,20, hier verteilt und verbucht werden soll. So haben wir Ihr Abonnement für die Zeitschrift "Das Goetheanum" 1941 und 1942 und für Herrn Adler, C. v. Maarseveen, H. Wessels mit der Summe von

Fr. 228. -, wofür wir Ihnen und den anderen Freunden sehr herzlich danken.

Kürzlich erhielten wir ein Schreiben von Frl. H. Wessels, datiert vom 9. Juli 1942, in dem sie uns mitteilte, dass ihre eigenen Mitgliedsbeiträge, die Abonnements für Frl. F. du Toit und Frl. J. du Toit sowie die "Goetheanum"-Zeitung für sie von der Summe, die Sie uns freundlicherweise über die Standard Bank telegrafiert haben, bezahlt werden sollen. Wir haben alles nach Ihren Ratschlägen gebucht und danken Ihnen und allen anderen Mitgliedern für all Ihre Hilfe und guten Gedanken, die wir mehr als je zuvor brauchen.

Aus Ihrem Schreiben vom 14. Mai 1942 erfahren wir, dass unsere Quittung über die Summe von Frs. 800.80, die Sie uns im Juni 1941 für den gleichen Zweck geschickt haben, noch nicht bei Ihnen eingetroffen ist. Wir bedauern dies, nehmen aber zur Kenntnis, dass alles gemäss Ihren Wünschen für die Mitglieder in Pretoria und Johannesburg gebucht wurde.

Bitte nehmen Sie unsere besten Wünsche für Ihre Arbeit entgegen und grüssen Sie alle unsere Freunde und Mitglieder in P. und J. herzlich und mit Dank.

Mit freundlichen Grüssen,
Allg. Anthroposophische Gesellschaft.

3. Auswahl von Musikstücken, an denen Hendrika Hollenbach gearbeitet hat:

Trauermarsch Mendelsohn

Largo Georg Philipp Telemann

Präludium 21 Chopin

Ehre sei Gott in der Höhe

La Chanson de la Cabrette - Provence

Musik für Kinderprogramme:

Humoristischer Auftakt Jan Stuten

Chant sans paroles - Tschaikowsky

Allegro di Molto - Phillip Emanuel Bach

Allegretto - Joseph Haydn

Der Spaziergang - Max Schuurman

4. Erwähnungen in der Rudolf Steiner Gesamtausgabe.

In Rudolf Steiners Gesamtwerk taucht ihr Name an ein paar wenigen Stellen auf.

In zwei der Bänden *Aus den Inhalten der esoterischen Stunden* sind Hendrikas Aufzeichnungen Rudolf Steiners esoterischen Vorträgen in *Basel, Berlin, Den Haag, Helsingfors, Leipzig,* mitenthalten.[73]

Hendrika Hollenbach wird in zwei der Bücher Rudolf Steiners über die Eurythmie erwähnt, von denen eines den grössten Teil ihrer ersten (kürzeren) Abhandlung *„Die ersten Anfänge der Toneurythmie“* enthält. Es folgen eine Fussnote und eine biographische Angabe über sie, die beide erhebliche Fehler enthalten (im Folgenden fett gedruckt):

Endnote auf Seite 217 zu Seite 119:

> *Hendrika Hollenbach, 1880--1950. Der Aufsatz erschien in N. 38, 19. 9. 1948, des Dornacher Nachrichtenblattes: Was in der Anthroposophischen Gesellschaft vorgeht. Nachrichten für deren Mitglieder»; verfaßt wurde er in Pretoria am 8. 8. 1948 und an Frau Dr. Steiner geschickt, die ihn «ausgezeichnet» fand, •sehr gründlich und lebendig dargestellt und das Bild Dr. Steiners in schöner Weise hervortreten lassend». Am 14. September 1950 starb Hendrika Hollenbach in Pretoria. Sie war schon im ersten Jahrzehnt unseres Jahrhunderts dort führendes Mitglied der Theosophischen Gesellschaft gewesen; sie folgte Rudolf Steiner nach dem Ausschluß der Deutschen Sektion der Theosophischen Gesellschaft und arbeitete lange Zeit nach vorübergehendem Aufenthalt in München am Goetheanum.*

Zum Schluss steht folgendes unter **Biographische Angaben zu den ersten Eurythmistinnen**

---

73 Rudolf Steiner *Aus den Inhalten der esoterischen Stunden, Band II 1910 – 1912* GA 266/2 Rudolf Steiner Verlag Dornach 1996 ISBN 3-7274-2662-4
und
Rudolf Steiner *Aus den Inhalten der esoterischen Stunden Band III 1913 – 1923* GA 266/III Rudolf Steiner Verlag Dornach 1998 ISBN 3-7274-2663-4

Hollenbach, Hendrika (1880 - 1950 Pretoria/Afrika)

Musikerin und Eurythmistin. Kam aus Pretoria nach München zu den Veranstaltungen 1913. Vorübergehender Aufenthalt in München. Arbeitete lange Zeit in Dornach am Goetheanum.[74]

In dem Band *Eurythmie - Die Offenbarung der sprechenden Seele* gibt es ein Vortrag mit der Überschrift:

Die pädagogisch-hygienische Bedeutung der Eurythmie

Dornach, 21. März 1920, vor Medizinern

Mit Kinderdarbietungen

Das Programm enthält zum Schluss ein *Kindergebet* und ein *Reiselied (für zweistimmigen Kinderchor).* Davor spricht Rudolf Steiner einige Worte der Einleitung:

Fräulein Hollenbach, als Eurythmielehrerin der Kinder, hat sich die Aufgabe gestellt, Kinder im Chorgesang unter dem Hüpfen der Töne auszubilden. Wir beginnen mit einem Lied «Frohsinn» von Löwenstein mit Musik von Hiller. Sie hat den Kindern das Hüpfen der Töne und die Bewegungen in der Eurythmie beigebracht. Es handelt sich um eine durch und durch beseelte Turnkunst, die sich dem gewöhnlichen Turnen wird an die Seite stellen können. Und es wird durchaus dem gewöhnlichen Turnen kein Abbruch getan durch die eurythmische Kunst. Aber gerade dadurch, daß man auch der Kinderwelt beseelte Bewegungen beibringen kann, wird sich zeigen, daß diese eurythmische Kunst auch eine pädagogisch-hygienische Bedeutung haben wird. Wenn das Turnen auch eine Stärkung des Körpers ist, weniger des ganzen Menschen, so wird namentlich die Initiative des Willens durch diese Eurythmie gestärkt werden können. Hinzugefügt also wird zu dem gewöhnlichen Turnen das in beseelten Bewegungen Spielen des Kindes, wozu die eurythmische Kunst werden kann.[75]

In dem Band Briefwechsel und Dokumente 1901 – 1925 stehen in dem Brief 183b:

---

[74] Rudolf Steiner *Die Entstehung und Entwicklung der Eurythmie* GA 277a ISBN 3727427752 S. 223

[75] Rudolf Steiner Eurythmie - Die Offenbarung der sprechenden Seele GA 277 ISBN 3727427701 S. 156

An Rudolf Steiner (für Tatiana Kisseleff), wahrscheinlich Beilage zu Nr. 183 (10 Dez. 1923) die folgenden beiden Sätze:

"Dieses Blatt bitte ich Frau Kisseleff zu übergeben mit herzlichem Gruß, und entsprechenden Vorbereitungen. Hollenbach wird ja wohl auch einiges Weihnachtliche vorzuführen haben." (...)

Allerherzlichsten Gruß Marie

Dazu die faktisch korrekte Fussnote:

Hollenbach: Johanna Hendrika Hollenbach (1880-1950), Januar 1912 aus der südafrikanischen Sektion in den Berliner Zweig übergetreten, lange Zeit Eurythmistin in Dornach.[76]

5. Liste der am ersten Goetheanum-Bau während der Konstruktion Mitarbeitenden

Anmerkung des Autors:

Die schrittweise Zusammenstellung der folgenden Personenliste begleitete die gesamten Recherchen zu dieser Biografie von dem Moment an, als ich mich von der Bedeutung der *Esoteric School of Theosophy* für die Entwicklung dessen, was ich anthroposophisch-inspirierte Kunst nenne, überzeugte. Wer waren diese Menschen und was ist aus ihnen geworden? Durch sie wurde die Anthroposophie in der Welt verwirklicht! Und an der entscheidenden Wende ihrer Entwicklung stand das vierte Mysterienspiel, das 1913 uraufgeführt wurde und dessen Charaktere nun zusammenwirken sollten, um das gemeinsam geplante grosse Projekt zu schaffen.

Die Informationen wurden aus zahlreichen Quellen zusammengetragen. Es handelt sich um eine Zusammenstellung von drei verschiedenen Personenlisten:

1. eine Liste von Personen, die an den Münchner Aufführungen der Mysterienspiele beteiligt waren

2. eine Liste von Mitwirkenden am ersten Goetheanum

3. eine Liste von Mitgliedern der Esoteric School of Theosophy.

---

[76] Rudolf Steiner, Marie Steiner-von Sivers Briefwechsel und Dokumente 1901 – 1925 GA 262 Rudolf Steiner Verlag 2002 ISBN 3-7274-2620-9

Von diesen drei Listen war nur die Erste vorhanden. Die Zweite musste ich in der vorhandenen anthroposophischen Sekundärliteratur finden, und 3. existiert als ein Bündel Papiere aus den Jahren 1905, 1906, 1913 und 1914 in einem Ordner im Rudolf Steiner Archiv in Dornach. Mit der letztgenannten Liste habe ich begonnen. Jede Person, die dort auftaucht, musste ich von Hand abschreiben.

1905 standen 26 Personen auf einer handschriftlichen Liste, 1906 kamen weitere 17 hinzu. Schon in diesen Listen fehlten mindestens 20 Personen, die definitiv Mitglieder waren, wie wir aus anderen Quellen kennen, u. a. Marie von Sivers und Sophie Stinde. Danach wurden in der Berliner Zentrale keine Aufzeichnungen mehr geführt. 1913, zeitgleich mit der Gründung der Anthroposophischen Gesellschaft aus der alten Deutschen Sektion der Theosophischen Gesellschaft, erwachte wohl das Bedürfnis, den aktuellen Mitgliederstand der Esoterischen Schule zu ermitteln. Es entstand eine getippte Liste, die aber beim Buchstaben S abbrach. Da man offenbar erkannte, dass diese Liste unvollständig und ungenau war, wurde 1914 vom Berliner Büro aus, ein Brief an alle deutschen Arbeitszentren, d.h. die regionalen Arbeitsgemeinschaften der Gesellschaft, einschliesslich einiger in Österreich, verschickt. Die Befragten wurden gebeten, alle Mitglieder in ihrem Gebiet aufzulisten, die an den Treffen und der Arbeit der Esoterischen Schule teilnahmen. Einige von ihnen schrieben dies auf separate Blätter, andere notierten sie einfach auf dasselbe Blatt, das sie erhalten hatten, und schickten sie nach Berlin zurück. Als sie dort ankamen und sich in der Schublade stapelten, waren sie bereits überflüssig geworden, da die Arbeit der Esoterischen Schule wegen des Krieges eingestellt wurde. In diesem Zustand finden wir sie noch heute.

Nachdem ich alle meine Notizen abgetippt hatte, konnte ich sie alphabetisch ordnen, die Duplikate entfernen und kam schliesslich auf eine Zahl von etwa 875 Mitgliedern. Ist diese Zahl genau oder schlüssig? Mit Sicherheit nicht! Es fehlen alle Mitglieder, die ausserhalb Deutschlands und ein Teil Österreichs der ES angehörten, sowie mehrere Deutsche und Österreicher, die über ihre Mitgliedschaft in eigenen autobiografischen Berichten dokumentierten. Hinzu kommen Rechtschreibfehler und menschliche Irrtümer, so dass wir ungefähr von einer Gesamtzahl zwischen 900 und 950 Mitgliedern ausgehen können.

Der nächste Schritt bestand darin, die einzelnen Mitarbeiter zu notieren, wo immer ich auf sie stiess. In den Büchern von Andrej Belyj, Asja

Turgenieff, Ilona Schubert, Martina Maria Sam[77], Bodo von Plato[78] und in einer Reihe von Erinnerungsbüchern an Rudolf Steiner finden sich die Namen und die Tätigkeiten der Mitarbeiter. In der ausführlichen Darstellung des Bauimpulses, die unter der Herausgeberschaft von Roland Halfen[79] erschienen ist, sind viele Namen aufgeführt, aber auch diese Autoren haben sich nicht mit einer tatsächlichen Auflistung befasst. Wir müssen uns einfach damit abfinden, dass es eine Reihe von Personen gibt, von denen wir wissen, dass sie am Goetheanum gearbeitet haben; einige, deren Namen wir gar nicht kennen, andere, deren Namen zwar auftauchen, über die aber nichts bekannt ist, und eine Reihe, deren Identität klar ist, von denen wir aber keine Ahnung haben, was sie in jenen Jahren für das Goetheanum getan haben. Dennoch gibt es genügend Menschen, die ihre Geschichte mit uns geteilt haben, deren Werk nach ihnen weiterlebt und deren Biografien für jeden, der ihnen nachgehen möchte, eine reiche Quelle der Inspiration sind.

Aufgeführt sind insgesamt 166 Personen. Von diesen waren 120 Mitglieder der Esoterischen Schule. Von den verbleibenden sechsundvierzig waren siebenunddreissig, darunter achtundzwanzig der siebenunddreissig Eurythmisten, zu jung, um in den Jahren, in denen die Esoterische Schule aktiv war, teilzunehmen. Doch einige von ihnen hatten bereits an den Münchner Mysterienspielen mitgemacht, und sie alle waren nicht weniger persönliche geistige Schüler Rudolf Steiners. Schon diese kursorische Analyse belegt schlüssig meine eingangs aufgestellte These, dass alles, was wir heute als anthroposophische Künste kennen, entstanden ist aus der persönlichen Entwicklung heraus, die sie in diesem Prozess erfahren haben. Das erste Goetheanum bot den Schauplatz, auf dem sich diese in einem einzigartigen Gemeinschaftsprojekt verwirklichen konnten.

(Mitglieder der *Esoteric School of Theosophy* sind kursiv gedruckt):

Aisenpreis Ernst (28.01.1884 - 10.11.1949) – Architekt - DE

Aisenpreis Ilse oder Else - DE

---

[77] Martina Maria Sam *Eurythmie: Entstehungsgeschichte und Porträts ihrer Pioniere.* Verlag am Goetheanum 2014 ISBN 9783723515235

[78] Bodo von Plato (editor) Anthroposophie im 20. Jahrhundert – ein Kulturimpuls in biographischen Portraits Verlag am Goetheanum, Dornach 2003 ISBN 3723511996

[79] Roland Halfen (Herausgeber), Rudolf Steiner Nachlassverwaltung (Herausgeber), Rudolf Steiner (Autor), Kurt Remund Dino Wendtland *Das architektonische Werk: Band 1: Die Goetheanumbauten und ihre Vorläufer* Rudolf Steiner Verlag; 1st edition 5 Sept 2022 ISBN 9783727437007

Arenson Adolf (14.05. 1855 - 26.12.1936) – Musiker, Geschäftsmann - DE

Baditz Nora von (06.09.- 08.06.1965) – Eurythmie– AT

Barato Lidia (26.10.1903 - 19.01.1996) – Eurythmie- IT

Baravalle-Kimball Ilse von (01.09.1900 - 21.07.1987) – Eurythmie- AT

Baumann-Dollfus Elisabeth (16.07.1895 - 12.02.1947) – Eurythmist, - Mysteriendrama 1 - CH

Bay Paul (24.03.1891 - 16.05.1952) – Architekt, Bildhauerei- CH

Bay-Van der Stok-Troelstra Dieuwke – NL

Benirschke Max - DE

Benkendörfer Eugen - DE

Benzinger Max, (01.01.1877 - 02.02.1949) Schlosser, Dodekaeder 1st Goetheanum, Holz u. Wachsmodel. DE

Bey, Otto, van, der - DE

Bögel Erna (6.9.1877 – 16.9.1963) – Kostüme etc (Mutter von Ilona Schubert) - DE

Bogojavlenskajya Nina (Geburtsdatum unbekannt – 1945) – Eurythmie- RU

Boos-Hamburger Hildegard (01.08.1887 - 11.11.1969) - Malarbeiten - AT

Brazol André - Bildhauerei - DE

Bruinier Sanne – Malarbeiten, Eurythmie - NL

Bugayev Boris (Andrej Belyj) (26.10.1880 - 8.01.1934) – Autor, Bildhauerei- RU

Bürgi-Bandi Lucie (1.01.1875 -19.11.1949) - Johannesbauverein Schweiz - CH

Clason Louise (27.01.1873 - 06.04.1954) - Mysteriendrama 1, Eurythmist, Eurythmie-Garderobe - DE

de Jaager Isabella (20.07.1892 - 11.12.1979) – Eurythmie- BE

Doser Otto (1875-1949) Mitglied des Düsseldorfer Stadttheaters - Mysteriendrama 1 - DE

Drexler Luna Amalia - DE

Dubach Oswald 22.10.1884 - 19.05.1950) – Bildhauerei- CH

Dubach-Donath Annemarie (18.03.1895 - 27.05.1972) – Eurythmie- DE

Dziubaniuk (Ella 24.11.1881 – 5.2.1944) – Eurythmie- PL

Eckhardtstein Imme von (05.11.1871 - 11.05.1930) - Malarbeiten, Mysteriendrama 1

Eckinger Margareta (07.09.1907 - 15.05.1993) – Eurythmie- CH

Ellram Berta – Garderobe - DE

Eschmann Jakob - DE

Feeser Herr Wilhelm oder Sophie - DE

Fels Alice (30.05.1884 - 20.04.1973) – Eurythmie- DE

Finckh-Rall Helene (12.11.1883–20.10.1960) Stenografin DE

Fridkyn, (Friedkin) Dr H(enriette)

Geck Henni (02.04.1884-18.03.1951) - Bildhauerei, Malarbeiten - DE

Groh Annemarie (05.09.1891 - 07.07.1976) – Eurythmie- DE

Grossheinz Emil (22.02.1867 - 24.10.1946) - Johannesbauverein Schweiz - CH

Grossheinz Nelly - CH

Gümbel-Seiling Maria - Mysteriendrama 1 - DE

Gümbel-Seiling Max (08.06.1879 - 26.10.1964) - Mysteriendrama 1 - DE

Gummppenberg, Baronin, Emmy, von - DE

Gysi Alfred (31.08.1865 - 09.11.1957) - Johannesbauverein Schweiz - CH

Gysi, Prof, Alfred - CH

Haase, Julius oder Aloys - DE

Hamilton, Lilian - DE

Harder, Herr Hugo - DE

Hensel Elisabeth (gest. 6.4.1954) – Eurythmie - DE

Hirter-Weber Marie (15.01.1854 -16.07.1946) - Johannesbauverein Schweiz - CH

Hollenbach Hendrika (1880-1950) – Bildhauerei, Eurythmie– ZAR/NL

Howe, Frl. Marie - DE

Husemann Minni (15.7.1891 – 23.7.1966) – Eurythmie - DE

Jürgas Richard - Mysteriendrama 1 - DE

Kacer Mania (01.12.1870 - 30.08.1936) - Bildhauerei - DE

Kalckreuth Pauline Gräfin von (19.10.1856 - 08.05.1929) – Malarbeiten, Johannesbauverein München – DE

Kemper Carl (24.08.1881 - 06.08.1957) - Bildhauer, Architekt - DE

Kieser, Karl, - DE

Kieser, Lilly, - DE

Kieser, Paula - DE

Kinkel Alice - DE

Kinkel Wilhelm - DE

Kisseleff Tatiana (15.03.1881 - 19.07.1970) – Eurythmistin, Leitung Bühnengruppe, Gründerin der Eurythmieschule - RU

Klenk Georg - DE

Kober Fr Helene - DE

Kricheldorf Lutz (2.10.1884 - 06.09.1967) - Mysteriendrama 1 - DE

Krieger Wilhelm - DE

Kux Ralph (02.08.1903 -.20.12.196) - Eurythmie- DE

Kux Willi (06.02.1902 -.26.03.1976) - Eurythmie- DE

Lauer Helmuth (14.02.1901-28.09.1979) - Architekt - DE

Leinhas-von Sonklar Flossy (18.05.1893 - 03.02.1991) – Eurythmie- DE

Lerchenfeld Otto Graf (2.10.1868 - 05.10.1938) - Mystery Plays, Johannesbauverein München - Malarbeiten - DE

Liedvogel Heinrich - DE

Ligski Konstantin (1885/1886–1931) – Glasfenster- RU

Ligski-von Orth Gertrud - Glasfenster - RU

Linde Hermann (26.08.1863 - 26.06.1923) - Malarbeiten - DE

Linde Marie (19.06.1870 - 11.06.1943) - Mysteriendrama 1, Johannesbauverein München DE

Lissau Robert - DE

Mackensie Icie (1873-1946) – Bibliothek und Buchhandlung am Goetheanum, Einrichtung des Archivs – GB

Maryon Edith (09.02.1872 - 01.05.1924) Bildhauerei– GB

May Hans von (1883-1949) – Glasfenster - DE

May Walo von (25.12.1879 - 27.02.1928) Malarbeiten, Illustratorin, Glasfenster DE

May-Rychter Anna von (16.02.1864 - 09.04.1954) - Glasfenster, Malarbeiten - DE

Metaxa George (07.03.1889 - 28.11.1956) Musiker, Komponist – GB

Michels Clara (08.03.1880 - 27.03.1944) – Mysteriendrama 1 - DE

Mitscher Fritz (gefallen WW1 1915) – Malarbeiten, Bildhauerei– Mysteriendrama 1 - DE

Mitscher Heinrich (gefallen WW1 1917) - Bildhauerei- DE

Mitscher Käthe (9.5.1882 – 9.4.1940) – Inspizientin, Beleuchtung, Rezitation, Mysteriendrama 1 - DE

Molnar Ilonka von (23.7.1891 – 21.1.1945) – Eurythmie- HU

Molt Berta - DE

Molt Emil - DE l

Monte, José de - DE

Mücke, Johanna - DE

Neuscheller-van der Pals Lucy (26.04.1886 - 13.02.1962) – Eurythmie– NL/RU/ DE

Noll Dr Ludwig - DE

Oelrichs Frl Helene - DE

Palmer Dr, Otto - DE

Pals Leopold van der (4.7.1884 – 7.2.1966) – Musiker– DE /RU

Papoff-Hunzicker Natalie von (1.9.1881 – 24.2.1970) – Eurythmie- RU

Peipers Cecile – Mysteriendrama 1 – DE

Peipers Felix (11.12.1873 - 01.01.1944) - Mysteriendrama 1, Johannesbauverein München - DE

Peralté Elvezia Lotus (28.11.1862 - 22.07.1953) - Mysteriendrama 1 - FR

Petersen Adelheid - DE

Pfeiffer Ehrenfried (19.02.1899 - 30.11.1961) - Beleuchtung - DE

Pollak-Deutsch Hildegard (2.11.1874 – 1.1.1943) – Bildhauerei, Malarbeiten, Plakatenmalerin

Pollak-Karlin Richard (05.07.1867 Karli bei Prag - 01.01.1943 Treblinka), - Bildhauerei, Malarbeiten, CZ

Pozzo Aleksandr (19.03.- 19.05.1941) – Nachtwächter, Bildhauerei- RU

Pozzo Masha (15.11.1911 - 16.03.1990) – Eurythmie- RU

Pozzo-Turgenieff Natalie (3.9.1888 – 14.8.1943) – Eurythmie - RU

Ranzenberger Hermann (14.07.1891 - 13.09.1967) - Architekt - DE

Ratzmann, Luigi - DE

Reebstein-Lehmann, Berta - DE

Rieper Maria - Mysteriendrama 1 - DE

Röchling Helene (28.1.1866–14.8.1945) Zweigleiterin Mannheim, später Kostüme - DE

Röhrle-Ritter Edith (3.12.1893 – 24.5.1965) – Eurythmie- DE

Rosenkrantz Arild, Baron (09.04.1870 - 29.09.1964) - Malarbeiten Dänemark - GB

Rosenkrantz, Louise Augusta von (Tessa) (22.11.1865 - 09.05.1944) - Schriftstellerin, Redakteurin, Malarbeiten, GB,

Rychter Thaddäus (1873 – 1843) – Glassfenster, Malarbeiten - PL

Samyslowa Olga (16.07.1895 - 22.08.1989) – Eurythmie- RU

Savitch Marie (15.11.1892 - 10.07.1975) – Eurythmie- RU

Schieb Marie (08.09.1862.- 20.02.1948) - Johannesbauverein Schweiz - CH

Schilbach Erika (18.7.1897 – 19.4.1984) – Eurythmie- DE

Schleutermann Max Bauunternehmen, Basel - CH

Schmid-Curtius Carl (02.03.1884 - 24.07.1931) – Architekt - AT

Schmiedel Oskar (30.10.1887 - 27.12.1959) - Mysteriendrama 1, Herstellung Pflanzenfarben und Malfarben - AT

Schmiedel-Michels Thekla Herstellung Pflanzenfarben und Malfarben - DE

Scholl Mathilde (9.02.1868 -18.05.1941) - DE

Schubert Günther (12.09.1899-09.08.1969) – Bibliothek, Lehrer and Vortragsredner - DE

Schubert Ilona (28.03.1900 - 26.10.1983) – Eurythmie- DE

Schuurman Ina (08.05.1894 - 14.04.1977) – Eurythmist, Glasfenster- DE

Schuurman Max – (20.11.1889 – 28.2.1955) – Musiker- NL

Scott Pyle William (22.06.1889 - 13.02.1938) – Malarbeiten – USA

Seiling Max Hofrat (1.01.1852 - 1.01.1928) - Mysteriendrama 1 - DE

Sellin Albrecht Wilhelm (19.07.1841 - 10.09.1933) - Mysteriendrama 1 - DE

Selling Wilhelm (12.02.1869 - 29.05.1960) - Mysteriendrama 1 - DE

Senft Emica (05.01.1893 - 17.01.1976) – Eurythmie- AT

Sesemann Helene oder Lydia - DE

Siedlecka Jadwiga (01.01.1874 - 01.01.1950) – Glassfenster, Malarbeiten - PL

Siedlecki Franciszek (23.7.1867 - 11.10.1934) - Glassfenster, Malarbeiten - PL

Sivers Marie von (14.3.1867 – 27.12.1948) - Mysteriendrama 1, Eurythmie, Speech, etc – DE /RU

Sivers Olga von (07.04.1863 - 28.02.1917) - Mysteriendrama 1 - DE /RU

Smits Lory (06.03.1893 - 19.09.1971) – Eurythmie- DE

Spiller Agnes (8.6.1892 – 20.5.1981) – Eurythmie- DE

Sprengel Alice (29.09.1871 -- 01.01.1949) - Mysteriendrama 1 - DE

Stockmeyer Hilde - DE

Steffen Albert (10.12.1884 - 13.07.1963) – Redakteur Wochenschrift, Dichter, Schriftsteller - CH

Stinde Sophie (21.9.1853 – 17.11.1915) –Mystery Plays (Organisatorin) Johannesbauverein München -DE

Stockmeyer Ernst, Karl - DE

Stockmeyer Karl - DE

Stolle Emma (1871–1956) – Eurythmie, Eurythmie-Garderobe, Glasfenster - DE

Strakosch Alexander (23.08.1879 - 05.02.19589) – Architekt - AT

Strakosch Maria (06.08.1877 - 04.09.1970) - Malarbeiten - DE

Strakosch-Gieseler Maria - DE

Strauss Hans (09.08.1883-20.10.1946) – Bildhauerei Waldorfschule Gartenbau - DE

Strauss, Fr, Marie - DE

Strauss, Hans - DE

Stuten Jan (15.8.1890 – 25.2.1948) – Musiker, Schauspieler, Bühnenbildner - NL

Toepel Rudolf (16.04.1889 - 03.01.1965) - Mysteriendrama 1 - DE

Trapesnikoff, Dr, F. - DE

Tschirschky, von - DE

Turgenieff Assja (12.05.1890 - 16.10.1966) – Eurythmist, Glass Windows, Bildhauerei – RU

Ühli, Ernst - DE

Vacano Harriet von (07.09.1862-08.06.1949) - Mysteriendrama 1 - Estland

Vreede Elisabeth (16.07.1879 - 31.08.1943) - Mysteriendrama 1 Tippen, drucken, Goetheanum Archiv - NL

Wagner Günther (06.03.1842-12.10.1930) - Johannesbauverein Schweiz - DE

Wagner, Dr Ernst - Johannesbauverein DE

Waller Mieta (18.02.1883 - 10.01.1954) – Eurythmie, - Mysteriendrama 1 - NL

Waller Oda (gest. 1913) - Mysteriendrama 1 - NL

Wolffhügel Max (11.12.1880 - 25.10.1963) - Bildhauerei, Malarbeiten - DE

Wolfram Erna (31.03.1894 - 31.01.1976) – Eurythmie - DE

Woloschin Maximilian (28.05.1877 - 11.08.1932) – Dichter, Schriftsteller, Bildhauerei - RU

Woloschina Margarita (31.01.1882 - 02.11.197) - Malarbeiten - RU

6. Bibliographie

Andrej Belyi *Verwandeln des Lebens – Erinnerungen and Rudolf Steiner* Zbinden Verlag Basel 1975 ISBN 3859893513

Annemarie Dubach-Donath *Erinnerungen einer Eurythmistin an Rudolf Steiner* Philosophisch-Anthropologischer Verlag; 3. Auflage Januar 1969

Annemarie Dubach-Donath *Die Grundelemente der Eurythmie* Verlag am Goetheanum; 1988 ISBN 9783723500286

Erika Beltle und Kurt Vierl (Herausgeber) Erinnerungen an Rudolf Steiner - Gesammelte Beiträge aus den "Mitteilungen aus der anthroposophischen Arbeit in Deutschland" 1947 - 1978. Verlag Freies Geistesleben Stuttgart 1979 ISBN 3772507123

Mirela Faldey David Hornemann von Laer (Hg.) *Im Spannungsfeld von Weltenkräften - Der Menschheitsrepräsentant in Rudolf Steiners Skulptur, Malerei und Glasradierung* Verlag am Goetheanum 2020 ISBN: 9783723514444-3

Roland Halfen (Herausgeber), Rudolf Steiner Nachlassverwaltung (Herausgeber), Rudolf Steiner (Autor), Kurt Remund Dino Wendtland *Das architektonische Werk: Band 1: Die Goetheanumbauten und ihre Vorläufer* Rudolf Steiner Verlag; 5 Sept. 2022 ISBN 978-3727437007

C A Hollenbach Briewe uit die Boereoorlog – Persoonlike en Seldsame Dokumente rondom die Vryheidstryd 1899 – 1902 Driefontein Publikasies 1999 ISBN0620224320

Rom Landau *God Is My Adventure - A Book on Modern Mystics, Masters, and Teachers* Landau Press, November 2008 ISBN 9781443730570

Bodo von Plato (editor) Anthroposophie im 20. Jahrhundert – ein Kulturimpuls in biographischen Portraits Verlag am Goetheanum, Dornach 2003 ISBN 3723511996

Sibylle Rudolph *Zur Geschichte der Eurythmie: Rudolf Steiner und die Architektur der frühen Unterrichtsräume* Tectum Wissenschaftsverlag; 1., Edition (1. September 2011) ISBN 9783828827530

Martina Maria Sam *Eurythmie: Entstehungsgeschichte und Porträts ihrer Pioniere*. Verlag am Goetheanum 2014 ISBN 9783723515235

Chris Schoeman *Brothers in Arms: Hollanders in the Anglo-Boer War* Random House Struik 2012 ISBN 9781770223400

Ilona Schubert *Selbsterlebtes mit Rudolf Steiner und Marie Steiner* Zbinden Verlag, Zürich 1977 ISBN 3859893831

Rudolf Steiner Aus den Inhalten der esoterischen Stunden, Band I: 1904 – 1909, GA 266/1 (1995), ISBN 3727426616

Rudolf Steiner: Aus den Inhalten der esoterischen Stunden, Band II: 1910 – 1912, GA 266/2 (1996), ISBN 3727426624

Rudolf Steiner Aus den Inhalten der esoterischen Stunden, Band III: 1913 und 1914; 1920 – 1923, GA 266/3 (1998), ISBN 3727426632

Rudolf Steiner Inneres Wesen des Menschen und Leben zwischen Tod und neuer Geburt, GA 153 (1997), ISBN 3-7274-1530-4

Rudolf Steiner *Die Entstehung und Entwickelung der Eurythmie*, GA 277a Rudolf Steiner Verlag (1998), ISBN 3727427752

Rudolf Steiner, *Eurythmie als sichtbarer Gesang,* GA 278 Rudolf Steiner Verlag, (2001), ISBN 3727427817

Rudolf Steiner Geistige Wirkenskräfte im Zusammenleben von alter und junger Generation. Pädagogischer Jugendkurs., GA 217 (1988), ISBN 3727421703

Rudolf Steiner *Des Menschen Äusserung durch Ton und Wort* und *Das Tonerlebnis im Menschen* Philosophisch-Anthroposophischer Verlag, Dornach

Rudolf Steiner: *Kunst im Lichte der Mysterienweisheit*, GA 275 (1990) Rudolf Steiner Verlag ISBN 3727427507

Rudolf Steiner GA93 *Die Tempellegende und die Goldene Legende* Rudolf Steiner Verlag 1991 Vortrag Berlin, 23. Dezember 1904 ISBN 3727409304

Alexander Strakosch *Lebenswege mit Rudolf Steiner: Erinnerungen* Verlag am Goetheanum Jan. 1994 ISBN 9783723506882

A. Turgenieff *Rudolf Steiners Entwürfe für die Glasfenster des Goetheanum* Rudolf Steiner-Nachlassverwaltung 1961

Assja Turgenieff *Erinnerungen an Rudolf Steiner und die Arbeit am ersten Goetheanum* Verlag Freies Geistesleben, Stuttgart 1972 ISBN 9783772506147

Margarita Woloschina *Die grüne Schlange: Lebenserinnerungen* Freies Geistesleben; 2009 ISBN 9783772520822

7. Verzeichnis der Bilder

Nur in den wenigsten Fällen sind Fotografen der in diesem Buch enthaltenen Bilder bekannt. Die Originale bzw. Kopien davon, befinden sich in den folgenden Archiven und anderen Quellen. Einige wurden im Internet gefunden. Es war nicht möglich, das Urheberrecht festzustellen, sofern es existiert. Bei Verstößen wenden Sie sich bitte an den Autor.

Rudolf Steiner-Archiv, Dornach

Frontpiece, 32, 35, 37, S. 131 – 143 (Aufnahmen von Hendrika Hollenbach), 195,

Hollenbach Familiendokumentation

Seiten 13, 14, 17, 20, 22, 112, 114, 125, 179, 206,

Archiv der Anthroposophical Society of the Western Cape

Seiten 174, 180, 202, 204,

Camphill

Seite 205,

Internet

Seiten 18, 25, 44, 45, 62, 65, 72, 74, 80, 163, 196,

Die Abbildungen auf Seiten 84, 85, 86 und 90 wurden vom Autor anhand der Originalbilder im Rudolf-Steiner-Archiv in Dornach rekonstruiert.

Isabella de Jaager, page 108 mit freundlicher Zustimmung von Aurea Dienemann-Niederhäuser, ihrer Enkelin.

Bucheinband, S. 207, Annette Chouler-Bienewitz, Cape Town.

Seite 208, 210 aus der Sammlung des Autors.

Eric Hurner ist 1952 in Elizabethville im einstmaligen belgischen Kongo geboren und in Südafrika aufgewachsen. Er studierte in Südafrika und Deutschland. Tätigkeit am der Goetheanum-Bühne mit Walther Roggenkamps Faust-Inszenierung, an der Michael Mount Waldorf School in Johannesburg, am Baobab Community College in Alexandra Township und dem Jugendnetzwerk Idem – Identity through Initiative in der Schweiz.

Gegenwärtig in Dornach wohnhaft.

Homepage: www.erichurner.org

E-Mail: erichurner@gmail.com

Weitere Publikationen

Janine Hurner – Ein Geist in fremdem Lande

Am Sankt Beatenberg da brannte die Regina (Herausgeber)

Kultureller Rassismus, Anthroposophie und die Integration der Südafrikanischen Waldorfschulen.

www.ingramcontent.com/pod-product-compliance
Lightning Source LLC
LaVergne TN
LVHW020559230826
846091LV00002B/537

* 9 7 8 0 9 9 3 3 1 6 9 7 5 *